A PARENT'S GUIDE TO
HIGH-FUNCTIONING AUTISM SPECTRUM DISORDER

高功能孤独症
儿童养育指南 (第2版)

发现孩子先天优势，实现人生飞跃

〔美〕萨莉·奥佐诺夫　杰拉尔丁·道森　詹姆斯·C·麦克帕特兰◎著

加州小胖妈◎译

U0642549

北京科学技术出版社

A Parent's Guide to High-Functioning Autism Spectrum Disorder

Copyright © 2015 The Guilford Press

A Division of Guilford Publications, Inc.

Published by arrangement with The Guilford Press

This simplified Chinese Translation copyright © by Beijing Science and Technology Publishing Co.,Ltd. Simplified Chinese edition arranged by Inbooker Cultural Development (Beijing) Co.,Ltd.All right reserved.

著作权合同登记号 图字：01-2020-5142

图书在版编目（CIP）数据

高功能孤独症儿童养育指南：发现孩子先天优势，实现人生飞跃：第2版 /（美）萨莉·奥佐诺夫 (Sally Ozonoff)，（美）杰拉尔丁·道森 (Geraldine Dawson)，（美）詹姆斯·C.麦克帕特兰 (James C. McPartland) 著；加州小胖妈译. -- 北京：北京科学技术出版社，2021.3（2025.11重印）

书名原文：A Parent's Guide to High-Functioning Autism Spectrum Disorder

ISBN 978-7-5714-1117-6

Ⅰ.①高… Ⅱ.①萨… ②杰… ③詹… ④加… Ⅲ.①孤独症－儿童教育－特殊教育 Ⅳ.①G766

中国版本图书馆CIP数据核字（2020）第232228号

策划编辑：	路 杨 刘 宁
责任编辑：	路 杨
责任校对：	贾 荣
图文制作：	艺琳设计工作室
责任印制：	吕 越
出 版 人：	曾庆宇
出版发行：	北京科学技术出版社
社　　址：	北京西直门南大街16号
邮政编码：	100035
电　　话：	0086-10-66135495（总编室）　0086-10-66113227（发行部）
网　　址：	www.bkydw.cn
印　　制：	北京顶佳世纪印刷有限公司
开　　本：	710mm×1000mm　1/16
字　　数：	195千字
印　　张：	19
版　　次：	2021年3月第1版
印　　次：	2025年11月第8次印刷

ISBN 978-7-5714-1117-6

定　　价：78.00元

致玛莎和道格，
感谢你们让我享受做母亲的快乐。

——萨莉·奥佐诺夫

致我的丈夫约瑟夫和女儿玛格丽特。

——杰拉尔丁·道森

致我的父母
罗斯玛丽和吉姆·麦克帕特兰，
你们是我人生的领路者。

——詹姆斯·C.麦克帕特兰

作者介绍

萨莉·奥佐诺夫，美国加州大学戴维斯分校精神病学研究所［孤独症谱系障碍（ASD）国家研究和治疗中心］教授、副主席；是ASD早期诊断和评估方面的研究和教育专家；致力于ASD的临床积极干预。

杰拉尔丁·道森，美国杜克大学精神病学教授、孤独症诊断和干预研究中心主任；美国华盛顿大学孤独症中心创始人；国际公认的孤独症领域专家，专注于孤独症的早期发现、干预及大脑可塑性与孤独症关系的研究；孤独症儿童家庭干预的积极倡导者；《孤独症儿童早期干预丹佛模式》一书的合著者。

詹姆斯·C.麦克帕特兰，美国耶鲁大学儿童研究中心助理教授、儿童发育障碍诊所主任；已经为孤独症儿童及其家庭工作了15年以上；研究重点是孤独症谱系障碍人士的大脑发育并因此而获奖，致力于开发孤独症诊断和干预的新方法。

译者简介

加州小胖妈，大学主修英语专业，毕业后曾在上海某外企工作多年，2014年底移居美国；近年来在美国从事儿童行为干预工作，同时攻读特殊教育（应用行为分析方向）硕士学位；目前在加州一家ABA机构担任项目督导，主要负责制订训练计划、培训干预师，并对家长进行辅导等。其儿子3岁时被确诊为孤独症，在上海及加州接受干预多年，目前就读于加州某公立小学普通班。作为家长，小胖妈曾在国内孤独症领域公众号发表文章多篇，2018年创办个人公众号"星宝在加州"，以致力于孤独症知识的科普及干预经验的推广。

致　谢

　　如果没有这么多父母和孩子与我分享他们的故事、痛苦、希望和胜利，本书就不可能写成。我从他们那里学到的，远远超过我能够回馈的。感谢你们让我在你们最惨淡的时刻和欢乐的时光中，成为你们生活中的一部分。我从我的导师那里学到了很多：布鲁斯·彭宁顿，他教会了我关于孤独症的科学知识；萨利·罗杰斯，她教会了我发掘孤独症的艺术之所在；还有加里·麦西博夫，他使我沉浸在孤独症的文化中。在本书的写作过程中，吉尔福德出版社的凯蒂·摩尔和克里斯汀·本顿给我提供了很大的帮助，她们常常比我自己更了解我想要说什么。我也要感谢我的父亲，是他培养了我对写作和编辑的热爱；还有我的母亲和丈夫，他们每天给予我支持和鼓励；我的女儿们，格蕾丝和克莱尔，她们伴随着孤独症长大，最后自己成为了这方面的专家；感谢杰西，他让我们认识到孤独症对于每个家庭意味着什么，以及孤独症的真实情况。

——萨莉·奥佐诺夫

　　我衷心感谢所有孤独症儿童和成人以及他们的家庭，因为在他们身上我学到了很多。这些年来，他们的经历、反馈和创造性的观念，对我的思想和实践产生了很大的影响。他们的毅力、热情和韧性，也一直在激励着我。我在华盛顿大学孤独症中心的同事和学生参与了本书第一版的创作，尤其是菲莉丝·奥利兹、金伯利·瑞安和凯西·布洛克。我非常喜欢与吉尔福德出版社合作，尤其是西摩·温加顿、凯蒂·摩尔，以及克里斯汀·本顿。这本书能够出版，离不开他们的指导和行业知识。最后，我要对我的丈夫约瑟夫以及我的孩子克里斯和麦琪表示衷心的感谢，感谢他们给予我坚定不移的爱与支持，才能让我取得今天的成绩。

——杰拉尔丁·道森

　　我感到很幸运，能有机会和这么多具有奉献精神的父母和优秀的孤独症人士交流。谢谢你们能和我一起工作，我在这里所写的，正是我在你们身上学到的经验的总结。很高兴能和我的合著者以及吉尔福德出版社的工作人员一起来完成这本书。我还要感谢那些教会我孤独症知识的人，特别是杰拉尔丁·道森、菲莉丝·奥利兹、朱莉·厄斯特林、艾米·克林和弗雷德·伏克马；还有耶鲁儿童发育障碍诊所和麦克帕特兰实验室的工作人员尤其是瑞秋·蒂尔曼和艾米莉·利维，他们的支持对本书至关重要。感谢我的家人，塔拉、诺拉和艾姬，谢谢他们对我的信任和支持。

——詹姆斯·C.麦克帕特兰

作者声明

为了保护多年来与我们合作过的家庭的隐私，本书中所描述的孩子和父母，要么是我们合作过的家庭，他们的孩子的情况、面对的挑战和采用的干预方案都具有代表性；要么是经过我们精心虚构的。

孤独症，又称自闭症。为了便于阅读，书中将统一使用孤独症这个名词。另外，文中交替使用男性代词和女性代词，除非另有特别说明，本书中使用单数人称代词的语句同时适用于男孩和女孩（或男性和女性）。

本书的目的并不是取代专业人员评估、诊断或治疗。在整本书中，我们指导大家寻找合格的临床医生，以及为针对孤独症人士的医疗中心和诊所提供建议。

推荐序一

　　在我的临床实践中，面对高功能孤独症谱系障碍人士这个群体的时候，无论诊断时孩子的年龄多大，我都会有一些指导上的犹豫。这个犹豫来自于社会上对这个群体认识和服务上的不足。我不知道要把这些孩子介绍到正常环境，还是特殊机构。因为对这个群体而言，无论是在哪个环境，他们都有一些特殊的问题和挑战，需要环境中的人们去帮助他们面对并一一解决。在居家生活中，这些孩子的父母也需要得到一些专业的指导，才能让他们的家庭和谐快乐地生活下去。这些都需要对这些孩子有深入的了解才能做到。

　　因此，当北京科学技术出版社的编辑给我这本书——《高功能孤独症儿童养育指南》时，我几乎是一口气把它读完的。我感到这本书帮了我很大的忙，解放了我很多时间。因为，我可以在给家长传递诊断信息的同时，让他们去看这本书，而且我有信心，在未来数年甚至十数年里，他们和孩子所可能遇到的问题和挑战，以及解决这些问题和挑战的策略，通过读这本书都可以得到一些借鉴。

　　不仅如此，这是由专业而且颇有国际知名度的医生写的书，读起来却是完全的家长视角。读者尤其是家长读者，很容易感同身受。这本书的译者既是英语专业毕业的高才生，同时又是本书中对象之一，这使得她对这本书的翻译不纯然是一种兴趣，还是一种责任，并且，在翻译中借鉴了她的个人感受。

最后，我想说，虽然本书书名是面向高功能孤独症谱系障碍人士的，但它的内容和指导方法，是适合所有孤独症谱系障碍孩子的家长们阅读和参考的，对于从事教育和医疗的专业人员来说，也值得一读。

郭延庆

北京大学第六医院儿科医生

中国残疾人康复协会应用行为分析专业委员会主任委员

推荐序二

近年来孤独症发病率一直在上升，最主要的原因是相关知识的宣讲和普及，以及诊断技术的更新。据临床一线的医生反映，增加的病例里大部分都是高功能孤独症孩子。

虽然我家的双胞胎孤独症儿子在被诊断之初就明确知道了他们是典型的低功能孤独症孩子，但是我常年近距离接触的圈内孩子中有大量的高功能孤独症孩子，从幼龄到学龄、到成年都有，不少孩子的能力非常强，强大到让我惊叹和羡慕。可另一方面，这些高功能孤独症孩子尽管智力不落后，语言也往往很丰富，但他们在社交中的表现依然捉襟见肘、麻烦不断，家长依然会操碎了心。

与低功能孤独症孩子相比，高功能孤独症孩子的干预有什么不同吗？从教育的本质上来看，我觉得没有什么不同，行为原理或者所谓的行为改变技术适用于所有孩子。只不过在瞄准行为目标和教学侧重点上，会基于孩子的能力不同而有所差异。简单地说，我认为从行为干预角度上看，低功能孤独症孩子需要侧重于抓技能学习，高功能孤独症孩子则更侧重于抓规则学习。ABA技术在这两方面都有成熟而系统的教学理论和实践，在高功能孤独症孩子的干预中也取得了很多实证效果。

高功能孤独症孩子的干预较之于低功能孤独症孩子，其难点还在于：他们能力强，生活的接触范围更广，参与活动的社交场合更多，需要应付的人物与事件也更复杂、更多变；再加上每个孩子的成长经历不同，因而在高功能孤独症孩子的教学上，往往很难像低功能孤独症或小龄孤独症孩子的干预那样，有相对明确、通用而且规整的阶梯训练课题。相反，在制订和执行有针对性的干预计划时，很需要我们考虑更多、更复杂的因素，尤其是在集体环境中各种因素的干扰，这对家长的细心、耐心和恒心，非常具有挑战性。

我看到的高功能孤独症孩子的家长在帮助孩子成长的过程中常见问题包括：更倾向于普通儿童的自然教育方式，而不大情愿采用结构化模式的教学；更倾向于松散的寓教于乐式的教学，更希望孩子在普通孩子堆里被带动着就能自然而然地进步；更倾向于在干预时从孩子的思维入手，觉得比从外在行为上入手更有纲举目张的作用；更倾向于语言上的说教，希望通过讲道理就有足够的引导效果，而不情愿采用直接针对具体行为的强化方式；更希望孩子能将掌握的技能一通百通地移植到新情境中，容易出现"你应该会呀"的想法；更倾向于让孩子在自己试错的练习中吸取经验，而忽视前提控制、预案准备和及时的辅助引导；更多地倾向于关注大任务结果，而对大任务过程中小节点忘记给予主动积极的反馈。

这些干预中的问题，其实在ABA当中都有过明确告诫和具体建议，也都提供了成熟的干预要点。我也看到，这些年里有很多高功能孤独症孩子的家长积极地、自觉地运用学习到的ABA技术来分析和解决这些问题，更高效地帮助孩子取得进步。不过，在中国ABA仍然处于初级阶段，别说高功能孤独症孩子的家长了，就算很多低功能孤独症孩子的家长对ABA也常持有误解和偏见。

本书虽然不是一本专门讲解ABA技术的书，但作者在向家长讲解如何帮助制订高功能孤独症孩子成长的方案时，应用行为分析的干预策略贯穿了全书各个章节。作者按孩子生活中最常接触的如居家、入学、就业、社区生活等各个特定场景划分，分别指出了要点和对策，并针对高功能孤独症孩子常见的一些问题行为和社交困扰给出了通用的行为干预方案。而这些行为干预的内容，事实上对于低功能孤独症孩子也同样是非常适用的高效招数，值得所有孤独症谱系障碍孩子的家长学习。

科学的行为干预策略是本书的主干内容，这也正是我非常乐意审校并且衷心推荐这本书的重要原因。

秋爸爸

医学分子生物学博士

北京协和医学院副教授

推荐序三

　　一直以来，大众对于孤独症的认识是没有语言、不愿意和周围的人进行社交，有些还会伴随无法理解的行为。这些孤独症孩子因为很明显与周围儿童不同，所以随着家庭和社会对孤独症认识的深入，他们很快就能得到不同程度的干预，走在康复的道路上。可是还有一群孩子，他们似乎没有引起大众甚至家人的注意，虽说和身边的儿童会略有不同，但是因为他们能紧跟着甚至超越一般儿童的认知发展，所以那些稍微的行为失当也就变得可以包容或者不足一提了。不过随着年龄的增长，他们会为如何能够和身边人更好地相处，或者如何理解身边的人而感到苦恼。很多高功能孤独症成年人都会在得知自己的实际情况后恍然大悟，尽管这时候他们需要的支持还在，却来得太晚了。

　　三位专家编写的这本《高功能孤独症儿童养育指南》填补了目前国内孤独症领域相关书籍的空白，让一部分对孩子的行为有困惑的家长，能够及早意识到孩子的需要，给予他们适当的支持。这本书也紧凑地勾画出孤独症孩子从儿童到成年的历程，对于专业人士以及孤独症儿童家庭来说能够更全面地了解孩子在不同时期的需求，同时在高功能孤独症儿童所需要的支持方面，也给康复教育领域人员提供了一个思考方向。

张苗苗

星空半步教育研究中心负责人

国际行为分析协会中国分会会长

中国残疾人康复协会应用行为分析专业委员会常务副主任委员、秘书长

译者序

对于孤独症这个字眼，相信大家都已经不陌生，媒体、书籍对此都有过很多的描述和介绍。但对于高功能孤独症，也许大家就不是十分熟悉了。有感于国内目前关于这方面的信息非常有限，作为一位高功能孤独症孩子的母亲，我很希望能为高功能孤独症儿童这个群体做点什么，这也是我翻译这本书的原因，希望大家在看完这本书后，能对这个群体有一个全面的了解。

其实，七年前当儿子在国内被确诊为孤独症的时候，和大多数父母一样，我自己对孤独症也完全没有概念。在国内进行干预的一年多时间里，对于孩子的前途，我感到非常困惑和迷惘。因为从当时了解到的信息里，孤独症孩子长大后能就业的屈指可数，而且从事的工作基本都是重复度较高的简单操作。从媒体里看到的孤独症孩子，大多也都是像《海洋天堂》里大福那般模样。但从儿子以及机构里情况比较好的孤独症孩子看，又觉得他们的未来应该不止于此。可是，孩子前面的路究竟会怎样？说实在的，当时我的心里也没有答案。

带着这些疑问，我和儿子来到了美国。在我们居住的小镇图书馆里，我第一次看到了本书的英文版，有种豁然开朗的感觉，因为我所有的疑问，在这本书里都得到了解答，比如：什么是高功能孤独症？它和阿斯伯格综合征有什么区别？高功能孤独症的孩子上学和生活会遇到什么样的问题？家长该如何帮助孩子？孩子的将来会怎样？尤其是当看到书里的例子，有那么多高功能孤独症的孩子已经顺利上了大学（甚至是知名大学），还找到了心仪的工作，我有种如释重负的感觉。虽然不确定儿子将来是否能实现这样的目标，但至少我对未来不再那么彷徨了。

在美国生活的这几年，在儿子的成长过程中，我们也接触到不少和儿子情况类似的高功能孤独症孩子，对这个群体在美国的学习和生活也有了更直观的了解。和儿子一样，他们大多数在公立学校里就读，大多数情况下，他们看起来和普通孩子没什么两样，只是在一些场合，他们或多或少还需要个别化教育计划提供的辅助。在这几年里，儿子有了长足的进步，不但很快适应了美国的生活，独立跟上普通班的学习节奏，也有了几个能玩到一起的好朋友。在这里，我很庆幸自己一早就接触到《高功能孤独症儿童养育指南》这本书，因为它告诉我，如何尽量发挥孩子的长处来弥补他的短处，以及协调身边能够利用的所有资源，来帮助孩子成长。

从儿子及我接触到的高功能孤独症孩子的成长轨迹看，和这本书里描述的情况还是比较吻合的。考虑到目前国内确诊的高功能孤独症孩子越来越多，我很希望能把这本书分享给大家，尤其这些孩子的家长和亲友以及和孩子打交道的各类专业人员，帮助大家全面了解这群孩子的情况。虽然书里的情况和国内不尽相同，但相信大部分内容还是具有很好的参考价值的。而且，书里描写的很多对孤独症孩子的干预和帮扶措施，也值得国内借鉴，同时不失为今后努力的方向。

在翻译本书的过程中，我首先要感谢本书的编辑路杨，是她促成了这次翻译，也使得我和这本书的缘分得以继续，同时也感谢她在翻译过程中对我的大力支持和鼓励。我也要感谢我的先生，感谢他在生活中替我分担了很多，使得我可以专心致志地翻译。我还要感谢我的儿子，感谢他对我翻译这本书的支持，同时不介意我公开他的故事，来鼓励更多和我们一样的孩子和家长。最后我要感谢我的上司们，为了支持本书的翻译，她们减轻了我的工作量，更在业务繁忙的时候，还破例批准了我的假期，使得翻译可以顺利如期完工。

最后需要说明的是，由于本书是我翻译的第一本书，限于自身的水平及经验，加上时间比较仓促，如有错漏和不足，恳请大家批评指正。

加州小胖妈

2020年6月30日于美国加利福尼亚州

目　录

第一部分　了解高功能孤独症

第二部分　高功能孤独症孩子的生活

第一部分

了解高功能孤独症

第一章

什么是高功能孤独症？

约瑟夫看起来一直是个聪明的孩子。在1周岁之前，他就已经开口说话了，比他哥哥、姐姐都要早很多。他习惯像大人那样说话，显得非常有礼貌。比如，在看电影前当妈妈提出要给他买一份零食时，约瑟夫说："不，谢谢。巧克力豆不是我偏爱的零食。"他很早就对字母产生了兴趣，到18个月时，他就能背诵整个英文字母表了。在3周岁前，他就自学了阅读。约瑟夫对球和自行车这些常见的玩具都不太感兴趣，相反，他的兴趣爱好更趋向于成人化，比如地理和科学。对此，他的父母也颇为骄傲。从2岁起，他每天都会花好几个小时躺在客厅的地板上，研究家里世界地图册里的地图。到了5岁时，他就已经掌握了世界所有地区的名称及其地理特征（比如，"巴西最北边的海滨城市是哪个？"）。正如父母所料，约瑟夫很聪明，但与此同时，他还是一位孤独症儿童。

9岁的塞斯正在家里的活动室玩电子游戏，而他的妈妈在忙着打扫房间，因为马上要有客人来了。正当妈妈准备爬上客厅的梯子去换灯泡时，不小心失去重心向后摔倒在地。当她躺在地上疼痛呻吟时，塞斯打算去厨房找零食吃。穿过客厅时，他从妈妈身上跨过去，并且说："嗨，妈妈。"同样，塞斯也是一位孤独症儿童。

克林特马上要30岁了。他已经大学毕业了，并且拿到了工学学士学位。他住在城镇上一个不错地段的公寓里，最近买了一辆二手车，还喜欢出去看电影，然而，克林特为总是很难找到工作和每一份工作都做不长而烦恼。克林特做事很慢，和同事关系紧张，这些情况总是接二连三地发生，令他的每个上司都感到非常头疼。克林特总是过于纠结细节，因而很难把精力集中到工作目标上，导致最后很难顺利完成任务。他曾经在一个滑雪度假村做保洁工作，负责清洁和打扫房间。在完成了一个季度的工作后，他被度假村告知"走吧"。之后在面试其他工作时，克林特同样对未来的上司说"走吧"，但他并没有意识到，对大多数人来说，这样说意味着被解雇。在失业好几个月后，他去拜访了一位职业顾问，那位职业顾问建议他去做一个心理评估。评估结果表明克林特是一位孤独症孩子，但在之前他从来没被确诊过。

劳伦已经17岁了，长得亭亭玉立，像模特一样。尽管她长得很漂亮，却没有朋友，而且她看上去对结交朋友也不感兴趣。她一直痴迷于芭比娃娃，会收集每一款新上市的芭比娃娃和服装。在学校里，劳伦经常表现得像在做白日梦一样：当老师向学生们下达指令时，她总是没有反应，而是坐在座位上自顾自地微笑，偶尔还会小声地自言自语。尽管上课时明显不专心，劳伦却是个各科成绩全A的优等生，其中数学和物理表现尤为突出。在走廊里，当别的孩子和劳伦打招呼时，她要么没留意到，要么匆匆嘟哝一声"嗨"就把头扭过去。学校的心理学家已经向劳伦的父母提出，她很有可能是一位孤独症孩子。

约瑟夫、塞斯、克林特和劳伦都是孤独症（全称为孤独症谱系障碍，简称ASD）人士。如果你的孩子在某些方面也和他们相似，你或许已经听说过一些专有名词，比如"高功能孤独症""阿斯伯格综合征"（简称AS）或者"广泛性发育障碍"（简称PDD）。对此，你也许有很多疑问：什么是孤独症？是什么导致了孤独症？为什么我的孩子这么独特又有趣，又有着那么多特长，却会遇到这样的挑战呢？我们和孩子的未来在哪里？本书将为大家解答所有这些问题以及其他更多的相关问题。

在这一章里，我们会给大家介绍很多重要词汇的定义，来帮助你确定本书是否和你相关，以及是否可以帮助你生活中有着相似的特长和挑战的人。我们还将告诉你，关于孤独症这类发育障碍，我们已经掌握的情况，以及未来可能会给这些儿童及其家庭带来什么。

孤独症一词源于希腊语"autos"，即"自我"的意思。这个词是由巴尔的摩约翰斯·霍普金斯大学的儿童精神科医生利奥·凯纳在1943年首次提出来的，用来概括一系列特定的行为。在凯纳医生那篇具有里程碑意义的论文里，他描述了11名儿童，这些儿童对他人几乎毫无兴趣、喜欢固定的行为模式，同时还展现出不寻常的肢体动作，比如来回晃动双手。很多孩子会说话，有些能说出周围事物的名称，有些会数数或说出字母，还有一些能凭记忆把整本书一字不差背诵下来。但是，他们却很少用语言和他人交流。除了上述的异常行为以外，这些儿童还有不同程度的学习障碍。

在凯纳医生首次描述孤独症后的很多年里，只有行为类型和严重程度与他的原始案例非常相近的孩子才被诊断为孤独症。然而，人们逐渐意识到，孤独症的"面目"各式各样，有的孤独症孩子具有良好的沟通技巧，他们智力正常，在学习上也很少出现问题，和凯纳医生描述的相比，他们表现出的症状程度更轻。这些孩子我们称之为高功能孤独症人士。关于这个名称具体定义的说法不一，但总的来说，是指拥有正常智力，同时语言能力较强的孤独症人士。我们现在知道，孤独症的定义并非那么狭窄，而是一个谱系，涵盖了各种程度，既有利奥·凯纳描述的那样的典型类型，也有语言和认知（思考）能力良好、程度更轻的类型。因此，我们现在采用的是孤独症谱系障碍（在本书中简称孤独症）这一术语，本书主题涉及的是谱系里高功能的部分。

对于很多孤独症孩子而言，比如约瑟夫和劳伦，良好的语言和认知能力意味着他们在学校表现良好，同时他们往往和大人相处得还算融洽。但在其他很多方面，约瑟夫与众不同的行为往往令人非常头疼。比如，约瑟夫对自己的爱好过于痴迷，经常会影响到他们家庭的日常生活。当他沉迷于钻研科学项目时，父母很难让他停下来，哪怕去上厕所或者来到餐桌前。有一次全家去迪士尼乐园旅行，约瑟夫坚持要带上他的地球仪，以至于他们在公园里不得不用一个婴儿车来装地球仪。而且，约瑟夫说话太过学究气，这让他在同伴中显得很突兀，同伴们都以取笑他为乐，很少有人愿意接受他的邀请和他一起玩。渐渐地，约瑟夫开始对自己有了负面评价（例如，"没人喜欢我"），以至于他的父母担心他会因此而抑郁。与此相反的是，劳伦似乎并不在意自己几乎没有朋友，但是她的父母对此感到忧心忡忡，担心女儿因为自我孤立而错过了社交生活。曾经有一个男生邀请劳伦一起去参加高三舞会，为此她的妈妈还特地给她买了一条裙子，但是劳伦还是拒绝出席。在舞会当晚，妈妈整晚都在发愁，担心女儿也许会永远都交不到朋友。克林特的聪明才智足以使他胜任工作，但他笨拙的社交能力以及对同事的直言不讳（例如，他会对同事说："你和你男朋友分手了，这太糟糕了，但是我们在这里是为了工作，不是为了闲聊。"）使得他没有一个工作能超过3个星期。尽管拥有工学学士学位，但克林特之前从事的各类工作不是各种体力活就是店员。

塞斯展示出来的则是一些高功能孤独症人士存在的另一个问题：难以理解他人的情绪，因而缺乏同理心。在塞斯被诊断为孤独症后，塞斯妈妈确信，是她之前的所作所为导致她的儿子难以对他人及其情绪做出恰当的回应。塞斯很小的时候，在餐厅里总爱大声说话，还有一些异常举动（比如，当看到别人盘子里有自己喜欢的食物，就直接把它拿走），有时会导致他们全家被赶出餐厅。塞斯妈妈记得，有一次她正在安慰一个邻居，因为邻居的女儿需要坐轮椅，使得家庭活动安排受到很大限制。邻居列举了自己家不能做的种种活动，比如一起徒步旅行，然后不解地问塞斯一家："那你们又有什么不能做的呢？"听到这话，塞斯妈妈惊呆了，说："什么？我们什么事都没法做！塞斯在外面表现得太活跃、太奇怪，但他外表看上去又那么正常。这样一来，所有人都不给我们好脸色看。这对我们来说太难了，尤其是对塞斯的兄弟姐妹们。"的确，无论对个人还是家庭，这些麻烦都会令人备感压力。

几乎在同一时间，科学家们开始意识到，孤独症是一个谱系障碍，里面涵盖了高功能类型。英国著名学者、伦敦精神病学研究中心的洛娜·温博士，把阿斯伯格综合征带到了英语世界，引起了人们的关注。其实早在1944年，在对利奥·凯纳的研究成果毫不知情的情况下，奥地利儿科医生汉斯·阿斯伯格就首次描述了有这些症状的儿童。因为阿斯伯格的论文是用德文写的，而且发表在第二次世界大战期间，因此并没有引起人们的广泛关注。直到1981年温博士的论文发表以后，这种症状才被美国以及其他非德语国家所熟知。在论文里，温博士对阿斯伯格综合征的原始文献做出了归纳总结，她也指出了阿斯伯格综合征和孤独症之间的相似之处，并且第一次提出疑问：阿斯伯格综合征和高功能孤独症究竟是同一种障碍，还是各自独立的两种障碍？这个问题至今仍存在争议。

1994年，阿斯伯格综合征首次被纳入《精神障碍诊断与统计手册》（简称DSM）中，供医生用于精神病学诊断。此后不久，越来越多的人被确诊为阿斯伯格综合征。其很快成了一种流行的诊断，用于描述那些具有良好语言和认知能力的轻度孤独症人士。至于它与孤独症是否不同，这个争议一直存在。为了试图解答这个问题，很多学者对此展开了研究。在接下来的20年里，几十项调查研究成果都表明，实际上，阿斯伯格综合征本质上和高功能孤独症并没有本质区别。在学习方面，阿斯伯格综合征人士和高功能孤独症人士具有相同的特长和挑战。他们需要的治疗相同，对干预措施的反应也同样的好，这两种障碍给他们生活带来的结果也很相似。在脑成像研究中，他们的大脑看起来也十分相似。或许最能说明问题的是，阿斯伯格综合征和孤独症似乎成因一致。对于有两个孩子的家庭来说，如果两个孩子在谱系里，一个患有阿斯伯格综合征而另一个是孤独症是很常见的。类似现象也同样发生在同卵双胞胎身上，即使两个孩子基因完全一致。

　　研究人员和临床医生都认为，高功能孤独症和阿斯伯格综合征看起来越来越像同一病症的两个名称。因此，2013年，当《精神障碍诊断与统计手册》要改版时，在这个作为所有精神科医生和心理学家诊断依据的最新手册（简称DSM-5）里，阿斯伯格综合征和高功能孤独症被统一归为一种诊断，即孤独症谱系障碍。无论之前的诊断是阿斯伯格综合征还是孤独症，现在都符合孤独症的诊断标准。本书的第二章将详细介绍诊断流程、最新版DSM的变化，以及这些变化对你和你的孩子可能带来的影响。对于家长而言，最重要的是要知道，无论症状名称如何（高功能孤独症、阿斯伯格综合征、孤独症，或者是范围更广的广泛性发育障碍），都表明了孩子们有着很多共同的特长和挑战，而无论孩子被确诊为哪一种，他们都可以得益于相似的治疗方法。同样，无论孩子属于这些诊断的哪一种，都可以从本书提供的实践指导中受益。在本书中，我们将使用孤独症谱系障碍这一术语或者简称孤独症，来指代全书提到的所有情况。

孤独症看起来是什么样的？

　　没有人会表现出孤独症的所有特征，有的人表现出来的特征会比其他人少。就好比没有孤独症的普通人，即使是同卵双胞胎，也不会表现得完全一样。同样，两个孤独症人士也没有完全相同的行为方式。然而，尽管如此，孤独症人士在社交互动和与他人沟通上都有一定程度的困难，同时也存在一些怪异或重复行为。

社交互动和沟通的问题

　　孤独症的核心特征是社交互动和与他人沟通困难，这方面带来的挑战涉及的范围很广。传统孤独症人士的社交障碍缺陷非常明显，比如社交冷漠、回避他人，而在本书中我们关注的那些高功能孤独症的孩子身上，类似情况却很少发生，但困难依然存在。他们中的一些，比如前面案例中的主人公劳伦，她不愿意主动和他人互动或者展开谈话，但如果别人接近她，她也会回应。另一些高功能孤独症孩子对他人感兴趣，也喜欢有人陪伴，他们也许甚至希望能加入集体并交朋友。然而，由于能力所限，他们往往不知道在社交场合里应该如何说、如何做，因此很难成功。因为他们没有遵循社交互动中的"规则"，在和他人互动的过程中，他们可能表现得笨拙迟疑，这可能会让对方误以为他们对自己不感兴趣。我们大多数人都知道，当我们在和别人交谈时，我们需要微笑地看着对方，并且不时用点头来表示我们有在注意听。然而，孤独症儿童似乎并没有意识到这些社交场合的潜规则。他们在公众场合里的一些举动总会让人感到不合时宜和尴尬。除了不遵守社交礼仪外，他们还明显地违背了社会习惯，比如不知道要避免过分打探别人的隐私，或者对一些事情要保留自己的意见。例如，或许你邻居的上臂看起来的确像肥肠一样，但你不能把这个想法说出来。

孤独症儿童往往不理解他人的情绪和看法，这使得他们的社交变得尤为困难。通常这些对我们大多数正常人来说都是自然而然的能力，在他们身上却发展滞后，甚至等他们长大后，这些能力也没有完全发展出来。人在婴幼儿时期，当开始对他人的情绪表现出兴趣和关注时，同理心往往就开始萌芽。例如，幼儿园里我们经常能看到，当其中一个孩子大哭时，出于同情，别的孩子也会跟着一起哭起来；刚学会走路的孩子，当看到别的孩子大哭时，他们会帮他领个大人过来，或者给他玩具以表示安慰。幼儿园的小朋友会特别留意别人的情绪，经常会谈论哪些朋友生气了或者难过了。在玩假想游戏时，小家伙们会假定一些场景，假装自己扮演的角色生病或者难过了，并且尝试去理解这种状态以及学习如何应对这些情形。

与此相反的是，许多孤独症儿童基本很难理解他人的情绪（通常对自己的情绪亦如此）。塞斯妈妈的例子表明，一些孤独症儿童（但不是全部）并不会留意到他们的父母或兄弟姐妹，或者其他孩子是否有受伤、生病或者难过，而即使他们有留意到，他们也很少会懂得去安慰对方。又或者，他们有时会严重误解他人的情绪。比如，一个男孩看到父亲从楼梯上摔下来，脚踝韧带被拉伤了，他却放声大笑。他的妈妈震惊之余，会问他为什么笑，他解释道："爸爸一边跳一边做鬼脸，看上去像一个小丑似的。"克林特曾经描述他和同事互动的一个情形，当他讲了一个笑话后，对方露出了"奇怪的表情"。他当时没想太多，直到后来他看到了一张照片，照片上那位女性的表情和他同事的一模一样。他把照片拿给妈妈看，并问她那位女性具体是什么感受。妈妈回答："我想她是觉得自己被冒犯了。"从那时起，因为知道自己以前冒犯过同事，克林特感觉很内疚，但他坦言："如果别人想通过他们的面部表情或肢体动作来暗示什么，除非他们明说，否则我是真猜不出来。"

虽然大多数孤独症儿童都能和父母、兄弟姐妹以及理解他们的大人建立和谐友爱的关系，但他们中的大多数人无法很好地和同龄人相处。有的会被嘲笑或被欺负，有的会被其他孩子忽略，还有一些像劳伦那样似乎对没有朋友毫不在意，还有的孩子发展的友谊是仅仅局限于在一些共同爱好（比如电子游戏）上。很多孤独症孩子都谈到，因为和同伴很难相处，他们感到被孤立，因而备感孤独。因为被嘲笑，他们感到很受伤，但他们往往没有意识到，可能正是自己异常的举动和反应，才导致了这种情形。在儿童时代的后期或者到了青春期，因为意识到自己缺乏别人与生俱来的基本互动能力，他们开始为自己和别人的不同而感到痛苦。一个十几岁的孤独症儿童曾说过："我知道自己在跟对方交流时应该看着他的眼睛——我爸妈也经常提醒我。但是，这对我理解他们并没有帮助，所以我也就不这样做了。"这又会让这类孩子降低自我评价，变得越来越不自信，从而形成恶性循环，使问题长期存在。如果一个孩子对社交成功失去了希望，不再尝试和他人互动，这只会导致他与社会更隔绝，使得他的社交行为在他人看来更加怪异笨拙。在一些极端的例子里，由于类似情形反复出现，会导致一些孩子陷入抑郁，乃至需要治疗。值得庆幸的是，正如我们在本书后面要谈到的，孤独症儿童是能够学习如何进行社交互动，甚至学会理解他人的情绪的。通过社交技巧训练，大部分孩子都能取得明显进步，其中不少孩子能和同伴及其他人成功地发展出良好的关系。

孤独症儿童还会在与人沟通上遇到问题。至少在很多人的印象中，传统孤独症的一个非常显著的特征就是，不会说话或者语言能力发育明显落后。但很少人留意到，即使是高功能孤独症人士，同样会在沟通上遇到问题。这也是诊断中最令人困惑的地方，在孩子小时候，这往往还会导致误诊。也许在孩子成长的某个节点，你怀疑他（她）可能是患了孤独症，但是之后又被告知，他（她）不可能有孤独症，因为孩子说话很流利，那些症状都"自动消失"了。然而，我们现在知道，一些孤独症谱系的孩子有非常好的语言能力；有一些孩子虽然一开始语言能力发育滞后，开始说话的时间较同龄孩子晚，但后来很快能赶上并且语言表达清晰流利。少部分（但数量可观）孩子的语言能力能如期发展，其中一些甚至还会超前。因为其超前的语言能力，最开始父母可能还会以为孩子在这方面有天赋，但实际上，当具体到语言的使用方式尤其是需要将其运用到特定的社会场景时，往往就会出现问题。有一些孤独症儿童、青少年甚至成年人，他们可能会控制整个谈话，他们一刻不停地在说，不给其他人任何说话的机会。前面案例中约瑟夫那过于正式的学究式语气也很常见。约瑟夫7岁时开始像一个教授那样对很多事情发表评论，他经常会说"实际上……"或者"我相信……"。他的词汇量惊人，而且喜欢用一些不常见的词汇。当被问到他喜欢的颜色时，约瑟夫指着一个黄色的气球，微笑地说"黄绿色"。克林特则经常就很多词给出不必要的定义，比如当他告诉别人自己患有孤独症时，他会很快地补充道："自闭（autistic）就是孤独症名词（autism）的形容词形式。"他似乎并不知道这个词本身其实不需要解释。虽然严格说来，说话这么正式并没有错，但这确实让克林特和约瑟夫在同伴中显得格外突出，因而经常成为被嘲笑的对象。约瑟夫的妈妈把他说话的方式比喻成外国人说英语那样：别人可以理解他想要说的是什么，但是他说话的方式，哪怕是很简单的表述，都让别人觉得英语不是他的母语。

孤独症儿童在与人沟通上还存在另一个问题，就是他们往往只会从字面上去理解别人的意思。我们都知道，通常人们所说的并非只是字面意思那么简单。比如，有一次塞斯妈妈叫他整理房间，他没理会，妈妈就用嘲笑的口吻说"做得不错"，塞斯点点头，然后继续玩他的电子游戏。很显然，妈妈的语气和面部表情都透露着沮丧，而且她说的话和当时的情形也完全不搭，但塞斯就是没有领会到。而另一个孤独症儿童，当别人打电话到他家问他妈妈是否在家时，他回答"是的"以后，就把电话挂了。他只是从字面上去理解别人的问题，但其实别人的意思是要和他妈妈通电话，只是表达得比较委婉而已。

还有一个沟通方面的问题在孤独症孩子中很常见，就是他们在和别人交流时，说话的语音、语调往往会显得很奇怪。他们有的说话声音很大，有的说话声音太小以至于别人都无法听清；有的说话语速很快，有的则很慢。或者他们说话的节奏听起来很别扭，因为他们可能会搞错重音的位置；或者会在陈述句的句尾用升调，让别人误以为是疑问句；又或者说话时语调很平，几乎一点儿起伏都没有。他们也可能在说话时停顿得比别人少，让人感觉很不连贯，又或者他们说话时换气的时机不对，比如在一个词的中间换气。孤独症孩子往往察觉不到自己的说话方式和别人不同。正如社交互动的问题一样，对于孤独症儿童沟通方面的问题，也可以通过以交谈技巧为主的干预得以改善。

异常兴趣和重复刻板行为

高功能孤独症孩子和其他孩子的第二个区别，在于他们的重复刻板行为。你很可能已经留意到，你的孩子会对某些活动特别专注，会反复地做同样的事情而不觉得厌倦。他们可能会痴迷于某些具体的兴趣爱好，虽然这些爱好和很多普通孩子很相似，比如计算机、电子游戏、恐龙和天文，但是他们往往会因为对此过于沉迷，而无暇顾及其他的事情。很多家长都反映，他们的孩子在电脑前能连续玩好几个小时，中间不上厕所、不吃饭，甚至也不睡觉。最后非得父母逼着才去睡觉，心里还特别抵触。这种痴迷的程度在别人看来很奇怪，这也可能是导致这些孩子被孤立的一个原因。同样让别人觉得怪异的，还有这些孩子的兴趣爱好本身。孤独症孩子喜欢研究的主题往往纷繁复杂，比如股票市场、天文学、洒水器系统或者植物分类等，普通孩子（或大人）一般极少会对这些感兴趣。这些孤独症孩子还会有特殊的收藏爱好。例如，一个十几岁的孤独症女生，每当她吃香蕉或苹果时，她都会把上面的小标签纸撕下来，保存在她心爱的剪贴簿里，并且随身带着。

这里有一个让人非常困惑的地方是，尽管孤独症儿童在这些兴趣上花了如此多的时间，他们却经常对里面所包含的常识并不了解。他们往往过分关注细节，而无法看到事物的全貌。例如，一个孤独症男生对吸尘器非常感兴趣，他对吸尘器的所有细节都了如指掌：价格、颜色、维修记录，以及市场上每一个品牌对应的零配件。他会准确无误地指出我（萨莉·奥佐诺夫，本书作者之一）家里的吸尘器是"棕褐色机身加巧克力色外壳"，并且有两个配件，一个橡胶管模样的，一个带有一把刷子。他还指出，这个吸尘器不好维护，对此他解释道，这是因为吸尘器大部分组件是塑料材质，而不是金属（确实，那个吸尘器看起来真的不是很好用！）。但是，当我问他，如果要换一个的话，该买哪种更好。这个男生却显得非常紧张，最后建议我买一个高档品牌的，他解释是因为那个牌子有一个大的蓝色包装袋子。就像很多孤独症人士一样，他不能从记住的众多细节中区分出无关和重要的细节，因此无法抓住事物的重要特征。如果你的孩子患有孤独症，你也许会留意到他在思维上也存在同样的问题，对事实的记忆力很好，但很难理解抽象概念以及常识的运用。如果你告诉孩子一个规则，那么他在规则的泛化上也许会遇到麻烦。你的孩子可能会希望每次都用同样的方法去解决问题，而当你尝试引导他采用新办法或新思路时，他可能会十分沮丧。孤独症孩子很难从碎片信息中发现其中的联系，进而领会其中心思想或主题，懂得事物的真正含义，这也会给他们的学习带来很大挑战，这方面内容我们将会在第七章继续探讨。

很多孤独症孩子不仅会有重复行为，还会重复使用语言。例如，有些孩子记住了别人说过的一些事情（或者视频和书里的词语或对话），一段时间后他们会将其夹杂到自己的话语里。这种语言行为我们称之为"延迟仿说"，而这种特质往往说明这类孩子确实有着很好的语言记忆能力。有时，这些仿说的话语和当时的情景相吻合，所以别人是能听懂的。例如，在寻宝图被牛奶打湿后，约瑟夫惊呼道："噢，不！这简直是最可怕的噩梦啊！"（迪士尼动画片里的对话）而更多时候，这些仿说和具体情景对应不上。塞斯的妈妈提到，当塞斯还是幼儿的时候，每当他戴上或者脱下帽子，他就会说："此时此刻，他是一个快乐的男子汉。"一直过了好几年，塞斯的爸爸妈妈也没搞清楚这句话究竟从哪里来，以及具体代表什么意思。直到有一天，他们偶然翻出来好几年前家里录的高尔夫球录像，并且惊讶地发现，里面有一个球手，每次他一杆进洞后，他都要把帽子摘下来向观众示意，而这时评论员就会说："此时此刻，他是一个快乐的男子汉。"塞斯把这句话和帽子联系了起来，并且把这种联系记在了脑海里，尽管这句话对其他人没有任何意义，而当塞斯需要告诉别人自己需求时，这句话显然也没有任何帮助。

与挑战并存的优势

孤独症给人带来挑战的同时，也带来了很多优势。在本书中，我们会同时致力于孤独症的这两个方面，并帮助家长们学习如何利用孩子的优势，同时把挑战带来的不利影响降到最少。这样一来，即使是孤独症孩子也能成为快乐、成功的社会一分子，也能拥有充实而有意义的生活。与孤独症相关的很多独特天赋和才能，以及伴随而来的挑战，会使你的孩子成为一个非常特别、独一无二而有趣的人。很多孤独症少年，他们有着超强的记忆力，能够记住家庭旅行的各种细节、所在城市周围的街道，或者可以毫不费力地把单词表背下来。很多孩子阅读能力也很强，像约瑟夫一样，他们在很小的时候就学会了独立阅读，后来能大声朗读单词，其单词拼写能力也远高于同年级正常孩子的水平。有些孤独症孩子的视觉空间能力十分突出，他们能拼复杂的拼图、会看地图，或者使用电子设备，他们在这些方面的水平都比同龄人高很多。我们将为你介绍如何将孩子的特殊才能运用到现实生活中，培养孩子长时间专注于某一主题的能力，以及如何将孩子超强的专注力和记忆力转化成不可估量的优势。你也许听说过天宝·葛兰汀博士，她是一名高功能孤独症人士，同时她也是科罗拉多州立大学动物学教授。她把对动物的浓厚的兴趣与自己视觉空间方面的优势结合起来，设计出了新式动物屠宰场，使屠宰变得更人性化、更高效，给屠宰行业带来了革命性的创新。她还成了孤独症领域的国际专家，到世界各地演讲。对于从事那些需要关注细节的职业，比如图书管理、工程学或者计算机科学，孤独症人士具有很大的优势。孤独症孩子思考、观察世界和处理信息的模式以及个性的确和正常人不同，但并不意味着他们低人一等。优势总是和挑战并存，我们面临的挑战是，如何把这些优势集结起来，去扫清阻挡我们前进道路上的障碍。在第五章里，我们将会为大家提供一些相关的实用建议，教大家如何应对这些挑战。

未来会怎样?

孤独症孩子具有异于常人的天赋，但他们的生活也会面临很多的挑战，这让他们的家长忧心忡忡。那么，最终决定孩子未来的，究竟是他的缺陷，还是优势呢? 不是很严重的孤独症儿童，他们的需求不是那么明显，对此，我们又该做什么来确保他们不被忽视呢? 你的孩子将来有可能上大学、找到好工作，甚至成家吗? 当孩子同时具备这些优势和挑战时，我们很难去预测他们的未来会怎样。孩子的未来究竟会如何，这是家长们想弄清楚的第一个问题。

我们见过很多长大成人的孤独症孩子，他们的情况千差万别: 有的孩子上了大学，事业也很成功，还有长久稳定的朋友; 而有的则继续和家人住在一起，他们没能充分发挥自己的聪明才智和特殊才能，经常处于半失业状态。一些成年孤独症人士，比如天宝·葛兰汀和莉安·韦莉，在她们的书里，详尽地描述了她们早期如何应对挑战，并且成功融入社会的经历（具体可参见本书第260页的推荐资源）。很多人在社交和与人沟通上还是存在一定问题，而其中能够独立居住并且在无辅助条件下全职工作的比例，还是比我们预想的要低。

关于孤独症孩子的未来，我们的预测能力非常有限。虽然我们已经知道，未来存在各种可能，但我们仍然不清楚，在孩子早期阶段究竟是哪些因素会对最终结果起到决定性作用。之前的研究无法像我们希望的那样对此有所帮助，因为其中的研究对象要么是早期被诊断出患有传统典型的孤独症，要么就是很晚才被诊断出（毕竟在这个领域，高功能孤独症的概念直到最近才被认同），因此，在我们看来，他们并没有获得十分有效的干预。凯纳医生曾预测，人们对孤独症的症状越了解，发展出的干预方法越多，孤独症孩子在未来的恢复效果就会越好，正如我们在双相情感障碍和其他曾经预后不佳的疾病中所看到的那样。最近的研究也发现了一个现象，即之前把孩子关在机构里的做法，因为效果很差，现在已经极少被采用了。孤独症人士越早被诊断、接受的干预方法越先进，能恢复到最佳效果的概率就越高，包括能独立生活、找到满意的工作等。在这个部分，我们简要介绍目前已知的孤独症的发展情况，以及孩子成年后可能会出现的情形。关于这个主题我们将会在第九章做更详细的探讨。

与许多始于儿童时期的疾病一样，孤独症会带来挑战，也会带来成功，这将跨越整个生命全程。孤独症的症状通常在婴儿时期出现，随后几年会变得严重，通常在幼儿园时期达到顶峰，而到了上学的年龄，情况逐渐趋于稳定。实际上，随着年龄的增长和时间的推移，每个孤独症孩子都会有进步。例如，随着年龄的增长，孩子们学会用语言表达，并且能更好地理解语言。他们对社会交往越来越感兴趣，并且也掌握了一些技能，包括如何开展对话，以及如何保持恰当的眼神交流等。尽管如此，大部分孩子到了青少年甚至成人阶段，仍然符合孤独症诊断标准。最近一项研究对孤独症人士"痊愈"的概率做了调查（也就是说，他们在人生中的某一个阶段曾经被诊断为孤独症，但后来症状消失了）。在查阅了很多不同的研究后，他们的结论是，有3%～25%的孩子，他们在长大后孤独症症状消失了，其认知、适应能力以及社交技能都恢复到正常水平。尽管大部分人士长大后仍然符合孤独症的诊断标准，但随着时间的推移，他们中的很多人在社交行为和沟通技巧上都取得了显著的进步。然而，很多高功能孤独症成年人士坦言，在和别人交谈或者互动时，他们还是感到有点拘谨和尴尬；他们说的话听起来仍然显得非常正式，而至于要说多少、什么时候该停止说话，这方面他们还会经常遇到麻烦。英国的一位心理学家帕特丽夏·郝琳博士曾经写过一本书，书里展示了大量孤独症人士成年后的恢复情况。她得出的结论是，孤独症孩子长大后有可能会取得成功，而这除了依靠其自身的个人特质和能力以外，还取决于他们周围可用的支持系统（家长、干预项目、学校提供的辅助）。郝琳博士提到，对于孤独症人士而言，要融入一个和自身价值观有明显差异的文化中，其压力是普通人无法想象的，而他们付出的代价也很大，包括由此产生的压力、焦虑和抑郁。很多成年孤独症人士即便是取得了阶段性的重大进步比如从大学毕业并找到工作，但是独立生活对他们而言，有时还是很困难。塞斯的妈妈曾经这样总结过她的希望和担忧："我敢肯定，他以后会成为一名天体物理学家，但恐怕他仍然需要我帮他穿衣打扮，还要送他上班。"

为自己找到社会支持

我的孩子究竟和别的孩子有什么不同？为什么会这样？当你在为此苦苦寻求答案时，你也许会感到孤独。在很多年里，你可能都会感觉，没有其他人会像你一样有一个这样的孩子。事实上，在你的医生或者其他人向你提及这个问题以前，你或许从来都没听说过孤独症。实际上，你并没有所想的那么孤单。美国疾病控制与预防中心（简称CDC）2014年公布的最新患病率表明，在美国，大约每68个孩子里，就有1名孤独症人士（或者总人口的1.5%）。而在过去的几十年里，患病人数一直在持续增加。30年前，我们预计，每1万人里只有2 ~ 4个人会有孤独症相关症状，而到了10年前，在公布的数据里，这个比例已经上升到了1/250。

美国CDC 2014年的研究发现，在孤独症人士中，存在智力和学习障碍的典型孤独症仅占到1/3，而其余的2/3都是高功能孤独症，不存在智力问题。也就是说，像你孩子那样的高功能类型，其实比典型孤独症更常见。

现在我们已经知道，和十几二十年前相比，孤独症越来越普遍了，由此我们自然会有疑问：孤独症的发病率上升了吗？它真的比以前更普遍了吗？还是发病率的上升仅仅反映了更好的诊断方法，以及人们对谱系里轻度孤独症这一类型认识的提高？此类问题目前还没有定论。毫无疑问的是，这些年来，孤独症的诊断标准已经发生了改变，并且把轻微程度的类型包括了进去，而专业人员也得到了更好的培训，对这一类型也会更了解，使得诊断更准确。所有这些，都会对发病率的上升起到一定作用。此外，在过去的30年里，无论是在美国，还是世界的其他地区，孤独症的诊疗服务都取得了很大进步，这也是导致孤独症患病率上升的一个因素。这一点很重要，因为发病率是通过各类服务机构或学校的数据统计出来的，毕竟很少有发病率调查会直接走进社区，并且对所有孩子展开孤独症筛查。因此，如果我们能在为孤独症孩子提供治疗上做得更好，那么，就会有更多的孩子被纳入这些服务机构的数据里——这样自然就会导致发病率上升。除了上述这些因素以外，一些科学家怀疑，环境因素会增加孤独症发病风险。在世界各地，还有很多相关的研究正在进行，我们将会在第三章对这些研究及发现做进一步阐述。

在孤独症人士中，男性要远远多于女性，这一点同时得到了利奥·凯纳和汉斯·阿斯伯格的认可，也被此后的大量研究所证实。美国CDC 2014年的数据表明，42个男孩里，就有1个被诊断为孤独症（超过2%）；而在189个女孩里，只有1个（约占0.5%）受影响。另一项研究表明，同一个家庭里，如果一个孩子患孤独症，那么她的妹妹患孤独症概率为1/10；而弟弟患孤独症概率为1/4。实际上，在所有的发育、行为和学习障碍方面，男孩的患病风险几乎都比女孩要高。

　　至于为什么女孩比男孩受的影响少，目前尚不明确。在第三章里，你将会读到，可能导致孤独症的因素有很多，而且不止一个因素可能会导致孤独症的发展。有人曾推测，女孩的一些特质（比如产前激素环境不同，或者与性别相关的大脑结构形式）会"保护"女性，使其免于患上孤独症和其他发育障碍性疾病。但这些仍有待进一步的研究去证实。

　　在第一章里，我们描述了高功能孤独症以及它是如何影响孩子和家庭的。在这里，我们的目标是帮助你弄清楚，生活中你为之担心的孩子是否和孤独症有关，以及这本书是否能帮你寻找到答案。在第二章，我们会为你解释，专业人员是如何得出诊断结论的，容易与孤独症相混淆的症状有哪些，以及最新诊断标准的改变可能会给你和孩子带来哪些影响。你对诊断过程了解得越多，你就越有能力确保你的孩子得到最准确的诊断。

第二章

孤独症的诊断过程

　　在听到学校心理学家怀疑劳伦可能患有孤独症后，劳伦的父母就开始尽可能地查看他们手头上能找到的所有关于孤独症的资料，去了解这方面的情况。有的症状在某种程度上符合劳伦的情况，尤其是缺乏朋友，以及很难直视别人的眼睛，但其他一些特征如过于正式的语言、笨拙，则完全和劳伦不沾边。学校的心理学家十分肯定，孤独症的诊断能够解释劳伦遇到的挑战，并且会帮助她获得必要的服务，但同时又给他们推荐了本地一名非常有经验的精神科医生，建议他们去那里征求进一步的诊疗意见。在精神科医生的要求下，劳伦的父母去儿科医生那里拿到了医疗记录的副本。在劳伦3岁时体检后的一份报告里，他们看到这样的文字："这个小女孩出生时是早产儿，目前情况恢复良好。她身体非常健康，看起来很机灵、很快乐。根据父母的描述，她很害羞，但胆子又很大。我们花了点时间对她的能力发展情况进行了评估，在这次门诊中，她全程都一个人玩，几乎没有看过大人一眼，玩的时候也很难集中注意力……很明显，劳伦在互动上有一些困难，但考虑到她年龄还小，这样的行为可能也正常。"劳伦的父母惊呆了：原来在那个时候，医生已经留意到了劳伦性格有点孤僻。对于这个结论，他们感到又沮丧又困惑——为什么这个问题没有早点查清楚呢？

塞斯在两岁时还不会说话，而且和父母还有兄弟姐妹都不太亲近。当别人喊他的名字或者和他说话时，他似乎没听见。塞斯父母知道，他耳朵没毛病，因为只要车库的自动门一开，哪怕他在房间的另一头，都会立刻变得兴奋起来。但是为了保险起见，塞斯父母还是带他去做了听力测试，结果完全正常，但听力方面的专家建议他们考虑做一下孤独症评估。塞斯3岁时被儿童心理学家确诊为孤独症，随后他马上被送到了为孤独症儿童专门设立的特殊教育幼儿园。他很快就学会开口说话，并迅速在各个方面都取得了很大进步。因此，到了学前班阶段，他顺利进入了正常班，只是偶尔需要助教辅助。在开学前，他的父母被告知，塞斯得的不是孤独症，而是一种叫作阿斯伯格综合征的病。又过了好几年，塞斯的精神科医生告诉他的父母，孤独症的诊断标准发生了"重大改变"，所以现在塞斯又被诊断为孤独症了。可为什么诊断标准一直在变呢？究竟谁才是对的呢？

孤独症诊断仿佛迷宫一般，迷宫里有很多条路，有的路一走就通，有的路却会把人带入死胡同。在这一章里，我们会向你介绍孤独症相关症状及具体诊断标准，帮助你找到通往迷宫出口的路。我们将告诉你，诊断评估过程是怎样的，以及孩子的诊断结论又是如何得出的。我们还会介绍那些与孤独症相混淆的情况。

诊断圣经：《精神障碍诊断与统计手册》

孤独症的诊断过程不是一成不变的，这主要决定于诊断机构和评估专家。有的评估又复杂又冗长，而有的则很快。有的评估人员会用专门的测试，而有的则会用 种非正式的方式和你谈话，或者和你的孩子玩耍，使气氛看起来很轻松。所有这些，都是为了收集你孩子早期发育的具体信息，以及了解孩子在孤独症相关领域里的强项和弱项。正如我们在第一章里提到的，这些包括你孩子的社交互动及沟通技能，以及异常兴趣爱好及行为。评估人员将根据收集到的这些信息，来决定你的孩子是否符合孤独症的诊断标准。这个诊断标准就是美国精神医学学会制订的《精神障碍诊断与统计手册》（*The Diagnostic and Statistical Manual of Mental Disorders*，简称DSM），里面列举了所有与情绪、精神及发育障碍相关的行为和问题。最新的DSM是第五版，于2013年5月出版，也就是大家熟悉的DSM-5。通常每隔十年或二十年，DSM就会修订一次，以反映这段时间临床专家及学者的研究成果。如果你的孩子是很久以前被确诊的，那当时使用的可能就是之前版本的DSM，比如DSM-4，这一版从1994年一直使用到2013年。如果你居住在美国以外的地区，那么你使用的可能是其他诊断标准，比如《国际疾病分类》（*International Classification of Diseases*，简称ICD）。

正如塞斯的例子里提到的，在DSM第五版里，孤独症的诊断标准发生了重大改变。对此，很多人都感到忧虑和不解。家长们担心，自己孩子会因此不再符合诊断标准，从而不能继续享受之前的服务，而这些服务对孩子的帮助是很大的。因此，在我们向你介绍DSM-5之前，我们先带你了解一些关于DSM-4的具体信息，以及这些改变背后的原因，这样你就可以理解这些改变以及对你孩子产生的影响。

DSM-4

在DSM-4里，孤独症被归类于"广泛性发育障碍"这一大类别里，DSM的制订者希望通过这个类别来区分孤独症和其他具体的发育障碍，比如学习障碍。患有广泛性发育障碍的孩子往往在很多方面都出现困难，比如社交、沟通、行为、认知等，有时甚至包括运动技能。相比之下，患有特定发育障碍比如读写障碍的孩子，则通常只在某个特定领域（如阅读）出现问题，但其他方面（如社交和运动技能）是正常的。

在DSM-4里，广泛性发育障碍包含5种情况：孤独症、阿斯伯格综合征、瑞特综合征、童年瓦解性障碍，以及其他待分类的广泛性发育障碍（Pervasive Developmental Disorder Not Otherwise Specified，简称PDD-NOS），其中患有瑞特综合征或童年瓦解性障碍的孩子，通常会伴随明显的认知障碍，因此不会被归类为高功能孤独症，所以这两种情况我们在本书中将不再提及。而其他3种情况，孤独症、阿斯伯格综合征以及待分类的广泛性发育障碍，都存在社交、沟通上的困难与重复刻板行为，只是在程度和具体行为模式上有所不同。在DSM-4里，涉及社交、沟通和重复刻板行为的核心症状有12种，要有6种以上才算患有孤独症。而"高功能孤独症"这个名词，是指符合孤独症诊断标准，但思维方式、学习和语言技能相对正常的孩子。患阿斯伯格综合征的孩子，他们表现出来的核心症状则更少，此外，他们语言能力也和普通孩子一样，而且不仅仅是评估的时候，长大以后也如此。最后，DSM-4把那些有发育障碍但又不符合孤独症和阿斯伯格综合征诊断标准的孩子，归为待分类的广泛性发育障碍，因为他们一般不是症状太轻，就是行为特征有不同。比如，如果一个孩子行为符合核心症状里的4种（少于孤独症的6种），同时又有语言发育迟缓（不属于阿斯伯格综合征），那么在DSM-4里，就会把他归为待分类的广泛性发育障碍。

新研究给DSM带来的主要改变

DSM（目前为第五版）一直在改变的一个主要原因是，医生们希望诊断标准更能体现科学研究快速发展的最新成果。第一版DSM出版于1952年，第二版出版于1968年，这两个版本都没有包括孤独症及类似的疾病。有孤独症特征的孩子接受诊断的话，就会被贴上"儿童精神分裂症"的标签。直到1980年，DSM第三版终于把孤独症收录其中，这得归功于20世纪70年代的研究，因为它明确了孤独症和儿童精神分裂症是完全不同的两个病症。从那时起，孤独症的诊断标准就会根据最新研究成果持续更新。试想一下，如果DSM没有更新，我们现在还是用几十年前的诊断标准——那就根本不会有人被诊断为孤独症！这样一来，你就能明白，为什么根据最新的研究更新DSM会是如此重要。

那么，究竟是什么样的科学发现促成了DSM-5呢？自从1980年洛娜·温博士把阿斯伯格综合征的概念引入英语世界以来，研究人员和临床医生都注意到了它和高功能孤独症的相似之处，也在探索二者之间的区别。大家提到的假设主要有：比如，很多患有阿斯伯格综合征的孩子比孤独症孩子在动作上要更笨拙；有的研究人员和临床医生认为，和孤独症孩子相比，患有阿斯伯格综合征的孩子更容易有特殊爱好（如喜欢记关于法国大革命之类的事件）；又或者，患有阿斯伯格综合征的孩子更喜欢用很正式的语气（像老学究似的）说话。在过去的二十年里，人们用了很多方法去验证这些假设，来区分孤独症和阿斯伯格综合征，但是结论却是二者的区别不大，甚至可以说根本没有区别。看上去高功能孤独症和阿斯伯格综合征的唯一区别就是症状数量不同（多于或少于6种症状特征），以及在2~3岁时语言是否发育迟缓。大部分专家都认为，这些区别是微乎其微的。在一项研究中，人们把确诊为阿斯伯格综合征和高功能孤独症的孩子放到同一组进行观察，结果无论是专家还是家长，都发现自己很难区分两者的不同。这就导致了一个很普遍的现象，很多家庭会从不同的医生那里得到不同的诊断，比如一个医生诊断出他们孩子是阿斯伯格综合征，而另一个医生却说他们的孩子实际上患的是高功能孤独症（比如前文案例中的主人公塞斯长大后，他的诊断结论就变了）。

2012年，凯瑟琳·罗德博士和一组来自美国各地的临床医学专家开展了一次全方位调研，来探寻孤独症、阿斯伯格综合征和待分类的广泛性发育障碍之间的区别。实际上，在一些诊所里，几乎所有孩子都被诊断为孤独症，而其他两种诊断几乎不用；而在另一些诊所里，最常见的是待分类的广泛性发育障碍；还有的诊所的样本数据里，阿斯伯格综合征则占了一半。在美国不同的地区，这三者的发病率差异真有这么大吗？实际上，研究清楚地表明，无论孩子在哪个地区，他们的情况都非常类似，包括语言、智力以及孤独症的症状表现。因此，存在诊断差异的原因并不在于这些孩子本身，而在于不同机构对于诊断标准的理解和运用。其中很显而易见的是，在这三种发育障碍里，有的机构似乎更偏向于只使用其中一种。在DSM-4作为诊断标准的二十年里，这种现象在全世界估计都很普遍（而不仅在这次调研所涉及的机构里）。

这种现象不仅给孤独症儿童的家庭带来了困扰，通常还会影响到孩子的干预。在美国的某些地区及其他一些国家，阿斯伯格综合征人士享受到的干预服务要比孤独症人士少。如果这些孩子的症状是如此相似，那么我们拒绝给予一部分孩子服务，却给另外一部分孩子提供全套的干预服务，这显然是不公平的。因此，专家们希望DSM-5能改变这种现象。

DSM-5

针对上述问题，DSM-5应运而生了，这是众多领域的科学家和临床专家，以及家长和社区组织努力了4年的成果。在此期间，DSM-5工作组定期开会，讨论新研究带来的变化，探讨新的诊断指标，测试数据，来验证新指标是否有效。DSM-5工作组秉着"不损害"的宗旨，以确保它不会损害孤独症人士及其家庭的利益，比如导致符合诊断条件或享受干预服务的人数减少。DSM-5于2013年5月出版，目前已经在世界很多国家被广泛使用。虽然现在我们还不能确切知道，这些变化可能给我们的孩子和家庭带来的影响是什么，但根据现有的一些研究表明，这些变化正在发挥良好的作用。关于这个话题，在告诉你DSM-5确切的诊断标准后，我们再继续探讨。

在DSM-5里，像你孩子那样的情况，将会被诊断为孤独症谱系障碍（ASD）。和DSM-4不同的是，DSM-5里只有这一个诊断，对应DSM-4里广泛性发育障碍这一大类别及其下面的5种小类别。DSM-4列举了广泛性发育障碍的12种症状，并且对5种障碍类别的诊断标准都做了不同规定，这导致符合诊断标准的人里，将有可能呈现很多种不同的模式！这就意味着，这些孩子之间的差异是非常大的，以至于两个有着同样诊断的孩子，他们表现的症状可能会完全不同。在DSM-5里，症状被简化成了7种，而必须要符合其中5种才能被确诊为孤独症。和DSM-4相比，符合诊断的孩子里，大概只会呈现6种不同的模式。这使得临床诊断更简单直接，也使得诊断结果更可靠：既然现在只有一种诊断标签，那么，对于同一个孩子，他在不同的医生那里得到的诊断结果就很有可能是一样的。家长们就不会遇到像塞斯父母那样的苦恼：一个医生说是孤独症，而另一个又说是阿斯伯格综合征。

要达到ASD的DSM-5标准，孩子必须在社会沟通和互动中有明显困难，同时存在受限的重复性行为。在社交领域，DSM-5包含以下3个症状：（1）社交时缺乏互惠性，例如与他人互动或交谈或分享自己的感受；（2）非语言交流存在困难，例如眼神交流、面部表情和手势；（3）难以发展符合自己年龄的社会关系。在重复刻板行为方面，DSM-5包括4个症状：（1）重复或异常的肢体动作、使用物体或语言；（2）对一致性和熟悉的流程异常坚持；（3）兴趣过于狭窄、过于激烈和（或）反常；（4）对感觉刺激的过度反应或反应不足。在第一章中，我们对这些行为有更为详细的描述。大多数症状与DSM-4里的非常相似，但这次新增了感觉敏感度这一症状。感觉敏感度之前未被纳入DSM-4中，但研究表明，感觉敏感度异常在谱系儿童中很常见，因此它们被补充到DSM-5里。

要符合DSM-5关于孤独症的诊断标准，你的孩子必须表现出DSM-5中列出的7种症状里的5种——其中需要符合社交互动领域的全部3种症状，还需要至少符合重复行为及异常兴趣领域4种症状中的至少2种，而每种症状的具体表现形式各不相同。比如，在社交互动方面，有的孩子很难和别人进行来回交谈，而有的孩子可能会忽略或逃避别人，这都是社交互动困难的体现，而根据孤独症对孩子的影响程度不同，这种症状的表现也会有所差异。这是DSM-5的一项革新，使得每一种症状适用于谱系里的每个人，无论你是儿童还是成年人，能流利说话还是不能说话，程度轻微还是严重。与DSM-4不同的是，针对某一特定行为，DSM-5会表述为"能力欠缺"，而不是之前的"缺乏能力"，这一表述更适用于高功能孤独症孩子。在DSM-4过渡到DSM-5的过程中，临床医生很惊讶地发现，和他们预想的相反，在很多案例中，孩子更容易达到诊断标准，而不是更难了。

除了上述规定以外，孤独症的诊断标准里还要求这些症状必须在孩子的早期发育阶段就有所体现。对于早期阶段的年龄范围没有具体规定，但通常大部分父母会在孩子5岁前能够发现孩子身上的一些不同。少数孩子到了上学的年纪，父母才察觉到异常，因为随着孩子社交需求增加，父母对孩子社交方面的期望值会相应提高，而这使得孩子和其他同伴之间的区别变得更加明显。如果你的孩子符合上述诊断标准（症状数量达标、涵盖两个领域，以及首次察觉异常的年龄），那么他（她）就会被诊断为孤独症。

作为诊断过程的一部分，医生会同时检查孩子除了孤独症以外是否还存在其他缺陷，包括智力障碍（认知和学习能力低下）、语言障碍，以及基因缺陷（比如唐氏综合征或脆性X染色体综合征）。一个完整的诊断流程还会同时帮你排查孩子患其他病症的可能，包括抑郁症和焦虑症——这方面话题我们将会在这一章后文中继续探讨。最后，医生会为你孩子缺陷的严重程度进行打分和分级，来决定他以后需要的支持程度（评分体系为：一级代表"需要支持"，二级代表"需要大量的支持"，三级代表"需要非常大量的支持"）。大部分高功能孤独症孩子语言流利，学习和思维能力正常，他们的严重程度通常是一级或二级。随着孩子年龄的增长，程度往往还会减轻。DSM-5非常谨慎地指出，严重程度的分类"并不能用来决定是否符合接受干预服务的标准"。

DSM-5会给我们带来哪些影响?

随着DSM-5的推出,家长们普遍有很多顾虑,大家最关心的是,孩子是否符合新的诊断标准,并且是否仍有资格享受政府支持的干预、教育服务以及医疗保险。在这里需要注意的是,在很多国家以及美国的很多州里,教育系统和医疗系统的政策有很大区别。在医疗系统,使用的依据是DSM,而在地区教育部门则不同,他们对于残疾有着自己的定义,对享受特殊教育服务资格有自己的标准。因此,如果你所在地享受特殊教育服务资格的依据不是DSM,那么你的孩子目前在学校所享受的服务不会因DSM的修订受到影响。

其实,即使你所在的地区是以DSM标准来作为享受特殊教育服务资格的依据,诊断标准的更新也不会对你的孩子在学校所享受到的服务不利。正如我们之前所说,DSM-5工作组的目标就是“不损害”,而新的诊断标准出台的意图,就是要确保根据旧版DSM确诊的人士不受影响。实际上,DSM-5里有明确规定“之前通过DSM-4确诊的孤独症、阿斯伯格综合征和广泛性发育障碍人士,如果没有特别说明,可认定为孤独症谱系障碍”。这意味着,在DSM-5里,你的孩子仍符合诊断标准,而且不需要重新诊断——简而言之,你的孩子旧的诊断标签,将会被“孤独症谱系障碍”这个新的标签所取代。因此,除非是医生或者干预机构另有交代,否则你无须为孩子安排新的评估。

然而,在某些情况下,重新评估是必要的,而孩子有可能最终不符合新的诊断标准。为什么会这样呢?因为在DSM-4里,广泛性发育障碍的诊断只需要两种症状,其中症状之一必须是在社交方面。而DSM-5规定,孩子必须有两种重复刻板行为,这一点在DSM-4中并没有要求。

查德很晚才学会说话，现在他9岁了，语言有了很大进步，但和别人交谈还是显得很困难，而且说话时他也不怎么看对方。然而，除此以外，他身上孤独症的其他特征并不明显。查德有几个要好的朋友。他的想象力也很丰富，同时从来没有过任何的异常兴趣爱好或者怪异、重复刻板行为。

根据DSM-4，查德被诊断为待分类的广泛性发育障碍（PDD-NOS），因为他在社交方面表现出来的一些困难，是和孤独症相关，但这些症状的数量和模式，都没有达到高功能孤独症或者阿斯伯格综合征的诊断标准。因为这两种情况都要求在社交互动方面至少有两项缺陷，而查德只有一项（对视困难）。同时，他总共才呈现了3种症状，而DSM-4中孤独症诊断至少需要符合6种症状。

当DSM-5出版时，一个亲戚出于好意，建议查德的父母"给他重新评估"，但事实证明这并不是明智的选择。他们被告知，查德并不符合孤独症谱系障碍的诊断标准，这个结果令他们非常震惊。心理医生告诉查德父母，现在有一个新的诊断类别，称为社交（语用）沟通障碍，而这个诊断对于查德的情况更为适用。医生进一步解释说，孤独症孩子的兴趣狭窄和重复刻板行为会比查德严重得多，而查德的主要问题是不懂如何使用社交语言，比如对话时懂得轮流发言、知道对方意图，以及能听懂话外音和潜台词。对于医生提到的这些情况，查德的父母是再熟悉不过了。实际上，每当查德想要告诉爸爸妈妈今天自己过得怎样时，因为他经常说不清楚背景或者不知道需要交代前因后果，最后搞得爸爸妈妈一头雾水。比如，有一天，查德放学回到家，他看起来很难过，反复说"她今天太刻薄了"，却没有告诉大家"她"是谁——是老师，还是班上的同学，或者是校车司机？"她"又究竟做了什么？他不知道，爸爸妈妈需要了解这些问题的答案，才能搞清楚整件事情。此外，查德的父母还发现，查德只能理解他人说话的字面意思，而听不懂是笑话还是比喻，所以他们平时尽量是直接表达想法。心理医生还提到，针对这类问题有一种干预方法，叫作语用干预，通常由言语治疗师提供。最后，心理医生还给他们推荐了几个本地的言语治疗师。

在社会交往情境中，有社交（语用）沟通障碍的孩子在语言和非语言交流上都面临着持续挑战，主要体现在以下4个方面：（1）无法将沟通用于社交目的；（2）缺乏改变沟通的能力以适应上下文或听众的需要；（3）无法遵守谈话和讲故事的规则；（4）难以理解文字以外的语言含义（例如幽默、隐喻、嘲讽）。这些症状看上去的确与孤独症的症状互有交叉——实际上，大多数孤独症孩子都会表现出这些症状。然而，如果一个孩子符合孤独症的诊断标准，那么我们就会排除他有社交（语用）沟通障碍的可能。以查德为例，如果他在社交沟通障碍以外还存在重复刻板行为，那么他的诊断就可能会变为孤独症。

当DSM引入新的诊断类型后，会要求做进一步研究，来判断这个补充是否有益。当阿斯伯格综合征第一次被纳入DSM-4时，初衷是为了帮助之前无法获得确诊的孩子。经过过去二十多年的持续研究，大家清楚地意识到，这个新标签所存在的问题——就是它实际上和孤独症在症状上相差无几，似乎成因和干预方法也一致。在接下来的十几年里，我们同样需要做进一步的研究，来确定社交（语用）沟通障碍和孤独症是否存在本质区别，包括症状、成因以及干预方法，来尽量避免出现当初引入阿斯伯格综合征时的问题——用两个不同的名称去形容同一种病症。

DSM-5会带来什么好处?

目前我们尚不清楚,诊断标准从DSM-4变为DSM-5,会导致多少孩子失去诊断机会。但是,根据早期的一些研究,我们预计数量不会太多,而且即便如此,将会有其他的诊断适用于这些孩子,使得诊断更符合他们的优势、挑战和治疗的需求。DSM每次改版前,都会通过临床医生(而不仅仅是参与DSM工作组的专家)对新的诊断标准进行测试,来检验其实际应用效果。不同的研究使用不同的方法来检验新的标准。其中一个最严格的方法是,让两个临床医生分别对同一个孩子进行评估,一个用DSM-4,而另一个用DSM-5,来看DSM-5是否优于之前的标准。曾经的一项试验吸引了美国各地不同的诊所和机构的临床医生参与,同时参加试验的孩子也不少,症状也各种各样。之后研究人员开始统计,看看在这种情况下(对同一个孩子分别用不同DSM版本),两个医生同时诊断孩子患孤独症概率是多少。比如,符合DSM-4中孤独症、阿斯伯格综合征,或者未分类的广泛性发育障碍诊断标准的孩子里,符合DSM-5中的孤独症谱系障碍诊断标准的会有多少。

在DSM-5即将出版前,为了检验DSM-4和DSM-5的一致性,研究人员用同样的方法进行了一次大规模的试验。结果,89%的诊断在两个版本中是一致的。更让人欣慰的是,在DSM-5标准下的确诊人数,比DSM-4的更多。这意味着,在两个版本得出结果不一致的病例中,有部分孩子在DSM-4下不能获得诊断,却符合DSM-5的诊断标准。很多人对此感到惊讶,而对于家长而言,这是个好消息,因为这意味着在DSM-5标准下,他们的孩子可以继续享受现有的干预服务。在最近的一项研究里,匹兹堡大学的卡拉·马泽夫斯基博士以及她的同事对智力正常的成年人进行了测试,他们的孤独症程度非常轻微,因此人们普遍推断他们在DSM-5标准下不会被确诊。结果研究表明，在这群人中，93%的人同时符合DSM-4和DSM-5的诊断标准。

在互联网等媒体上，大家经常会看到一些其他类型的研究，这些研究表明符合DSM-5诊断标准的孩子会比DSM-4少得多。但是，在这些研究里，没有任何一种采用我们上面提到的最严格的试验方法，所以他们之所以得出这样的结论，或许是因为他们的研究技术没有那么严格。有部分人担心新标准对幼儿等低龄疑似孤独症儿童比较苛刻，而相关研究正在积极进行中。随着时间的推移，DSM-5实施的时间越长，相关的研究就会越多，我们对DSM-5的效果也会有更明确的答案，但根据之前的大型试验，我们对此还是持乐观态度的。

正如之前我们提到过的，一个特定的症状会有很多不同的表现方式。这意味着，你可能看到关于孤独症的描述，感觉和自己的孩子一点儿都不沾边。你也许知道邻居有个孤独症男孩，且他看上去和自己的孩子完全不同。你或许还听说过，孤独症孩子都很冷漠，可是你自己的孩子却喜欢拥抱、亲吻，或者坐在你腿上撒娇。原因很可能在于，诊断标准有部分对你孩子适用，而对其他孩子不适用——正如劳伦父母所经历的那样，但这并不意味着你孩子是误诊了。可是，我们怎样才能知道，这不是误诊呢？

诊断真的准确吗？

看了前面的介绍，你可能会想知道自己的孩子被准确诊断的概率有多大。或者你也像塞斯和查德的父母一样，孩子得到过两种截然不同的诊断结果，所以迫切想知道究竟哪一种是正确的。或许你又认为，你得到的诊断结果夸大或者淡化了自己孩子的问题，那么该怎么办呢？当父母对自己孩子的诊断结果感到不放心时，会继续进行医疗咨询，这可能会有帮助，直到找到符合自己对孩子的了解和对孤独症认知的满意的诊断结果为止。但这样的过程往往漫长且花费巨大，不是所有父母都能够承受的。以下我们针对家长普遍最关注的关于孤独症诊断的问题，给出了恰当的回答。

家长常见问题1：如果一名医生说我孩子患有孤独症，而另一名医生说他是正常的，该怎么办？

正如我们在本书前面所强调的那样，孤独症是一个谱系，谱系里的孩子情况千差万别，而其孤独症症状发生的频率、严重程度、在不同环境下的普遍程度、对其功能的干扰程度，以及给他们造成的痛苦程度等，决定了他（她）在孤独症谱系中的哪一端，以及距离人们通常认为的"正常"程度有多远。在这里要特别指出的是，不少人都有独特的癖好，但这不等于他们就患有孤独症。很多孤独症的症状，我们在一些普通人身上也能看到，但程度会轻微很多。也许在你认识的人里，也有一些人对某一主题特别痴迷，比如火车模型或计算机，但如果他在其他方面表现完全正常的话，那么他就不是孤独症人士。我（萨莉·奥佐诺夫，本书作者之一）的一个邻居，平时看上去很正常，除了每天都会用手机查天气预报十几次以外。他还喜欢列一个清单，上面记录了世界上很多城市日出和日落的时间表（通常都是他和妻子曾经游览过的地方）。然而，和孤独症人士不同的是，他没有把这个爱好告诉其他人。相反，当有一天我在他房间里找笔时无意中看到了那份清单，他还感到有点尴尬。也许在你认识的人里，也有一些人在社交场合显得很焦虑，他们不知道该说什么。或者你可能也有一些熟人，他们说话经常啰嗦而且不着边际。又或者你身边的朋友，他们秩序感特别强，计划一旦有变他们就会变得十分焦虑。比如我（萨莉·奥佐诺夫，本书作者之一）的一个同事，她待人友善，人缘也不错。她总是会事先安排好全天的日程，如果有人临时通知她去开会，或者到中午饭点时才约她吃饭，她就会变得非常不安。她总是小心翼翼地尽可能避免临时改变计划，否则就会抱怨别人毁了她一天的心情。这里提到的所有人，如果他们还表现出孤独症的其他特征性症状的话，就有可能患有孤独症。但是，如果这些行为只是孤立地出现，而他们社交沟通方面没问题的话，那么就只能算行为上的特殊癖好。这意味着大部分的孤独症症状就像连续的光谱那样，而光谱的一段是"正常的"（关于"正常的"含义我们在这里不再做过多阐述）。孤独症人士的很多行为，普通人可能有时也会有，但他们给人的感觉就是"正常"的。在这里，区别一个人是否患有孤独症，关键得看这些行为的严重程度，包括他一共有几项类似孤独症的行为，还有这些行为对他个体功能的影响程度，以及对日常生活的干扰程度。

家长常见问题2：我们怎样才能确定孩子患的是孤独症，而不是注意缺陷多动障碍、强迫症或其他疾病？

在过去的三十年里，孤独症发病率剧增，有日益盛行的趋势。虽然人们还不清楚是什么导致了这样的结果，但正如我们在第一章中提到的那样，其中一个肯定的原因是近年来随着孤独症知识的普及，专家和公众对孤独症的认识在逐渐提高，使得越来越多的孩子得到确诊。而随着诊断日趋变得流行，误诊的可能性也在增加。有的孩子在一名专家那里被确诊后，再到其他专家那里评估，结果发现诊断结果其实是错误的，因为孩子的问题更多的是注意力、抑郁或其他方面，而不是孤独症。

导致误诊的一个原因在于，很多疾病的症状和孤独症的症状有交叉，至少从表面上看起来是这样。比如，如果一个人患有强迫症，那么他往往会被一些想法或观念持续困扰，而无法摆脱它。同时，他们会有强烈的冲动反复去做一些事情或出现一些仪式化行为。他们通常喜欢事情"刚刚好"，而如果事情不是他们习惯的或期望的那样，他们会变得异常烦躁不安。克里斯是一位12岁的强迫症孩子。他喜欢数字4，他感觉有些动作他必须做4次，而当他听到某些特定的词语，他也要重复4遍。如果他不这么做，他就会感到特别紧张。他消除焦虑的唯一方法就是用手背快速划过地面。这种异常的仪式化行为可能会让人联想到孤独症，因为孤独症孩子也有类似无意义的仪式化行为。再举个例子，提克·马克是一个孤独症男孩，每次坐车，他都要求他的家人从司机位置开始顺时针关门和系安全带，否则就要大喊大叫。此外，他要求大家从车里出来时，也要按照他规定的顺序。因为怕马克情绪崩溃，每次他的家人都按照他的指示做。和克里斯一样，马克的行为在外人看来也没有任何意义，而一旦事情没有按照他们想的那样进行，两个男孩都会显得异常焦虑。然而，一个男孩被诊断为强迫症，而另一个则被诊断为孤独症。这有什么区别？

答案其实很简单，如果马克仅仅在车门问题上表现异常，那么他可能有强迫症，但如果他还同时有一系列其他症状，包括回避眼神接触、反复谈论某一话题（如病毒），以及对朋友没有兴趣等，那么，和强迫症相比，孤独症的诊断显然更能全面地反映马克的情况。患有强迫症的人通常在社交上没有问题，和其他人交谈也很自然顺畅。除了在某些想法和行为上比较固执和冲动外，他们很少有其他的异常行为。比如，他们没有高度关注的特殊兴趣爱好（虽然这点经常被大家误解，而且很有可能导致很多误诊）。孤独症和其他病症最大的区别（或许也是最令人困惑的）在于，社交互动上的缺陷和异常的沟通方式。如果孩子身上有这两种孤独症的典型症状，那么这个孩子更有可能是孤独症，而不是强迫症或者其他病症。

　　那么，专业人员如何判断孤独症孩子是否也患有强迫症呢？大多数强迫症人士能觉察到自己的行为是不正常的且毫无意义的，会对生活造成很大困扰。大多数强迫症人士会把他们的仪式化行为当成一个秘密，因为他们害怕别人知道后会觉得奇怪。而实际上，他们自己也觉得奇怪，也特别渴望这些行为能消失。尽管他们尝试抑制这些行为，但无法阻止自己做出这样的行为。这一点和大多数孤独症儿童或青少年不同，他们通常察觉不到自己的异常行为，因为他们根本就不觉得奇怪，所以也不会试图去掩盖。不过，并不是所有强迫症人士都会觉察到自己行为的异常，尤其是孩子。因此，判断一个孩子仅仅患有孤独症，还是孤独症合并强迫症，另一个重要的考量就是诊断的简化原则。我们在培训期间，鼓励大多数专业人员对诊断都要做到尽量精简。在合理的情况下，我们尽量把症状归结为一个诊断项下，而不是归到三四个不同的诊断中去。这样的实践有时被称为"简约原则"，或者"奥卡姆剃刀原理"。威廉博士是14世纪英国著名的哲学家，他首次提出，科学的目标是要尝试用最简单的方式去解释未知的现象。当这个原理应用到医学诊断上时，医生们经常说，"当你听到蹄声时，就认定那是马，而不是斑马。"根据简约原则，大多数临床医生不会下孤独症合并强迫症的诊断，除非在一些人身上这两种病症的症状表现得都非常清晰，而且无法把它们仅仅归类为其中一种病症。

　　实际上，症状和孤独症完全或部分交叉的疾病还有很多，强迫症并不是最常见的。一些孤独症孩子在确诊前曾经被诊断为注意缺陷多动障碍（Attention Deficit and Hyperactivity Disorder，简称ADHD）。正如我们从这个疾病的名称就能看出来，它的典型特征就是注意力不集中以及难以控制自己的行为和活动。一个患有ADHD的孩子可能会有如下症状：不认真听别人说话、不听指令；回避枯燥或难度大的任务；容易分心、烦躁不安、坐不住、不能耐心排队等候；话很多且喜欢打断别人等。

　　很明显，ADHD和孤独症的很多症状看起来非常相似，因为上面提到的问题很多孤独症孩子都会有，但背后原因有很大不同。比如，孤独症孩子看上去没在听别人说话或者不听指令，那是因为他们在社交和语言处理方面存在问题，导致他们不能理解语言在人际交往中的核心地位，因而也无法自然地对此做出回应。他可能也会打断别人、很难排队等候，或者说起话来没完没了，那是因为他很难分清各种社交场合，也不知道在特定场合大家能接受的行为是什么。在学校，他也有可能不愿意去做课堂作业或者坐不住，仅仅是因为他对这些不感兴趣，而不是因为作业难。此外，对于孤独症孩子而言，老师和父母的夸奖以及好的成绩，这些对他们可能都起不到激励作用，因为他们的内在驱动力和普通孩子区别很大。他们也有可能容易分心，导致他们分心的往往源于他们自身，因为他们经常沉浸在自己的思想和兴趣里，而导致ADHD孩子分心的因素通常是噪声等外部刺激。

　　由此可见，很多孤独症孩子刚开始经常会被诊断为ADHD的一个原因是这两者的症状有很多相同之处。还有一个原因是ADHD更常见，所以临床医生对此更了解，诊断起来也更在行。最后，对于老师和家长而言，ADHD存在的问题（比如坐不住、不能排队等候、不听指令）让他们感到非常困扰，因此也可能更容易受到专业人士的关注。相比之下，孤独症的常见问题如社交障碍和特殊兴趣爱好，则容易被大家所忽略。

　　但是，和患强迫症的孩子的情况相同的是，如果一个孩子仅仅只是患有ADHD，那么孤独症孩子的很多问题，他都不会有，包括回避眼神交流、交谈互动困难、有特殊兴趣爱好，以及缺乏想象力等。在

表1中，我们列举了很多看起来和孤独症相似的疾病，大家可以根据这一方法逐一加以排除。如果孩子表现的是典型的孤独症症状，那么他患的就是孤独症。而同时符合多个诊断的前提是，孩子身上体现了孤独症以外的另一疾病的所有症状，而这些症状不能归结于孤独症。

很显然，了解孩子问题背后的真正原因是很重要的，这样才能帮助你更好地了解他，同时准确的诊断也是让你的孩子获得最适合的干预的关键，而误诊所带来的后果可能会很严重。比如，某些干预服务是专门为孤独症孩子设计的，能最大可能地发挥他们的潜能，提高他们长大成人后的生活质量（关于这个主题的更多内容可参见第四章），而要获得这些服务，就需要一个准确的诊断。此外，准确的诊断也可以让你远离那些对孩子无效甚至有害的干预，比如药物干预就经常会出现很严重的副作用；而有的行为干预，它们有可能适用于不同的行为，可能导致治疗师对你孩子行为的原因做出误判等。

家长常见问题3：我的孩子除了孤独症外，是否还可能存在其他问题？

虽然我们在诊断上力求化繁为简，但实际上有时很难做到，或者很难准确地把孩子单纯诊断为孤独症。对于同时有几种精神疾病特征的情况，我们称为"共患病"。在这种情况下，能分辨出合并的症状至关重要，因为如果这些症状得不到有效的干预，那么你的孩子恢复也会受到影响。多项研究显示，孤独症人士同时带有表2所列出的这些症状的风险要比其他人高，具体原因尚不清楚。好几项研究表明，超半数的孤独症儿童和成人，都会有一种或超过一种的共患病。

表 1　容易和孤独症混淆的诊断及其特征

诊断	特征
注意缺陷多动障碍	● 注意力不集中 ● 过度活跃 ● 容易冲动
听力障碍/耳聋	● 无法听见或者仅能听到部分声音
学习障碍	● 智商和发育正常，但在阅读、拼写、数学以及写作等领域出现问题，导致学习困难
智力障碍	● 智力得分低于70 ● 学习进度缓慢 ● 生活自理水平低于同龄人（包括吃饭、穿衣、如厕、交流、工作、玩耍）
非语言学习障碍	● 数学学习能力缺损 ● 非语言智商明显低于语言智商 ● 空间处理能力差（比如玩拼图、看地图） ● 书写困难 ● 行动笨拙，运动协调能力差
强迫症	● 坚持重复某些想法、行为或仪式 ● 如不被允许会变得异常焦虑 ● 明白自己的行为毫无意义
对立违抗性障碍	● 对权威不服从、对抗、消极抵抗或挑衅
反应性依恋障碍	● 社交关系模式的持续异常 ● 有被虐待或被忽略的经历
分裂样人格障碍	● 对社交关系不感兴趣 ● 缺乏情感或很少有强烈的情感反应
精神分裂症或精神病	● 举止怪异，坚持错误信念（妄想） ● 异常的知觉体验（幻觉） ● 语言和行为混乱
选择性缄默症	● 无法在某些特定社交场合（如学校）讲话，而在其他场合（如家里）说话则正常
社会焦虑症 （社交恐惧症）	● 对社交场合有显著持久的恐惧 ● 意识到恐惧是过度或不合理的

续表

诊断	特征
言语—语言障碍	• 发音困难，词汇或者语法（如时态和复数形式）运用能力落后于同龄人，习惯使用短句或简单句式 • 难以理解语言及处理语言指令
抽动秽语综合征	• 不受控制的抽搐（突然、快速、反复出现的动作或声音）

表 2　常见的孤独症共患病

诊断	特征
焦虑症	• 过度忧虑 • 由于恐惧而回避某些场合或事物
注意缺陷多动障碍	• 注意力不集中 • 过度活跃 • 容易冲动
抑郁	• 悲伤或易怒 • 对喜欢的活动失去兴趣 • 饮食及睡眠习惯发生改变 • 疲劳和精力丧失 • 感到自身没有价值和无助 • 有自杀的想法或行为
抽动秽语综合征	• 不受控制的抽动（突然、快速、反复出现的动作或声音）

　　在这样的情况下，专业人员在对孤独症儿童诊断和干预的过程中，需要在过度诊断和误诊之间把握好尺度。对于共患病的诊断，孤独症孩子自身能起到的作用微乎其微，因为他们的自我认知有限，不能很好地觉察自己的情绪，也很难搞清楚自己和他人的精神状态，对抽象概念的理解也非常有限。这时，就需要专业人员和家长介入，因为他们是最了解孩子的人。家长可以和专业人员分享自己对孩子的看法，以及孩子身上明显的行为或思想变化轨迹，为诊断提供参考。比如，

孤独症并不会导致情绪抑郁，因此，如果你的孩子以前每天都很开心，但最近连续几个星期都在情绪上出现非常大的转变，比如变得非常紧张或者易怒，你也许需要带他去看精神科医生或者心理医生，来判断孩子除了孤独症以外是否有抑郁症或者焦虑症等共患病。同样，如果孩子最近行为上有了新变化，比如故意弄伤自己或者显得非常好斗，你也需要认真地考虑带孩子去看医生，看他是否患有孤独症以外的其他病症。最后，如果孩子干预的效果远低于你和医生的预期，你也需要带他去检查，看看他是否患有孤独症以外的其他病症。此外，当孩子第一次接受评估时，如果你认为孩子的行为和孤独症的典型特征不符，并且你怀疑还有其他的原因，你也可以把你的怀疑告诉医生。

诊断过程

孤独症的诊断步骤和先后顺序，要依据医生和机构而定。我们先暂且假设，你或者老师，或者其他与你孩子有近距离接触的人，怀疑孩子可能有发育方面的问题，所以要带他去医生那里接受评估。

谁有资格诊断孤独症？

大多数情况下，诊断孤独症的专业人员为心理医生及包括儿童精神科医生在内的儿科医生。其他科室的医生，比如神经科医生和全科医生（有时也被称为"家庭医生"），也可能会给你的孩子做一些评估。此外，具备诊断资格的人员还包括社会工作者，前提是他们事先接受过关于诊断和如何使用DSM-5方面的培训。其他专业人员，包括老师、言语病理学家以及职业治疗师，可能对孤独症有一定的了解，而且很有可能是第一个觉察孩子有孤独症症状的人，但是他们通常没有接受过诊断流程方面的培训。不过，考虑到老师和治疗师接触过和你的孩子有类似情况的孩子，即使他们不能给出明确的诊断，但是作为家长，我们也要认真听取他们的意见，并且询问是否可以帮忙推荐到有资质的专业人士那里去。在一些机构或诊所里，你的孩子可能会接触到由不同专业人士组成的一个团队，涉及的领域包括心理学、精

你是否从专业人员那里得到了合理的诊断？

具备孤独症诊断资格的专业人员的类型有很多。根据我们的经验，要获得一个完整而准确的诊断，评估人员在孤独症领域的专业性，要比他持有的职业资格证书重要得多。在你走完整个诊断流程之前，很难说你找到的专业人员就是最适合评估你孩子的人。在评估过程中，你可以问自己以下几个问题，如果任何一条问题你的回答是否定的，那就提示你需要向专业人员寻求解释，要求他提供额外信息或者做进一步评估。如果你对解释不满意或者回答是否定的问题太多，那么等这次评估结束，你可以考虑寻找其他专业人员获取第二诊断意见。

●医生是否向你询问过孩子的早期表现？

●医生是否花至少30分钟观察孩子的行为表现？

●医生是否就诊断结果向你解释，以及回答你的问题？

●医生的反馈是否对孩子的情况具有针对性？你是由于孩子所面临的一些问题来寻求评估的，医生是否充分理解你关注的这些问题？

●医生是否向你解释哪种诊断最适合你的孩子？

●医生是否对你孩子的干预提供意见，并且根据你的周边情况向你推荐其他一些可以寻求帮助的信息（比如电话联系方式）？

●医生是否提供或承诺提供一份总结孩子测试结果的报告？

神学、儿科学、教育学、社会学，以及言语—语言治疗，而即便他们中的一些人可能没有诊断资格，你和你的孩子也会从中受益良多。在其他一些机构和诊所，给你孩子诊断的专业人士可能只有一位，但是只要医生足够专业，也完全没有问题。

其实，无论医生持有的职业资格是什么，作为给你孩子做诊断的人，最重要的是他要在孤独症领域具备足够的知识和经验。一个很常见的现象是，如果专业人员没有经过这方面的培训，那么即使他是拥有相应学位的专业人员，也有可能把高功能孤独症误诊为其他疾病。正如当你第一次听到"孤独症"这个名词的时候，浮现在你脑海里的，也许是一个非常孤僻、安静的孩子，他在一个角落里痴迷于旋转的物体。同理，对于相当多没有经过相关培训的专业人员，如果遇到一个孩子，聪明且能说会道，身上也没有类似来回挥动双手的毛病，那么，他们会认为这个孩子根本不可能患有孤独症。这有可能也是导致前面案例中劳伦和克林特迟迟得不到确诊的原因。因此，当你在预约诊断评估时，一定要了解清楚，对方是否擅长诊断高功能孤独症，或者至少在这方面有一定专业知识和经验。

询问孩子的生长发育史

诊断评估的两个重要的组成部分是对你的孩子进行观察，以及和家长详细交谈。问题主要包括孩子的生长发育史，以及孩子达到某个发育里程碑的具体时间，比如什么时候学会说话、走路等。作为家长，你需要告诉专业人员孩子每天在家的具体细节，因为在医生的观察期间，他的强项和问题可能不一定会表现出来。孤独症有两类不同的症状：（1）一些典型的行为能力（例如具备同理心、发展亲密友谊、进行假想性游戏以及眼神交流）没有发展出来；（2）有别于其他孩子的异常行为（例如反复仿说视频里听到的话、对某些事物异常痴迷或者对日程的变化极度焦虑）。关于孩子的行为，评估人员会问你一些非常具体的问题，包括孩子现在的表现如何，以及他们小时候（5岁以前）具体是什么样子的。

对孩子进行观察

在评估过程中，评估人员还会对你的孩子进行观察，有时也会和他互动，同时记录相关的问题。评估人员可能会设定一些特定的场景，来确定孩子的一些症状（如果存在）能在观察期间明显表现出来。比如，孤独症孩子一般都不善于眼神交流。那么，如果你的孩子和评估人员缺乏眼神交流，怎样才能确定这是因为孤独症而不是害羞或者是缺乏交流机会呢？评估人员可能会创造一个非常清晰的情景，里面会有大量的眼神交流机会，如让你的孩子必须要向大人求助，或者遇到一些意想不到的事情如别人给他递过去一个破的玩具。一般在这种情况下，普通孩子几乎都会和别人有眼神交流。评估人员还可能会让你的孩子讲一个熟悉的故事，因为大多数发育正常的孩子会时不时看过来，以确认你有没有在听或者你是否对他讲的故事感兴趣。一个经验丰富的评估人员会为你的孩子设计很多情景，来准确判断他是否有同理心。她也许会假装自己不小心踢到脚趾头，或者提到最近发生在她身上比较难过的事（例如心爱的宠物死了）来测试你的孩子的反应，看他是否有能力给予别人安慰和支持。

大多数情况下，在与家长交谈和对孩子的直接观察结束后，评估人员对于孩子是否患有孤独症就已经有了结论。可能大家都注意到了，孤独症诊断不依赖医学检查。毕竟，我们无法通过验血去检查染色体，或者任意医学指标来判断孩子是否患有孤独症。我们可以对他的大脑进行拍照（比如运用磁共振成像扫描），但这并不能明确诊断。正如你将在第三章中读到的，我们已经发现有一些孤独症人士的大脑存在些许异常，但大多数孤独症人士都没有这种异常。相反，在大多数没有孤独症的普通人里，也能发现大脑异常的类似现象。目前孤独症的诊断依据不包括任何生物测试。专业人员诊断的依据是在孩子身上是否呈现了符合孤独症特征的特定行为，正如这一章前面部分提到的。这听上去似乎让人不太放心，但其实问题不大。DSM-5里列举的所有病症都是以特定行为（而不是生理指标）为诊断依据，而其中孤独症诊断的可靠性是位居前列的。这意味着，如果几位专业人员对同一个孤独症孩子和注意缺陷多动障碍孩子进行评估，那么，他们在孤独症孩子诊断上的一致性会更高。

医学检查：能提供一定信息，但通常不能作为诊断依据

你也许会存在这样的疑问，就算医学检查不能作为诊断的主要依据，那么，一些特定的医学检查是否会对孩子的评估有帮助呢？这个问题的答案要根据孩子的具体情况而定。如果孩子的生长发育史显示存在某些健康风险，那么就有必要接受全面的医学检查。例如，大约有25%的孤独症孩子会有癫痫发作，发作轻重程度不一，轻则短暂失神、神志恍惚，严重的则会全身剧烈抽搐。癫痫发作通常在孤独症症状比较严重的孩子里比较常见，不过有的症状轻的孩子也会有。癫痫发作普遍在幼儿园到青春期这段时间，所以如果你的孩子曾经出现过癫痫发作的迹象，那么医生就会安排他做相应的医学检查，包括脑电图和（或）磁共振成像。如果你的孩子在成长过程中出现过能力倒退（比如，已经在学说话但随后失去语言能力），那么就有必要做神

经系统方面的检查。所有的孩子都应该做基因检测，因为在少数病例中，孤独症已经被证明和一种叫作脆性X染色体综合征的基因类疾病有关。如果你的孩子的脸、手、脚和皮肤有任何轻微异常，你需要带他去看医生。比如，如果孩子的皮肤上有多处褐色或白色胎记，耳朵大且形状奇特，或者在外表上较正常人有其他细微的差异，那么他的孤独症背后可能存在基因异常，需要做进一步的医学检查和遗传咨询。此外，如果你家里的其他成员，包括你的兄弟姐妹、侄子、侄女和其他孩子，曾经出现过发育迟缓或者发育异常，那也需要进行基因检测和遗传咨询。

心理测试

有些医疗检查本身并不是诊断，同样的，一些行为测试或心理测试本身也不是诊断，但它们可以提供信息，有助于我们对孩子的强项、弱项以及干预需求等做一个全面的了解。目前，智商测试是诊断评估中附加的一项最常见的心理测试。

智商测试

对于5岁以上有语言能力的孩子，最常用的智商测试是韦氏儿童智力量表（Wechsler Intelligence Scale for Children，简称WISC）。它可以给你提供3个不同的智商得分：语言部分得分，非语言部分得分以及总得分。和DSM一样，为了提高可靠性和对标准进行改进，韦氏儿童智力量表也会定期更新。目前使用的是第四版，即WISC–IV。如果你的孩子已经超过17岁，那么他可能使用的已经是成人版，即韦氏成人智力量表第四版（简称WAIS–IV）。如果你的孩子不到6岁，那么他可以做的智力测试更多，包括穆林早期学习量表、斯坦福—比奈智力量表、雷特国际操作量表等。也许你的孩子在一年内曾做过这些测试，那么评估人员可能会把这些得分作为参考，而不再给孩子做同类测试。所以，如果你之前做过相关测试，记得把所有记录都带上，尽可能为医生诊断提供参考。

　　知道孩子的智商大概处于什么范围，有助于你给他安排最合适的教育干预。大体说来，这个主意不错，但当你查看孩子的智商得分时，也需要保持一定的谨慎。因为孤独症孩子容易注意力不集中，经常对完成任务不感兴趣，这些都会影响他们在智商测试中的表现，导致智商测试得分低于他们的真实水平。进一步说，智商测试得分反映的是所有子测试的平均分，而孤独症孩子在不同子测试间的得分差异会很大。因此，平均分并不能完全体现孩子的真实水平。智商测试的得分需要根据孩子在测试过程中的行为来解释。况且这些得分也不是一成不变的，因为随着孩子年龄的增长，他们在测试方面的表现会更好。同时，你需要了解智商测试的3个得分具体代表什么：语言和非语言部分得分不能看成孩子智力潜能的绝对指标，而即便是总得分，也需要结合孩子日常行为和成绩来看，因为那也是智商的一种体现。而且，相比于那些在社交和人际关系中没有什么问题的孩子，孤独症孩子的智商测试得分往往不如他们的准确。由于存在社交障碍，你的孩子可能对测试人员给予的表扬之类的强化方式（例如"你真努力"）丝毫不感兴趣，因此也没有动力争取在测试中做到最好。孤独症孩子异常的说话方式，也可能是一些测试的绊脚石。例如，当被问到如何定义手套这个词时，一个孤独症孩子可能会说，"一个戴在手上的东西，除非是在寒冷的季节，不然就不普遍"，而不是更通俗点的说法，"天气寒冷时戴在手上的东西"。在智商测试手册的正确答案选项中并不包括第一种说法，因此这一题孩子就不会得到满分。综合以上原因，我们建议所有的家长，尤其是孤独症孩子的家长，与其关注具体的分数，不如把注意力更多地放在孩子得分具体落在什么水平范围里。你也许已经被告知，你的孩子的智商水平处于"平均""中上"或者"边缘"范围。总体上，所有智商测试平均分是100分。如果孩子的得分低于70则被认为是智力残疾，得分为70~80的则为边缘地带，80~90是中间偏低，90~110为正常，110~120是中上，120~130为优秀，130以上则是特别优秀。因此，如果你孩子的智商得分位于正常范围的末端，那么他也许在学校会需要一些额外的帮助（这个话题我们将在第七章继续探讨）。有的智商测试模式表明孩子可能存在学习障碍，需要做进一步测试才能确定。

正如我们前面所提到的，你很有可能从测试人员那里得到3个智商得分，而他们的水平范围也和我们上面描述的一致（平均为100）。语言部分得分表明你的孩子在语言测试中的表现，例如，对词语进行定义、记住数字列表以及描述两个事物的关联性。而非语言部分则代表了你的孩子在视觉—空间技巧方面的表现，包括组合拼图、找到迷宫出路以及把卡片按顺序排列组成一个连贯的故事。这两部分得分可以合并成一个总得分，概括孩子在语言和非语言两个方面的总体能力。有的孩子3个得分非常接近，这表明他在语言和非语言方面的能力比较一致；有的孩子得分差异可能很大，比如一部分得分很高，而另一部分得分很低。

额外测试

孩子接受的评估可能还包括：教育方面的测试，测试孩子阅读、拼写、计算、写作等方面的能力；言语—语言测试；神经心理学测试，测试记忆及空间处理等能力；关于感统和运动技能的职能治疗评估测试；以及许多其他测试，这取决于评估团队组成成员的专业领域。所有这些都有助于我们对孩子总体能力有更全面的认识，但父母和专业人员有时也需要从实际情况出发，比如经济因素，来决定评估的复杂程度。如果评估人员足够专业，那么可能只需要做一个相对快速的评估，仅包括父母访谈和对孩子的观察，而不需要任何其他"额外"测试，就足够确保诊断的准确性。对于经验丰富的评估人员，孤独症症状是非常容易识别的，因为他们懂得在测试时选择合适的问题，也能够抓住孩子行为的特征。所以，记得问一下你的医生或评估团队，他们之前评估过多少孤独症孩子。或者你可以打电话给相关医疗机构，请他们给你推荐有经验的专业人员。

诊断之后

当获悉孩子被诊断为孤独症时，父母们的反应差异很大：有的异常震惊、悲伤或者拒绝接受这个事实；有的感觉如释重负，甚至还感到有点高兴，因为终于确诊了。而更多时候，父母们会喜忧参半。很多父母很早就发现他们的孩子有点儿不对劲，并积极地寻求一种解释，但内心还是希望这一切都是正常的，自己担心的事情不会变为现实。对于孤独症标签被污名化的现状，父母们也忧心忡忡，担心孩子将来无法独立和快乐生活。他们不清楚，自己是否应该将孩子区别对待，同时降低对孩子的期望。但他们应知道，一旦孩子被确诊为孤独症，就意味着孩子有资格获得干预和享受服务。况且遇到这种情况的肯定不止你一个！你会遇到其他同病相怜的家长，他们能理解你正在经历什么，会和你分享他们的经验，告诉你在孩子有孤独症的情况下家庭生活该如何继续。你会慢慢了解，孩子行为背后的动机和乐趣是什么、她会在哪里遇到困难、具体原因是什么。而作为一个孤独症孩子，他可能会有能力和你分享他的观点，以及他眼里的世界。以下是两位家长分享的故事。

"像所有父母一样，我们对儿子克拉克寄予了厚望。我们头两个孩子发育都很正常，所以我们自然认为克拉克也会和他们一样。但是，到了克拉克18个月时，很明显，事情开始有点儿不对劲了——克拉克看起来很快乐，但他不会说话也不会走路，这两项都是很重要的发育里程碑，让人无法坐视不管。于是我们开始到处咨询各种专家，有点慌不择路。他听力正常吗？他有可能是脑瘫吗？又或者他仅仅是比别人发育得慢了些？我们想到了无数种可能。但是，经过一年半的探索，我们终于确定，克拉克得的是孤独症。从某种程度上来说，有诊断也是一种解脱——你会先去研究，再到理解，到最终接受。但与此同时，你也很难接受，之前自己的预感最终得到了验证。这不仅仅是生活出了点儿小状况，情况这么糟糕，恐怕自己得伤心难过一辈子。然而，随着时间的推移，我们最终可能会接受克拉克被诊断为孤独症的这个现实。我们会学着调整我们对他的期望，以及控制我们内心的恐惧：他以后能学会说话，或者走路、阅读和交朋友吗？事实证明他都做到了，虽然过程和我们原先设想的不一样，我们走的路也比别人更漫长，但能达到这些具有里程碑意义的目标，我们还是很为他感到骄傲。"

"蒂米7岁时被确诊为孤独症。之前，为了搞清楚我们的儿子为什么如此与众不同，我们详尽地搜索，而这一切终于结束了。那一刻，我们感到如释重负。最起码，我们终于得到了答案，这个答案将在以后漫长的路上为我们指引方向。现在我们可以把精力主要集中在尽可能地了解和孤独症有关的知识上，我们的医生和治疗师最终也会有一个统一的目标。我们已经走了这么长的路，但我们的旅程才刚刚开始。"

我应该把诊断结果告诉孩子吗?

　　经常有父母问的第一个问题是"我们应该告诉他吗?"这主要取决于孩子的年龄、个性以及你们生活环境里的其他因素,但通常答案是"是的,在某个时刻"。那么,下一个问题将会是,什么时候告诉他呢?最合适的时机是,当你的孩子已经对孤独症有所耳闻,开始留意到自己和他人的不同,特别是已经开始抱怨的时候,例如当孩子对父母说"没人喜欢我"的时候。在我们诊断的学龄期儿童里,几乎所有孩子都会对自己与其他孩子的不同高度敏感。有的孩子对此很在意,像前文案例中的约瑟夫那样,也有的孩子对此满不在乎,但大多数孩子能清楚地意识到自己和其他孩子不一样。很多孩子把孤独症归结于一些可怕的缺陷。"我的脑子太糟糕了",一个男孩告诉本书的第一作者(萨莉·奥佐诺夫)。这个孩子把自己的恐惧隐藏了很长一段时间,而当他发现自己患有孤独症时,他感到了巨大的解脱。他现在明白,是的,他的确和别人不同,但是这种不同是非常特别的。这里面包括有一些事情是他非常厉害的长项,也有少部分事情他不是那么擅长,但会有人来帮助他。

　　这就给我们带来了第三个问题:该怎样告诉孩子这个消息?不仅仅是孩子,接下来,我们还需要把消息告诉孩子的兄弟姐妹、祖父母、朋友和邻居(更多关于成年人诊断的信息请参见第九章)。这里有一点至关重要,就是在提及诊断时,要尽量往好的方向去说,强调孩子的长项和他特别的技能。在讨论孤独症遇到的困难时,我们发现,如果我们把学习障碍拿来做比较,会很有帮助。你可以问你的孩子,她认识的人里,是否有人在阅读、数学方面有问题,或者总是很难集中注意力,也很难坐得住。同时强调我们大多数人都在某方面存在弱点，比如有的人戴眼镜、有的人要靠拐杖走路、有的人阅读很慢、有的人在体育运动方面表现得非常笨拙。但是，这些人并不是在所有事情上表现得都那么糟糕，他们也有很多事情做得很好。你或许可以说："你们班那个女生虽然阅读不怎么好，但她数学还可以，也有很多朋友，体育也不错。你也一样，因为患有孤独症，你不懂得怎样去交朋友、不看别人的眼睛，以及不知道在谈话时该说什么（选择你的孩子已经留意到的具体困难）。但是，你的记忆力非常好，你是你们班上拼写最厉害的，你的计算机水平也很不错，还有你知道很多关于美国和巴西总统的事情。"除此之外，帮助你的孩子理解多样性是多么美好的事情，告诉孩子，在孤独症人士当中，令人欣慰的是有那么多"与众不同"的人〔莉安·韦莉的著作《假装很正常》（*Pretending to Be Normal*）里的附录会对大家很有帮助，她告诉你该如何向别人解释孤独症，包括选择告诉谁、什么时候告诉以及如何告诉，还有该如何应对别人对此的反应〕。

对于你和你的孩子而言，都需要开始逐渐接受孤独症带来的独特个性，因为这就是你孩子真实的样子。把孤独症的症状和以前那个你特别深爱的孩子放在一边，取而代之的，是一个不同的孩子。是的，他有着不同的问题和个性，但也有独特的特点和强项。你将懂得，和孤独症孩子共处会有很多挑战，但也会得到很多专属于你的成就和喜悦，会让你备感珍惜。

第三章

孤独症的起因

　　塞斯的妈妈回忆，自己整个孕期和生产过程都非常顺利，没有任何异常。事实上，她从来没有为塞斯的发育情况担心过，直到他10个月大的时候，她发现塞斯不像其他的同龄孩子那样牙牙学语。在婴幼儿时期，塞斯曾多次出现过耳部感染和感冒的情况。对此，妈妈一直怀疑，这是否和塞斯的孤独症有关。

　　自打出生以来，查德看上去一切都很正常，慢慢也能说一些词了。然而，离两岁生日还有几个月时，他突然不会说话了，而且对身边的人也失去了兴趣。后来，查德的家人一直怀疑，是不是因为那时候他们刚搬家，查德对新环境不适应，所以出现孤独症——二者真的有关联吗？

　　劳伦妈妈怀孕的过程则显得异常艰难。因为患有高血压，她曾卧床休息了整整六个星期。她的羊水很少，胎动也不多。由于医生担心这会导致胎儿缺氧，于是给她打了催产素，让她提前一个月把劳伦生了下来。劳伦出生时只有2.25千克，因为身体过于虚弱，医生对她实施了新生儿复苏，随后因为需要吸氧，还留院观察了两个星期。劳伦出生时的这些症状是导致她患孤独症的原因吗？还是纯属巧合？

以上3个例子说明了几个要点：首先，每个孤独症孩子的早期发育情况都是不同的，因此，很难说明具体是哪个因素导致了孤独症。其次，很多父母会很自然地将生活中的特定事件和孤独症联系起来，比如怀孕时的异常状况或者搬家等。但与此同时，我们也知道，有类似经历的孩子有很多，他们通常并不会发展为孤独症。在大多数情况下，要解释孩子为什么患上孤独症，这是非常困难的，但也不是完全没有可能的。关于孤独症的成因，科学研究已经开始有一些发现，在本章中我们会和大家一起探讨。有清晰的证据表明，孤独症的成因和生理因素有关，而和家庭教养及心理因素无关。此外，有一点很清楚的是，孤独症的成因远不止一个，毕竟孤独症是一个谱系障碍，其中的个体程度差异很大，导致他们患病的原因也不尽相同，还有可能是基因和环境因素共同作用造成的。

孤独症人士大脑的差异

1943年，当凯纳医生第一次描述孤独症时，他形容患有这种病的孩子天生就难以与人交往。到了20世纪中叶，精神分析疗法盛行，导致大多数医生把孤独症人士的行为和精神问题，都归结于其孩童时期的经历。因此，人们更倾向于认为孤独症的起因和社会环境有关，而和生理因素无关。凯纳医生也深受这些观点的影响，和很多人一样，他也把孤独症的起因怪罪到了父母头上。人们把这些家长（尤其是妈妈）形容为"冰箱妈妈"，说因为她们对孩子冷漠排斥，导致孩子需要倒退到自闭的状态来保护自己。随后，"冰箱妈妈"理论盛极一时，直到1960年，人们才逐渐意识到这是错误的。转折点出现在1964年，这一年，伯纳德·里姆兰博士出版了《婴儿孤独症：其症状及对行为神经理论的影响》（*Infantile Autism: The Syndrome and Its Implications for a Neural*

Theory of Behavior）一书，在书中作者抨击了"冰箱妈妈"理论，并且指出，这一理论背后没有任何研究数据支持。同时，他还指出孤独症成因可能和大脑运行模式有关，这是首次有人提出这类假设，也使得人们开始展开大量研究，来试图找到孤独症人士大脑的差异所在。

为了更好地理解这些研究是怎样进行的，我们需要对大脑研究方法有一个初步的了解。一种是结构成像技术，例如磁共振成像（Magnetic Resonance Imaging，简称MRI），它能给我们提供大脑解剖结构图像，包括连接大脑内部各个区域的纤维；而尸检研究则是对死去的人脑进行检查，这种方法让科学家能够更细致地观察大脑。实际上，通过磁共振成像捕捉到的影像，研究人员不仅仅能看到由无数神经元组成的大块组织，还能检测到大脑里的每一个神经细胞。功能成像技术，包括磁共振功能成像（functional Magnetic Resonance Imaging，简称fMRI），则主要用来研究大脑是如何运行的。比如，当人们专注于做一件事时，科学家通过研究大脑里血液流动的规律，就能够判断出当前大脑活跃的区域。这样，科学家就可以把孤独症人士和普通人的fMRI结果进行比对，看看是否有差异。在图1中，大家能清晰地看到大脑的主要结构，以及它们是如何影响人的社会行为的。

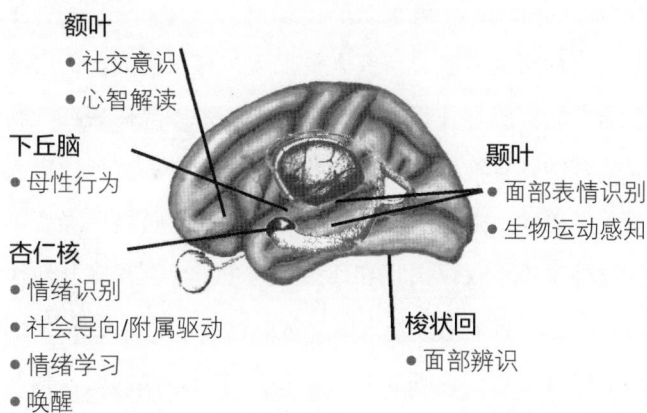

额叶
● 社交意识
● 心智解读

下丘脑
● 母性行为

杏仁核
● 情绪识别
● 社会导向/附属驱动
● 情绪学习
● 唤醒

颞叶
● 面部表情识别
● 生物运动感知

梭状回
● 面部辨识

图1　社会脑系统（已获原作者罗伯特·T. 舒尔茨授权）

尸检研究

尸检研究表明，孤独症人士大脑和普通人大脑存在一定差异。首先，研究人员发现，在孤独症人士的大脑里，负责社交、情绪行为的区域（杏仁核）以及负责学习的区域（海马体）内的神经细胞（主要是神经元）过多，而且这些神经细胞比普通人的小，且彼此结合得异常紧密。这有可能会使得这些细胞无法形成正确的形态和足够的空间，因而限制了它们与其他区域神经细胞的正常连接，进而影响该部位的正常功能。尸检研究还表明，孤独症人士小脑里的神经细胞也明显比普通人要少，而这些细胞对人的运动协调和认知活动非常重要。虽然这些发现非常有趣，但研究人员仅在少数人士（大约25位）大脑里发现了类似现象。因此，我们无法确定在孤独症人士中，这些现象究竟有多普遍。此外，几乎所有大脑研究的对象，都是重度孤独症和智力残疾的人士，有的还患有癫痫。因此，我们也不能确定，这些结果是否也适用于患有轻度孤独症的儿童及青少年。

结构成像技术

通过这种研究方法，研究人员发现，孤独症人士的大脑和发育正常的普通人的大脑存在很大差异。其中一个差异体现在大脑的脑室，就是大脑容纳脑脊液的部位。一些研究表明，一些孤独症人士的脑室比普通人的要大，这意味着脑室外的脑组织有可能已经变小或消失。然而，这种现象不仅仅出现在孤独症人士身上，很多其他疾病的患者身上也有。这看起来更像是大脑异常的标志，而不是孤独症特有的。

其他研究发现，孤独症人士在儿童时期，他们的大脑发育方式与其他人不同，而且这些差异在很早的时候就开始了。在幼儿园阶段，孤独症人士的大脑体积增长很快，尤其在额叶和颞叶区域（与社交和语言功能相关的区域）。然而，到了小学的早期阶段，他们大脑的生长速度开始回落。到了成年阶段，他们大脑的体积和普通人已经没有区别。孤独症人士大脑的这种异常发育模式，可能和他们大脑里神经细胞（主要是神经元）的发育方式有关。在正常大脑生长和发育的早期阶段，大脑会先产生大量的神经元及连接，其数量远远超过了大脑的实际需求。随后，很多神经元死亡，神经元之间的连接逐渐被消除。一些科学家认为，孤独症人士的大脑体积过大，表明大脑的这种"修剪"机制失效了。这可能意味着在他们的大脑里会有更多的背景"噪声"（或静态），这给大脑的有效运行造成了阻碍。目前，这还仅仅是个假说，因为我们无从得知导致孤独症人士大脑体积增大的原因究竟是什么，以及这将如何影响他们的大脑功能。

最近的一项研究表明，孤独症人士大脑发育的结构异常，在其确诊前就已经显现出来。通过对一组孤独症高风险婴儿（他们的哥哥或者姐姐患有孤独症）进行追踪，研究人员发现，那些后来发展为孤独症的孩子，在他们6～12个月时，连接大脑各区域的纤维束（也称脑白质）就有发育异常的现象。这些连接非常重要，因为人类的很多复杂行为包括社会交往和语言，都需要大脑不同区域协作完成。随着大脑的发育，通过纤维束的连接，大脑各区域协作才得以顺利进行。这也许有助于解释为什么孤独症人士在社交和语言技能方面会出现困难，那是因为他们的纤维束连接发育出现了异常。

功能成像技术

这方面的研究主要集中在大脑的两个特定区域，以检验孤独症人士大脑的运行机制和普通人是否存在差异。

额　叶

由于孤独症往往伴随着社交缺陷和重复行为，因此，控制这些功能的大脑区域一直是神经影像学研究和关注的重点。在20世纪70年代末，两位美国神经科医生，安东尼奥·达马西奥和拉尔夫·莫勒发表了一篇论文，他们指出孤独症人士的行为与那些额叶（位于大脑前半部，在眼睛和前额后面）受损的人士的行为存在相似之处。二者都很难控制自己的情绪，对细微改变感到异常不安，有强迫性思维（希望事情"就该这样"），而且做事死板、缺乏抽象思考能力、看问题非黑即白。这逐渐发展成了一个理论，即额叶发育异常会导致孤独症，这一理论一直影响至今。功能成像研究发现了孤独症人士的额叶是如何发挥功能的。例如，孤独症人士大脑这一区域的血液流动和神经元电活动都偏少，这表明他们的额叶活动不足。正常情况下，当大脑执行某项任务时，需要多个区域共同协作完成。一些研究发现，孤独症人士大脑的额叶无法很好地与大脑其他区域进行协作。针对额叶损伤人士和正常志愿者的研究表明，额叶在计划的制订、行为的灵活性、组织、行为控制以及推理方面至关重要。因此，假设孤独症人士的额叶功能受损，那么这就可以用来解释他们的一些症状。

颞　叶

颞叶是关于孤独症人士大脑研究的另一区域，它位于大脑外侧，大致处于耳朵那个方位。确切地说，这个区域是颞叶非常靠内的那层，距离大脑中心也最近，通常被称为内侧（或中间）颞叶，这个区域还包括杏仁核和海马体。大脑的这些区域非常重要，因为它们负责记忆、识别情绪（比如什么代表生气），以及解读情绪和面部表情（例如懂得别人在期待什么）。一些尸检和结构成像技术研究发现，孤独症人士的颞叶和普通人存在差异（例如，在早期发育阶段比正常人的大，或者有太多小而密集的神经元）。很多专家包括本书的两位作者（杰拉尔丁·道森和詹姆斯·C.麦克帕特兰）所进行的研究表明，孤独症人士确实在处理基本的社会性信息方面存在问题，包括人脸识别以及面部表情识别——这些都是由颞叶负责处理的。

例如，在1999年发表的一项研究里，西蒙·巴伦·科恩博士和他的同事们运用磁共振功能成像技术，让孤独症人士和非孤独症人士同时看一张关于眼睛的照片，然后对他们的脑部活动进行监测，用来测试他们是否能辨认出照片中眼睛传递出的情感。研究人员发现，对于非孤独症的成年人，他们处理这项任务时严重依赖杏仁核和额叶。换句话说，当大脑接收到眼睛传递过来的社会情感信息时，这两个区域似乎是最重要的处理中心。相比之下，成年孤独症人士在注视照片上的眼睛时，他们的额叶活动要少得多，而杏仁核则压根就没"启动"。实际上，他们使用的是大脑其他的区域，而这些区域正常情况下是不会用来处理这项任务的。另一项由耶鲁大学罗伯特·舒尔茨博士领导的研究发现，当孤独症人士在看别人脸时，他们大脑活动的区域是大脑平时用来处理和辨认物体信息的区域。道森和同事们也发现，一些年龄非常小（3~4岁）的孤独症儿童，他们无法分辨熟悉的面孔，但他们的物体辨认能力是正常的。也就是说，在早期发育阶段，孤独症人士大脑内负责处理人脸信息的部分已经出现异常，这也许是他们大脑发育异常最早的征兆之一。不过，这并不意味着你的孩子认不出你，只是他可能需要依赖面部特征以外的一些信息（比如触觉和声音）去识别。

这些研究成果表明，孤独症人士经常回避眼神接触，难以理解他人情绪、意图和想法，很有可能是因为他们大脑的相关区域没有发挥出应有的作用。即便有时候，孤独症人士能够识别出别人眼睛或面部表情传递的信息，但是他们是通过其他方式做到的，而这可能会很费时、费力。实际上，正如你在第57页的图1中看到的，大脑的很多区域都与社会行为有关。目前，研究人员正在积极研究在大脑这个复杂的系统里，究竟有哪些部分没有正常运转，从而导致了孤独症人士相应的社交行为异常。

大脑区域间连接的异常

正如我们之前提到的，结构成像研究已经发现，孤独症人士大脑内连接各个区域的纤维束（或脑白质）的发育异常。结构成像技术研究的结果也表明，孤独症和大脑连接模式异常相关。通过磁共振功能成像技术，研究人员发现，当孤独症人士在执行如处理语言这样的复杂任务时，他们大脑中负责处理语言的不同区域的运行是不同步的。这就有助于解释，为什么即便是高功能孤独症人士，处理和回应快速而复杂的语言和社会信息时表现得也很吃力。有趣的是，大脑的这种异常连接的现象，也有可能使得孤独症人士具有某项特殊才能和优势，而这些优势通常和大脑某个区域负责的特定技能相关，比如视觉记忆能力。

结　论

由于之前人们普遍认为孤独症是家庭教养不当导致的，这个领域的发展走过了一段很长的历程。后来的研究一再表明，孤独症人士大脑和普通人的大脑确有不同。这些在早期发育阶段就显现出来的异常，也许有助于解释和孤独症相关的两种现象：一方面，孤独症人士在处理复杂行为比如社会交往方面的能力不足；而另一方面，他们又在某些方面具备优势。成像技术在迅速发展，但它们的作用还没有得到充分发挥。十几年前，当许多研究刚刚完成的时候，所使用的技术远远不够强大，可能只能提示大脑差异最明显的部分。这些技术在十几年前就使用了，但到目前为止，现有的研究也仅仅揭示了大脑差异最明显的部分。接下来的十年，我们有希望找到更多关于孤独症人士大脑异常的具体原因，以及这些异常是如何导致孤独症的。相比之下，基因的研究已经取得了较大进展，这有助于帮助我们理解基因在孤独症发展中的作用。

孤独症的遗传影响

20世纪70年代，两位神经学家的一个重大发现，开启了孤独症遗传学研究的大门。一位是麦克·卢特先生，他是英国著名的小儿神经学科专家，因为在孤独症和其他儿童发育障碍研究方面的重大贡献，他被英国女王授予骑士头衔。另一位是苏珊·福斯坦博士，她是美国著名的小儿神经学科专家，曾经发表过很多关于孤独症遗传学研究方面的论文。两位科学家都指出，虽然在孤独症人士的兄弟姐妹里，同样是孤独症的不多，但和普通人群比，概率还是高很多。这促成了一个新研究领域的诞生，就是关于孤独症的遗传贡献的研究。强有力的证据表明，在大多数（但可能不是全部）家庭里，遗传因素对发育状况有一定影响。但是，要找出基因在孤独症中扮演的具体角色，这并非易事。目前我们已经知道，有数百种基因与孤独症的发病风险有关，而不同的家庭携带着各自不同的基因组。此外，同一基因的异常导致的疾病有很多，孤独症只是其中一种，比如语言迟缓、学习障碍，它们的致病基因可能和孤独症是同一种。

孤独症发病具有遗传基础的依据来自双胞胎研究。研究发现，同卵双胞胎同时是孤独症的概率要比异卵双胞胎高很多，因为前者的基因完全相同，后者的相同基因只有一半。研究还表明，一个很普遍的现象是，如果双胞胎中的一位患有孤独症，那么另一位即便没有被确诊，他在语言、认知或者社交上也会有明显的障碍。因此，很多科学家开始认为，这些基因导致的是语言和社交的异常，而并非一定是孤独症，孤独症只是其中最极端的结果。

有一些患有遗传病的孩子也同时患有孤独症，这也表明孤独症具有遗传因素，比如脆性X染色体综合征和结节性硬化[①]，是两种较容易通过遗传学检测而诊断出来的遗传病。我们也已经知道，这两种疾病是由特定的DNA突变导致，而且孩子在出生以前就可能诊断出来。而且，对于携带这些遗传突变的夫妻，医生能够为他们以后的生育提供咨询。在患有脆性X染色体综合征和结节性硬化的孩子里，有部分孩子后来出现了孤独症症状，这表明这些疾病相关基因可能也会导致孤独症。由于在一些案例中，已经有可能找到和孤独症相关的单个基因，因此，美国儿科学会建议所有孤独症人士在确诊时，都要进行遗传学检测。已有的两种检测：一种是基因芯片分析，检查的是每条染色体上是否存在突变或缺失的基因；另一种是专门用来检测脆性X染色体综合征的。

正如之前提到的，在孤独症人士的家庭中会显现出很多障碍迹象，尤其在语言和社交能力领域。孤独症人士的家庭成员里，出现语言迟缓、发音困难、学习障碍、社交困难及社交焦虑等问题的比例远

---

① 在孤独症孩子里，仅有少数同时患脆性X染色体综合征或结节性硬化。有的医生常规地给所有孤独症孩子做这方面的遗传学检测；而有的医生则建议，只有在孤独症孩子呈现了脆性X染色体综合征或结节性硬化的医学特征时（如第二章中所提到的），才需要进行相关的遗传学检测。

高于其他残疾人士的家庭。研究表明，在孤独症人士的兄弟姐妹中，有10%～20%的人在这些领域有轻微的困难，通常他们父母的情况亦如此。

孤独症人士的强项在家庭内也有遗传的迹象，比如孤独症人士的父母或兄弟姐妹经常也具有和他们相似的才能和兴趣。英国学者西蒙·巴伦·科恩博士曾经提出一个理论，即如果家庭成员中有一位是孤独症人士，那么其他家庭成员也会特别擅长理解机械方面的问题（比如机器是如何工作的）、视觉—空间问题（比如拼图）等。其他研究人员对这一理论进行验证时也发现，在孤独症人士家族里遗传的不仅仅是弱项，还包括强项。巴伦·科恩博士和他的团队还发现，与其他孩子的父母相比，孤独症孩子的父母更有可能成为工程师、物理学家和数学家（其他科学家也发现，在孤独症孩子的家庭里，从事会计和科学相关职业的比例非常大）。巴伦·科恩博士和他的研究团队对1000多名文学、数学、物理或工程专业的学生进行过调查。调查结果显示，在数学、物理或工程专业的学生中，其家庭成员患孤独症的比例明显高于文学专业学生的家庭成员。最后，研究团队还对孤独症孩子的父母做了测试，来测试他们的社会理解能力和视觉—空间能力。他们发现，和其他家长相比，孤独症学生的父母更擅长重组拼图，以及在复杂的图片中找到隐藏的形状，但同时，他们在解读人脸传递的信息方面的准确率也略低一些。最近还有一些研究项目也证实了这一发现，孤独症人士的家庭成员往往在视觉—空间、机械和记忆方面具有超强能力。

所有这些发现都传递出一个信息：在孤独症人士的家庭里遗传的不是孤独症本身，而是一种独特的思维模式，导致他们看问题的方式和做事风格与众不同，从而给他们带来优势和挑战。这也给遗传咨询带来了挑战，因为就算一个人携带了某些特定的基因，但这并不意味着他就一定患有孤独症。孤独症可能只是这些基因组合导致的最极端情况，除此以外，还有若干可能，很多还可能是优势。遗传咨询的局限还在于，在有的案例里，基因突变会导致个体对孤独症易感，而这些基因通常并不来源于父母。研究还发现，有时甚至在卵子或精子阶段，基因突变就已经同步发生了。

环境因素是否与孤独症有关

在过去的几年里，遗传风险和环境影响因素共同作用如何增加个体患孤独症风险的相关研究热度在增加。在本节中，我们将对其中的一些发现进行介绍。这里需要特别留意的是，单个环境风险因素本身是很难导致个体患上孤独症的。往往是好几种环境因素结合易感基因，才能用来解释个体患上孤独症的原因。单个风险因素好比往桶里加的一滴水，水滴累积到一定程度，才会使水从桶里溢出来。同理，如果一个人身上遗传风险因素和环境影响因素越积越多，达到一定阈值，其患孤独症的概率也会相应增加。因此，我们通常不会用某个单一因素来解释孤独症个体的发病原因。

那么，和孤独症相关的环境因素究竟有哪些？目前我们已知有两种因素可以降低孤独症患病风险。第一种是女性自身的因素，因为男性的孤独症发病率是女性的4～5倍。研究表明，对于孤独症，成为女性本身就是一种"防护机制"，可以抵抗遗传风险因素。如果是女性的话，那么孤独症的发病需要更多遗传因素的打击。第二种降低孤独症风险的因素是母亲在孕前和孕期的营养状况良好，特别是母亲在孕期服用维生素尤其是叶酸，这可以降低孩子孤独症的发病率。

尽管大部分关于环境因素可能增加孤独症风险的研究都是最近

才发表的，这些研究成果还有待进一步验证，但其中一些发现仍然具有一定价值。例如，父母生育年龄越大，他们的孩子患孤独症的可能性就越大。虽然我们不清楚背后的原因究竟是什么，但我们都知道，随着年龄的增长，人体内染色体片段少量缺失的情况会累积，这可能会增加后代的孤独症风险。还有研究指出，如果所处环境的有毒物质达到一定水平，比如空气污染，可能会增加后代的孤独症风险。此外，怀孕和分娩时出现的某些并发症，也会增加后代的孤独症风险，比如怀孕时发生严重感染包括流感伴随高热、早产且孩子出生时体重过低，以及难产导致孩子大脑缺氧等。但也有科学家指出，这些情况都不是导致孤独症的原因，而是孤独症导致的后果。这个假说很有意思，因为它大胆地推断，这些分娩时出现的问题，很有可能是由于胎儿发育本身就存在问题。与这个假说相对应的一个现象是，那些有基因缺陷的孩子比如唐氏综合征，他们的母亲在怀孕和分娩时出现并发症的可能性高于平均水平。唐氏综合征是在怀孕的那一刻就已经决定了的，也就是说，在分娩出现并发症以前，胎儿本身的发育就已经出现异常了。因此，一些科学家想知道，类似的情形是否可以解释孤独症人士出现产前和分娩困难的概率略高。正如之前提到的，这些科学家将孤独症归因于遗传因素，因此，这也有可能会导致胎儿出现危险，从而在怀孕和分娩时引起并发症。换句话说，并发症在后，孤独症在前。正如我们前面所说，这些因素的任何一个——就其本身而言都无法解释一个孩子为什么会患上孤独症。相反，这些因素只能表明，它们会导致相应人群患孤独症的可能性稍微增加，尤其是有易感基因的人群。

近年来，免疫系统逐渐受到科学家们的关注，因为大家开始怀疑孤独症和免疫系统缺陷有关，而这种缺陷会导致孩子更容易被病毒和细菌感染。由于对具体发病机制尚不清楚，目前研究只是基于假说，有人认为胎儿或者婴儿被感染后，因机体无法快速清除这种病原而可能会直接损伤大脑。另一种可能的发病机制是，早期感染可能触发人体自身免疫反应，即人体免疫系统把正常细胞误认为外来入侵者（如病毒），从而自发地对其进行攻击。其他自身免疫性疾病的发病机制亦如此，表现为免疫系统启动"自我识别"模式发生了错误。以糖尿病为例，免疫系统受到感染后被激活，但它们并没有进攻病毒或细菌，相反，它们进攻胰腺并把产生胰岛素的细胞杀死，而胰岛素缺乏直接导致了糖尿病。有人提出，一些孤独症孩子可能也经历了同样的自身免疫反应，不同的是，这次免疫系统进攻的不是类似胰腺之类的器官，而是人体的大脑。有少量研究发现，一些孤独症孩子体内的抗体（即体内的抗感染免疫球蛋白）会把脑细胞误认为是"外来"细胞。科学家们又进一步假设，在这样的前提下，和普通人相比，孤独症孩子会更容易患上其他自身免疫性疾病，比如哮喘、过敏、关节炎、糖尿病及多发性硬化等。实际上，一些研究也发现，在孤独症孩子及其家庭成员里，出现类似问题的比例正在逐年攀升。

以上提到的环境因素，都有可能对孕期胎儿的发育造成影响。还有一个可能会对孩子以后的发育产生影响的因素备受人们的关注和争议，这个因素就是疫苗，尤其是麻疹—腮腺炎—风疹疫苗，即麻腮风三联疫苗。接种了该疫苗后，有些孤独症孩子出现了行为的倒退。如今已有很多各项研究结果表明，这个假说不成立。

在这一章里，我们对孤独症的大量可能的致病因素做了介绍，包括遗传和环境风险因素。从中可以看出，导致孤独症发病的原因很多，而即便我们知道了某个具体原因，该原因可能也仅仅对一小部分孩子适用。与此同时，新的理论还在不断涌现，有的理论会被随后的研究所证实，而有的理论则会走进死胡同。随着新的病因理论的出现，家长们经常会问他们是否应该接受新的医学检查。通常情况下，医生会建议大家耐心等待，因为要找到孤独症的发病机制并将其发展为理论，需要相当长的时间。目前，全世界的研究人员都为此努力，而无论是父母还是科学家，都希望能早日找到答案。因此毫无疑问，关于孤独症致病原因的研究，未来还将会继续和深化。

第四章

高功能孤独症的干预方法

当塞斯的父母听到心理学家说"孤独症谱系障碍"，他们不禁为自己和儿子的未来担心。"幸运的是，"心理学家继续说道，"现在已经有一些非常好的干预措施，可以帮助像塞斯这样的孩子。"她递给他们一张纸条，上面写着一个电话号码，并鼓励他们在当天下午打电话过去，说："他们会告诉你该如何帮助塞斯。"那年秋季，塞斯去了专门为孤独症孩子开设的幼儿园。他在那里待了两年，直到到了上学前班的年龄。他的父母问老师，接下来塞斯在学校该如何接受干预，老师的回答既让他们高兴，又让他们充满了担忧。老师说："像塞斯这样的孩子，他们在普通班里上学完全没问题。"可是，尽管塞斯在学前班进步很快，现在说话也没问题了，但他仍然面临很多困难，所以还需要继续接受干预。为了能帮助塞斯，父母开始了寻找干预服务和课程的漫长之旅。毕竟，他们知道，儿子虽然开朗、健谈，但在社交上仍然面临挑战，而这些挑战，也许会伴随他的整个人生。

那么，现在该怎么办？

对于孤独症的评估，最重要的或许并非获得诊断，更关键的是，诊断会告诉你该如何帮助你的孩子发展他所需的技能、促进他成功融入学校环境，同时学会和同伴相处。在接下来的章节里，我们将为大家介绍高功能孤独症常见的干预方法及其利弊，以及如何利用高功能孤独症相关的优势面对未来可能遇到的挑战。正如第一章描述的，到了青少年和成人阶段，孤独症人士的恢复情况差别很大，而在儿童阶段，所有孩子在接受干预后都能取得进步。有的人能力提升很快，随着时间推移，他们的症状会变得越来越不明显，使得他们能适应各种环境和角色，包括学生、员工、室友、朋友、邻居。有的人则会面临诸多挑战，但尽管如此，在一定的支持下，他们仍然可以过上开心而有意义的生活。在本章中，你将了解到，在现有的干预方法里，哪种对你的孩子效果最好。目前，越来越多的孩子在早期就能够获得诊断和干预，我们希望，这些能够促使他们在青春期和成年期取得成功。

虽然在许多地方，孤独症干预已经很普及了，你可能还是需要花相当多的时间来研究，才能找到适合自己孩子的干预方法。也许在阅读本章时，你会意识到，对孩子有效的干预方法有很多，其中一些方法会使部分孩子受益，但很少有方法会对所有孩子有效。事实上，即使是对常见病的疗法，例如使用阿司匹林和抗生素，即便通过了临床试验，也并非对所有人都有效，对某些人甚至还可能有害。同样道理，孤独症的干预方法也是如此。通常来说，在同一个地方比如同一个机构、诊所，或同一个治疗师，能够提供的干预方法都是相对固定的。这对像你孩子这种孤独症程度较轻的孩子来说，既是好事，也是坏事。目前，针对中重度孤独症孩子的综合干预项目有很多，相比之下，针对高功能孤独症孩子的就比较少，因此无法满足这些孩子各方面的不同需求。你需要找到相关的专业人士，帮助你评估孩子的具体技能和缺陷，并制订个别化的干预计划。目前很少有研究能证明，哪种干预方法对哪类孩子效果最好，而选择哪种方法进行干预，需要根据评估者的临床建议，以及你可以选择的干预服务种类，结合自己的实际情况来进行选择。接下来，你需要对干预的进展情况进行跟踪，看看干预是否有成效，或者还要考虑其他干预方法。你将成为这方面的专家，决定给孩子采用何种干预方法，并和老师、干预机构以及其他人保持沟通，让他们更好地了解自己孩子的优势和不足。你还会成为孩子最好的引导者，但从某种程度上来说，这不是最理想的。因为作为特殊孩子的家长，为了支持和维护家庭，你可能已经承受了巨大的压力。但是，没有老师、治疗师或机构，能够像你一样，24小时全年无休地陪伴在孩子身边。你需要连续不断地在不同的教室、干预方法和治疗师之间奔忙，还要记住所有细节和重要事件，来判断哪种方法有效、哪种方法无效。当治疗师或老师不在场时，你还需要花大量的时间和精力，去教孩子如何学习新技能，来适应每天的新情况。你无疑是孩子生命中最重要的人。在本书，以及本章的其余部分，我们将为你提供资源、技能和支持，来帮助你胜任这一角色，同时最大限度地减少它给你带来的负担。

"当朱莉3岁被诊断出患有孤独症时，我们对孤独症知之甚少，不知道要找谁，以及该怎么做。朱莉很聪明，甚至有点早熟，所以一开始我们也怀疑会不会是医生误诊了。但是她不断地重复迪士尼动画里的对话，和别人互动很困难，这些又都是孤独症的典型症状。于是我和丈夫发誓将竭尽所能去帮助朱莉。刚开始我们有些困惑和惶恐，因为网上随处可见各种"神奇"疗法，有的还非常昂贵，让我们感到很茫然。我们怎么才能够知道，究竟哪种干预方法对朱莉最有效呢？哪些值得我们投入时间和金钱？最终，我们找到了值得信赖的人——其他家长和专业人士帮助我们度过了最初最难的那几个月。我们已经决定，要把重点放在我们可以做些什么来帮助女儿，让她成为最好的自己。现在，我们对将来的期望，已经比一年前要好得多了。孤独症可能会成为朱莉生活的一部分，但这并不一定是件坏事。因为它使得朱莉变成了一个很独特的人。"

学龄前的干预选择

如果你的孩子在学龄前阶段被诊断出患有孤独症，那么你有几种干预方法可以选择。其中一些方法媒体已经广泛报道过，你也许已经听说过。不过，你可能并不清楚，它们是否对患有高功能孤独症的孩子也适用。研究表明，所有孤独症孩子，无论其能力水平如何，都能够从密集的早期干预中受益。事实上，那些认知能力和语言能力较好的孤独症孩子，往往在早期干预中是进步最快的。现有研究表明，早期干预确实会刺激大脑中负责社会行为的区域，导致其重新连接和结构重组，形成新的神经元连接，这对孩子的社会行为和沟通行为非常重要。此外，可以利用孩子在认知和语言方面的长处，采取策略去弥补他的短板。例如，他可以利用自己超强的记忆力，去记住一些社交规则和脚本，这对社交互动非常有帮助。

有些家长和专业人士很想知道，那些聪明、语言能力好而且对社交相对感兴趣的孩子是否应该接受密集早期干预。在大多数情况下，这种干预是孩子能够最大程度恢复的最佳选择。根据你所在地的具体情况，你可能会把孩子送到指定的家庭日托或者托儿中心，那里有专门为包括孤独症孩子在内的特殊孩子开设的干预项目。这种密集早期干预上的投入在以后会得到回报，因为这会使得你的孩子将来能够最大限度地适应周围环境，无论是在限制较少的普通班，还是在更专业的特殊班里。

重要的是，我们需要知道，孩子有权在最少限制环境中接受教育并取得进步。作为家长，对于孩子最适合什么类型的班级，你也许有自己的看法，而且你的意见可能还会和孩子的医生不一致。当你为孩子选择干预方法时，你需要了解的是，除了两个最极端的教学安排（普通班和特殊班）以外，还有很多介于二者之间的选择。比如，有的家长把孩子送去了特殊班，但同时也让孩子去附近学校的普通幼儿园上课，让孩子有机会在那里参加社交或者课外活动，期间可能还需要助课老师的帮助。你还可以选择在普通幼儿园里进行早期干预，而不是在家里或者特殊班环境里。这不失为一个好的办法，因为有的普通幼儿园规定比较宽松，允许其他专业人士参与课堂，有的老师甚至自己也会采纳其中的一些干预方法去帮助孩子。很多家长在孩子还小的时候会更偏向强度较为密集的早期干预项目，通常这会在家里或特殊班的环境里进行。因为他们相信，这样能帮助孩子获得基本的技能，以便孩子到了学前班时能顺利进入普通班。比环境更重要的是，你的孩子要在那里获得高质量的干预服务，它适合你孩子独特的学习风格、优势和挑战，使孩子能不断进步和成长。

张苗苗老师说

　　一般国内的孤独症儿童在确诊后，会有两个选择：康复机构或者幼儿园，也会有少部分家长选择自己在家进行干预。

　　但国内目前没有专门针对高功能孤独症孩子的幼儿园。一般情况下，如果孩子的能力和同龄人相仿，或者说孩子没有明显的行为问题，幼儿园是会录取孩子就读。至于幼儿园是否知道孩子有特殊教育的需要，这就要看家长是如何跟幼儿园沟通的了。有些幼儿园有融合班级，班级里面会配备经过培训的特殊教育老师或者影子老师，辅助班级里有需要的孤独症儿童。

　　前文中提到"孩子有权在最少限制环境中接受教育"，确实这个理念也出现在其他评估课程中。尤其是在孩子的能力已经达到和同龄儿童相仿的情况下，较少限制的环境对孩子的整体发育是有好处的，但是这个评估准则还不是很明确，导致一般都是家长和老师根据孩子的情况进行主观判断决定的。

　　下面表格中列出的干预方法，其中一些可能会因为地区差异而在你所居住的地方要比其他方法更受欢迎或者更具可行性。这些是目前学龄前阶段接受度最高，也是最有效的方法。关于这些干预方法，以及其他干预方法的更多信息，可以在本书后面的推荐资源中找到。表3则列举了每种干预方法的特点及比较。

　　"孤独症之声"（www.autismspeaks.org）提供了各种早期干预方法的清单，以及每种方法的操作演示视频。这将帮助你决定哪种方法最适合你的孩子。虽然有些方法比其他方法具有更多的科学证据支持，但很少有研究去比较两种不同方法的效果。此外，对早期干预模式效果评估的所有研究都发现，有一些孩子进步神速，而另一些孩子则进展缓慢。换句话说，没有一种方法适用于所有孩子。根据孩子独特的优势、学习风格、面临的特定挑战，以及你所在地能够提供的干预服务（及相关费用），找到最适合自己孩子的方法。然后，你需要对孩子的进度进行跟踪，看看他在早期干预项目或者在学校里是否能适应并且取得进步，进而决定是否需要对计划进行调整或改变。通常来说，这些调整是无法避免的，因为随着时间推移，孩子的需求也会发生改变。

表3 孤独症的常见干预方法

干预方法	适合年龄	地点和方式	特征	优缺点
应用行为分析（Applied behavior analysis，简称ABA）	学龄前	通常（但不是一直）在家里，由训练有素的专业团队负责实施，每周20～40小时	一对一教学，侧重训练社交、沟通、注意力及学业的基本技能；应用行为原则对于好的行为给予正向的结果，对于不恰当的行为给予负向的结果	如果没有医疗保险的话，成本会很高，但可以帮助很多两岁以上孩子在普通学校里独立上学
早期干预丹佛模式（Early Start Denver Model，简称ESDM）	12个月至学龄前期	家里或者学校	运用ABA策略，同时强调游戏、正向社会关系、以儿童兴趣为导向的活动、与他人分享情绪	研究表明能有效提高语言、社交技巧和智商

续表

干预方法	适合年龄	地点和方式	特征	优缺点
结构化教学（Treatment and Education of Autistic and related Communication-handicapped Children，简称TEACCH）	学龄前到成年	学校为主，家庭为辅，由老师或家长实施	对环境和学习材料做视觉结构化和组织化，运用孩子视觉、机械记忆力的优势来训练语言、模仿、社交及认知能力；一对一或集体教学	关于效果的相关研究比ABA和ESDM少
社交技能小组（Social skills groups）	学龄前到成年	治疗师工作室、诊所或学校；由治疗师或老师实施	侧重训练谈话技巧、肢体语言、识别他人情绪、了解他人预期、自我情绪调节能力，以及解决常见社交问题如如何面对被嘲笑或被孤立	训练及练习和同伴如何相处，可以把策略运用到家庭训练中；可一直适用到成人阶段
教学支持（Educational support）	幼儿园到大学	学校	教学环境和学习目标的修改及调整	需要和学校协商，进行个别化安排
语用沟通训练（Pragmatic Language-communication therapy）	学龄前到成年	对孩子进行匹配或分组，由言语治疗师实施	训练社交情境中的语言运用：学习社会沟通及理解抽象或复杂的语言概念	可以起到类似社交小组的作用，也适用于存在较多沟通问题的孩子
功能行为分析（Functional behavior analysis）	学龄前到成年	学校、家庭或者其他场合，可由任何成年人实施	测验破坏行为或问题行为的功能，教会孩子学会用其他更适合的方法来进行沟通	减少问题行为，提高沟通技巧

续表

干预方法	适合年龄	地点和方式	特征	优缺点
药物治疗（Medication）	所有年龄段	由医生开处方药，包括儿科医生、儿童精神科医生或神经科医生；通常每天由父母在家里进行	通过改变大脑的化学成分来影响孩子的行为	对注意力或者活动水平问题或许有帮助，可缓解抑郁、焦虑和易怒症状，但对孤独症的社交障碍症状无效
感觉统合训练（Sensory integration therapy）	学龄前、儿童期	由职能治疗师实施，也可以在家里练习	降低感统方面的敏感度，提高对新感统刺激的应对能力和忍耐度	关于实际效果的研究非常有限
个人心理疗法（Individual psychotherapy）	青春期到成年	心理治疗师工作室，可能包括进入社区"现场"	探索情绪和情感状态；提升自我意识和自我认同度；采用认知行为疗法	最适合洞察力较强的个人；可能无法泛化到集体环境中；尽可能有目标导向和具体化

张苗苗老师说

表3中提到的应用行为分析（简称ABA），我想作者可能是指：

i）以ABA为主的综合干预（Comprehensive Training），这个确实是适合学龄前的孤独症儿童。但ABA为基础的干预方法，它的适用范围也应该是终生的。

ii）早期密集干预（Early Intensive Behavior Intervention），这个也是以ABA为基础的干预模式，它适用于学龄前孤独症儿童。有大量文献支持早期接受密集干预两年的情况下，对于谱系程度中等以上的儿童在核心障碍上有明显的改善，也可以达到文中所说的能够最终独立进入幼儿园或小学。另外，以ABA为基础的干预确实并不是只有一对一的课程，它也适用于小组课或者班级教学。

尽管研究还不能确定孩子需要接受干预多长时间才最理想，但在学龄前阶段，通常建议孩子每周能接受结构化干预至少25个小时。除了早期行为干预外，其中包括一系列的干预如去普通或特殊幼儿园上学、接受言语治疗和职能治疗等。此外，如果父母居家也运用了干预策略，那么这些干预时间也包括在内。值得一提的是，通常普通孩子每天都有很多学习机会，我们至少也要给孤独症孩子创造同样多的学习机会。孩子具体需要什么样的干预、需要多少个小时的干预，取决于很多因素，通常包括孩子现阶段水平、进步速度、对干预的反应，以及孩子需要的休息及其他家庭活动的时间，同时还要结合本地可以选择的干预服务及其适用的标准。由于早期干预的密集程度，学校系统可能不一定能提供专门针对孤独症孩子的早期干预项目。在美国，如果家长和医生都认为孩子需要进行早期密集行为干预，家长可以与当地学区协商，请他们为孩子制订一个专门的计划。以下是目前最常用的一些早期干预方法。

应用行为分析

二十世纪六十年代，伊瓦·洛瓦斯博士和其他心理学家开始使用一种叫作应用行为分析（简称ABA）的方法。洛瓦斯随后发展出了一种早期干预模式来进行教学，叫作回合式教学法，有时也称为"洛瓦斯方法"。洛瓦斯的应用行为分析法是运用行为疗法的基本原则，来帮助孤独症儿童学会相关技能，包括语言、游戏、自理、社交、学习和集中注意力等。此外，这种方法还提供了一些减少孤独症孩子的异常和重复刻板行为的策略。

在洛瓦斯方法里，教学最初是一对一完成的，并且高度个别化，因为其训练目标也是根据孩子的能力和不足而专门设定的。一旦孩子掌握了基本的沟通、社交和集中注意力的技能，会逐渐转到一个集体环境里去学习。最开始的时候，干预团队的一名成员会陪同孩子到教室里，帮助孩子把学到的技能转化到新环境中。这个助教老师或者影子老师最后会逐渐淡出教室这个环境，这样孩子就能完全融入普通班的环境里。这个过程可能需要两年或更长时间才能完成，到了学前班时期，许多孩子都已经能够到普通班级上学了。

斯宾塞的父母从一个熟人那里得知（这个熟人的儿子也患有孤独症），有一个很有名的孤独症干预项目就是运用的ABA的基本原理。在此之前，有人给他们推荐了一位本地的心理学家，心理学家对斯宾塞进行了一些测试，以确定他的具体需求，同时还对他们就如何运用ABA做了一些培训。心理学家认为，早期密集行为干预对斯宾塞的帮助会很大，因此他建议斯宾塞参与一个在家里进行的干预项目，包括达成十几个目标。考虑到斯宾塞很聪明，而且已经掌握了一些常用技能（用简单的句子进行交谈、坐在椅子上交谈，以及基本的跟随能力），因此最开始的目标主要集中在认知领域：认识颜色、形状、数字和字母，能够知道物品的用途；回答常见问题（"你叫什么名字？""你多大了？"）；分辨周围声音；按顺序进行两步动作模仿；以及画一些图形。此外，还要进一步训练沟通和社交技能，例如与人进行简单对话以及和别人打招呼。训练师每天到家里给斯宾塞上课，斯宾塞进步很快。在短短的几个月内，他已经掌握了最初设定的所有目标。斯宾塞的父母也留意到他行为上的变化：眼神交流更好了，说话使用的句子也更长了，还有，他在家里和教堂的幼儿园里都能更配合了。随着斯宾塞的进步，训练又增加了新的目标，包括提升他的假想游戏技巧、提高提问和评论的技能以及在简单游戏中学会轮流玩和遵守简单的游戏规则。在接下来的一年里，斯宾塞持续进步，因此他的干预团队决定让他进入普通幼儿园，去练习和同伴相处的技巧。最开始他每个星期只去幼儿园4个小时，期间有一名助教老师辅助。后来，在幼儿园的时间逐渐增加到每星期15个小时。到了斯宾塞5岁时，父母觉得他们已经准备好把孩子送进普通的学前班而不需要任何特殊帮助了。虽然斯宾塞还是有些小怪癖，但他看上去和其他人一样聪明，和附近准备上学前班的孩子没什么不同。当斯宾塞的学前班老师告诉夫妇俩，他们的儿子是多么讨人喜欢时，他们终于长舒了一口气。老师说斯宾塞的学习能力很强，还笑着说他有喜欢问每个大人家里车牌号的习惯。

研究表明，许多儿童特别是高功能孤独症儿童，如果能及早开始干预并接受两年ABA训练，到了小学一年级时，是能够在没有特别辅助的情况下适应普通班级的集体生活的。此外，洛瓦斯的研究还发现，那些接受了训练的儿童，他们的认知能力（通过标准化测试评估）远高于未经训练的孤独症儿童。因此，基于ABA的干预方法在许多国家和地区都非常受欢迎也就不足为奇了。然而，ABA有一个明显的缺点就是，它要求一对一进行，因此需要投入大量的时间和金钱。在参与洛瓦斯小组研究的儿童里，那些每周仅接受10个小时或更短时间ABA方法干预的儿童，和一周接受了40个小时的儿童相比，效果要差很多。目前，在美国采用ABA方法进行干预的机构有很多，家长可以在"孤独症之声"网站上查找。有一个服务全美的机构叫家庭早期孤独症干预（Families for Early Autism Treatment，简称FEAT），他们的网页里也列出了美国各州的ABA提供者（www.feat.org）。

早期干预丹佛模式

孤独症早期干预的另一种选择是早期干预丹佛模式（简称ESDM），它由萨莉·罗杰斯博士和杰拉尔丁·道森博士共同开创，可以用于小到12个月大的孩子。这种方法结合了ABA原理，但同时强调亲子关系是学习的基础。训练主要以游戏形式进行，从中教会孩子语言、沟通、社交行为和认知方面的技能。与传统ABA方法一样，ESDM已经在研究中得到验证，并被证明它可以提高孩子的认知、语言和社交技巧。ESDM训练也可以由父母在家进行。在2010年发表的一项研究中发现，连续两年每周接受15个小时ESDM干预的孤独症儿童的智力、语言、适应能力和社交技巧都有明显提高。ESDM手册目前已有多种语言的版本。

在萨莉·罗杰斯、杰拉尔丁·道森和劳里·维斯马拉合著的《孤独症儿童早期干预丹佛模式》（*An Early Start for Your Child with Autism*）一书中描述了基于ESDM方法的一些策略，父母可以运用这些策略提高孩子的语言、社交互动和学习技能。你也可以把这些策略与训练师进行的干预相结合，或者可以在等待加入干预项目时开始使用。这些策略目的在于促进孩子的沟通、社交参与以及学习能力，可以穿插在你和孩子平时的日常活动中进行，包括吃饭、洗澡和玩游戏。

结构化教学

还有一种干预方法叫结构化教学（简称TEACCH，代表孤独症及相关沟通障碍的干预与教育），它在世界很多国家都有使用。这种干预方法由美国北卡罗来纳大学心理学家埃里克·邵普勒博士于1960年开创。结构化教学的基石是视觉结构化、组织环境和学习资料。正如我们在第二章中提到的，许多孤独症孩子难以理解抽象的、基于语言的任务和指导方法。相比之下，他们的视觉空间能力却很强。结构化教学充分利用了孤独症孩子在视觉和机械记忆方面的优势，来帮助他们发展那些相对更具挑战性的技能，包括语言、模仿、认知和社交。

结构化教学通常会把学习、社交、沟通和模仿任务进行视觉化和结构化，让孩子知道接下来的具体安排，以及如何完成任务。视觉化日程安排，包括按发生顺序显示每天活动的图片和文字，帮助孩子了解教学中即将发生的事情或需要完成的任务。这样一来，孩子可以在没有老师提示的情况下靠自己"预知未来"。当环境发生变化时，许多孤独症孩子会感到沮丧，有时甚至会大发脾气。其实，他们拒绝改变，不一定是因为他们喜欢现在做的事情，而是因为他们不知道接下来等待自己的是什么。引入日程提示可以减少他们的焦虑和沮丧，避免发脾气，此外，还可以提高他们的独立性。和本章提到的其他干预方法相比，结构化教学的效果不是那么明确，通常父母和专业人士选择把结构化教学的要素（例如视觉化日程表）和其他干预方法相结合，来最大程度地满足孩子的个人需求。

在幼儿园里，每次学校日程发生变化时，塞斯都会变得异常焦虑和难过。反过来，当一切按部就班时，塞斯就一点儿问题都没有。为此，老师专门为塞斯制订了一个日程表。这样，塞斯会事先把接下来的活动记住（例如，去洗手间洗手），不再为此而焦虑。但是，老师又发现，当活动临时发生变化，哪怕就一点点变化，比如因为下雨无法到外面玩，塞斯又会变得非常沮丧，还会哭闹尖叫，随后躺在地板上好一会儿。这时如果别人靠近他，他还会踢人家。为此，老师决定开始使用可视化日程表，把塞斯每天的主要活动用图片显示（见图2）。如果遇到活动变动，老师就会在该活动图片上标注代表"取消"的符号。此后，老师惊讶地发现，塞斯的哭闹行为消失了。甚至有一次因为言语治疗师生病，塞斯的语言训练课临时取消了，由于老师事先在时间表上做了标记，塞斯居然一点儿都不生气。

前面提到的都是早期干预最常用的一些方法，关于其他干预方法，孤独症之声网站上有专门的介绍。通常诊断结束时，医生很可能会给你提供一份附近干预机构的清单，而类似的清单，你所在地的精神卫生中心或医院精神科也可能会提供。美国的联邦法律要求为每个发育迟缓的儿童提供服务，其中"0~3岁的服务"部分针对的是3岁以下的儿童，而"学龄前服务"针对的则是3~5岁的儿童。儿科医生会给家长提供联系电话，以便他们可以免费找到并获得这些服务。

当你考虑哪种方法最适合你的孩子时，需要注意的是，关于不同干预方法的效果，目前还没有直接的比较研究。因此，究竟哪种方法最适合哪类儿童，目前还无法确定。我们建议你先了解清楚所在地区能提供的服务，然后去对应的机构或学校参观，再和你的医生讨论，结合自己孩子的实际情况和家庭经济状况综合考虑，来决定选择何种干预服务。

塞斯的日程表

坐校车　挂书包　拼图　言语课　操场活动　洗手　零食　坐校车

图2　可视化日程表有助于减少孤独症孩子的焦虑和提高他的独立性

学龄期及之后的干预

如果你的孩子在学龄前阶段接受的是密集、综合的干预服务，那么等孩子再大点儿，你也许没有那么多时间再做后续的干预，或者你孩子已经不再需要干预了。但是，如果你的孩子在幼儿园阶段错过了这些干预呢？或者，你孩子在5岁以后才被确诊呢？又或者，你像塞斯的父母一样，找到了一个非常有效的学龄前干预项目，希望孩子进入小学后可以继续接受干预怎么办？放心，这些都会有办法！有很多干预措施适用于大一点儿的孩子。不过，正如前面提到的那样，这些干预服务可能并不总是那么容易找到或能够随时提供，但它们肯定存在。

在这些干预措施里，有的和学龄前阶段的一样，比如行为干预方法或视觉方法，只是内容需要根据孩子的年龄和发育水平做相应调整，使孩子仍然可能从中受益。对于高功能孤独症孩子，常见的干预方法就是社交技能训练和教学辅助这两种。根据孩子的不同情况，适用的干预方法种类繁多，因此我们会在后面用单独的章节来做详细介绍，在此仅简要提及。

此外，根据孩子的具体情况，适应的干预也不同，在下面要介绍的干预方法里，我们大致根据应用的广泛程度从高到低来排列。

社交干预

到目前为止，相信你已经知道，在孩子面临的诸多问题里，最突出的困难是社交。因此，这自然也成为干预的重要领域。本书将在第八章对如何进行社交行为干预做更详细的介绍。这当中，社交技能小组的作用尤为突出。这些小组是专门针对社交技能训练的，而这些技能通常是其他孩子看上去自然而然就能学会的。但对于孤独症孩子，哪怕和别人（兄弟姐妹、父母及同伴）朝夕相处，我们也不能指望他们能自发地去接收并模仿常见的社交行为。教授社交技能的最好的方式，就是在一个社会化的环境中进行，而社交小组正好就提供了这样的环境，同时还对环境进行了结构化处理，来教授这些复杂的技能，其中常见的主题包括进行恰当的肢体语言和眼神交流、读懂他人的情绪，以及理解别人的预期等。同时，通常小组里还会侧重练习互动中常用的谈话技巧和行为举止，包括如何做自我介绍、请求加入小组、给予赞美、与他人协商、与他人分享和轮流讲话。此外，他们还会教授一些技能以解决社交中遇到的难题，例如，如何处理被别人嘲笑、拒绝、忽视、落单了该怎么办，以及如何用符合自己年龄的方式来表达和控制情绪。社交小组这种方法的好处在于，孩子有机会在一个安全可控的环境下尝试运用这些技能，而且有机会享受社交"乐趣"，从而增强孩子提高这些技能的动力。研究已经表明，社交干预可以有效提升孤独症孩子玩耍及交友的能力，帮助他们应对被嘲讽以及适应各种社交场景。通常社交干预在小组中进行，学校、本地机构都有可能会提供。此外，言语治疗师有时也会提供社交技能训练。

另外有一种方法是视频示范。研究表明，用这种方法训练孤独症孩子的社交技能效果很显著。该方法让真人示范目标行为或社交技巧，并且用视频记录下来。在孩子观看视频后，再对目标行为进行有针对性的练习。这种方法充分利用了许多孤独症孩子的强大视觉处理能力。作为社交技能训练的一部分，视频示范可以在孩子一对一训练时使用，也可以在社会小组中使用。

不过，你所在的地区也许没有专门针对孤独症孩子的社交技能小组，但有可能有专门针对存在注意力或其他行为问题的孩子的社交技能小组。通常情况下，孤独症儿童或青少年，能够在和与他们有相似的兴趣、个性风格、气质和挑战的其他孤独症儿童或青少年相处中获益。只要社交技能小组能解决前面提到的问题，你也觉得它能满足你孩子的训练目标以及孩子自身的需求，那就没必要专门找以孤独症孩子为主的社交技能小组。此外，你还可以向学区咨询，因为学校也有可能会提供社交技能小组训练。

张苗苗老师说

国内目前可以由以下康复治疗机构提供社交技能干预：医院开设的康复治疗课程，高校开设的康复教育中心，残联定点的康复治疗机构，幼儿园开办的融合教育班级，民营非营利性质的康复机构，私人工商或教育注册的康复中心以及个人工作室。

平时在家或者在小区时，你还可以通过以下几种方式来改善孩子的社交行为，同时为孩子提供练习社交技能的机会。

• 提前写好"脚本"来帮助孩子，让孩子知道在某些社交场合中该怎么做、怎么说，例如打电话或在餐厅点餐。

• 把孩子与其他人交谈的过程录成视频，然后和孩子一起观看，指出他哪些地方做得好、哪些地方需要改进。

•将其他人（比如孩子的兄弟姐妹）进行的和年龄相符的对话过程录成视频，以此作为示范。

•带孩子参加与他特殊兴趣相关的小组活动，以便孩子有机会找到志同道合的同伴。

•邀请孩子的同伴到家里玩，大人需要把活动结构化，并从中密切观察孩子和同伴的互动情况，辅助孩子练习轮流发言、与他人分享或协商及其他技巧。

•每天固定抽出15分钟和孩子交谈，讨论一个预先安排好的主题（如学校生活、周末的计划），前提是要排除家里其他孩子、家务劳动或电话的干扰。你可以把主题事先告诉孩子或者把主题写下来，鼓励孩子围绕主题讨论，并防止孩子把话题转移到他的特殊兴趣上。必要时，你可以制作鼓励轮流发言的视觉提示（比如谁被箭头对着，就是下一个说话的人），或叫停孩子喋喋不休的发言（例如，可以举起停止牌以表明孩子的发言太长了）。

在本书的第八章，我们还会对这些技巧做进一步详细介绍，此外，还会介绍提升社交技能的其他技巧，这些技巧在机构或者家里都可以采用。

教学支持

尽管很多高功能孤独症学生的智商在中等甚至以上，但他们在学习上仍然会遇到很多困难或未能达到预期水平。他们的组织能力、时间管理及自我调节能力往往很差，经常导致无法按时完成课堂作业，以至于要花许多额外时间来做作业。他们通常也无法做到提前制订计划、设定适当的目标、预估完成任务需要的时间，以及记住需要带什么东西回家来完成家庭作业。由于孤独症孩子在自我调节、选择目标以及注意力方面存在的问题，会很有可能导致他们整天处于神游状态，或者沉迷在自己的想法中不可自拔。此外，孤独症孩子思维方式刻板、解决问题思路单一，这也会影响他们在学校的表现。还有一个问题是，那些通常对其他孩子管用的奖励，对孤独症孩子却往往不起作用。当他们未完成功课或者考试分数很低时，父母和老师会对此表示失望，他们却往往不怎么在乎。对于那些和他们感兴趣的事物无关的主题，他们往往缺乏动力去做。当他们被老师要求课后或者课间休息时单独留下来，他们可能完全不在乎。因为对于一个不喜欢社交互动的孩子，这些惩罚实际上可能相当于奖励！因此，对于孤独症孩子，要激励他们去做功课很难，即使他们的智力水平很高。

基于这些原因，大多数孤独症孩子需要老师对教学环境做一些修改和调整，帮助他们在学校取得成功；同时还可能需要对学习目标进行一些调整，比如强调或淡化某些科目、提高或降低作业难度，或者布置更实用的作业。例如，更侧重于职业和日常生活技能，而不是传统的学习课程。我们有可能需要让这些孩子更早开始学习这些技能，以提高他们独立生活的能力，使得他们在成年后能够适应工作环境。此外，如果学校能全年开放或可以提供暑期班，对孤独症孩子也有帮助。因为大多数孤独症孩子对环境改变不适应，如果暑假时间太长，他们的行为和学习技能有可能会出现倒退。

我们将会在第七章详细介绍对孤独症学生最有效的教学支持和服务。我们建议，要充分利用孤独症孩子良好的视觉处理能力和记忆力的优势，去弥补他们在组织、计划、注意力和灵活性上的不足。最关键的一点是，教学计划要对课程进行调整以适合孩子的需求，从而能有针对性地解决孩子存在的问题，以及发挥他独特的能力（这一主题在第五章会有更多介绍）。在这里我们想要说的是，除了为孩子寻找社交技能训练以外，你可能还需要与你所在的学区联系，探讨哪种教学干预最适合你的孩子。

张苗苗老师说

目前国内关于孤独症儿童的教学支持情况如下：

• 首先，需要家长和学校积极沟通，家长提供教学支持所需要的材料，学校配合实施。也会有学校根据学生的需要，在与专业人士讨论后，直接在学校环境中执行的情况。

• 针对学生的组织能力、时间管理及自我调节能力，一般都会使用行事历的方式，以视觉提示作为媒介，帮助学生明确不同时间段自己应该要进行的活动内容。震动式计时器和手表也是会经常用到的提示工具。

• 在教学过程中一般会使用视觉导图的形式，来帮助学生整理思路，通过视觉方式来帮助学生了解不同形式的处理方式最后可能会导致的结果。

• 关于奖励机制，需要家长和学生共同制订。一般进入学校的学生认知理解能力的水平都是可以理解奖励机制的。例如，如果学生喜欢玩电子产品，那么从事指定的行为就能够换取玩的时间。

• 目前国内的中小学校对于孤独症学生一般给予的教学支持有具体以下几个方面：

（1）教室座位的安排：孤独症孩子的注意力一般会比较弱或者不容易持久，所以需要坐在前排位置，方便老师进行提醒；或者安排比较有爱心的同桌，进行提醒。

（2）桌面视觉提示：一般会在孩子的上方桌角制作足够明显的视觉提示。提示内容根据孩子的需要制订，比如：手放好的图片或者是课间活动的流程图。

（3）安静教室：是指在孩子情绪不稳定或者焦虑的时候，可以帮助孩子平抚情绪的教室，一般是心理咨询室或者图书馆、资源教室等房间，找一个安静且安全的角落让孩子冷静下来。

（4）上课内容：根据孩子的能力水平，对于课上需要掌握的内容进行难度的调整。部分课程如果对于孩子来说难度太大，会安排进行抄写或者其他能够安静工作的任务，避免影响课堂秩序的同时也不会过度浪费孩子的时间。

（5）选择性上课：根据孩子的能力和需要，弹性安排孩子需要跟随的课程，其他因为能力无法跟随的课程可以去资源教室进行其他方面的学习。

（6）调整试卷难度或者允许居家完成试卷。

语用沟通训练

大多数程度较轻的孤独症人士有着相对较强的语言能力。他们说话流利，能够使用完整的句子，很少或几乎没有语法错误。然而，他们却经常会在社交场合遇到麻烦，因为他们不懂如何使用语言和别人交流思想和信息。他们往往很难理解抽象或者复杂的语言概念。当人们要表达的意思和字面意思不同时（例如，讽刺、开玩笑或使用隐喻或其他修辞手法时），孤独症孩子可能就会误解。所有这些困难在语言学上被统称为"语用学"上的缺陷。在谈话的背后隐藏着很多规则，即便不明说，普通人通常也能自然领会到。这些规则包括发言要轮流、简明扼要且紧扣主题。我们知道如何适时选择并维持一个话题，以及如何切换新话题；我们知道如何"读懂"他人并对谈话内容进行调整，以符合对方的需求；如果有人看上去很无聊，我们就尝试让对话变得更加生动有趣，或者改变话题；如果有人看起来很困惑，我们会尝试找出原因并做出解释；我们对孩子说话的方式和我们与权威人物或同伴说话的方式是有区别的；我们也知道，语调或伴随的面部表情会使我们说的话的意思发生改变。然而，孤独症孩子可能并不了解这些规则，因此必须经常明确地教他们。

以上提到的大部分问题，在一个好的社交技能小组里都能解决（毕竟，我们怎么能将沟通与社交技能分开呢？二者本来就密不可分）。但是，如果你所在地没有这样的小组，或者该小组不提供谈话技巧方面的训练，你可以尝试看看某种形式的语言干预是否会对你的孩子有帮助。你可以考虑在附近寻找一位有孤独症孩子干预经验的言语治疗师。通常这种干预会以小组的形式进行，每个小组里面至少有两个孩子。毕竟这些技能都无法在与外界隔绝的环境里练习，如果只有治疗师和你的孩子在场，是无法提供练习所需要的场景的。在这种结构化的环境中，大多数孤独症孩子表现良好，因为对话的标准会降低，而且同伴也比较宽容。这些技巧需要与其他孩子一起练习，同时需要一位经验丰富的治疗师从中引导。治疗师会给孩子提供足够的支持并给予孩子明确的反馈，指出孩子沟通时的长处和不足。

对挑战性行为的干预

孤独症儿童和青少年都有可能表现出一些异常或有问题的行为，

因此需要对此采取专门的应对方法。你的孩子有时可能会发脾气、情绪崩溃或哭闹，而且看上去都是因为一些小事（或者是无法预测的事情，没有明显的诱因）；或者你的孩子容易冲动和分心，在课堂上大喊大叫，从别人那里抢东西，或者很难坐下来专心学习；又或者你的孩子比较刻板，会坚持按照某种顺序做事情，或坚持把喜欢的物品固定放在某个位置。比如，一个叫马克的小男孩，他坚持按重量顺序来吃盒装谷物——也就是说，如果一盒麦片比一盒脆米花重，那么他会先把整盒脆米花吃完，再把麦片打开。乔什15岁了，他患有孤独症，知道很多关于总统的故事，喜欢让别人"测试"自己对总统知道多少。但是，如果他答错了，他坚持让别人重新从第一个问题问起，然后依次重复每个问题，直到他把之前答错的问题都答对为止。每当别人告诉乔什他答错了时，他就显得非常沮丧，然后又哭又闹。以上所有这些问题，都可以通过行为干预来解决，这种干预基于应用行为分析的原理，来帮助孩子掌握正确的行为。行为干预的策略可以分为两大类，一类是改变行为的前提，另一类则是改变行为的后果。

改变行为的前提

我们可以将第一种策略视为预防。它意味着我们要在行为问题发生前就将其终止，包括改变环境中的已知的会给孤独症孩子造成干扰的事物，以避免其引发孩子的破坏性行为，降低孩子焦虑情绪或压力。本书第七章中关于改变教学环境的策略也属于这一类。我们鼓励教育工作者教会孩子使用视觉方法，并尽可能将环境和活动结构化。这是行为管理中预防策略的一个例子，它充分利用了孩子的优势，并将孤独症相关的弱项所带来的影响降到最低。其他措施包括：确保你的孩子睡好、吃饱，确保药物的副作用不会引发行为问题，同时使用可视化日程表，以提高活动的可预测性和一致性。所有这些"干预"旨在减轻孩子的压力，同时增强孩子的控制感，从而有效减少行为问题。

改变行为的后果

第二种策略，用特定的后果去塑造适当的行为，这源自斯金纳博士提出的著名的操作式条件作用的理论。大多数生物，从最简单的无脊椎动物到人类，从婴儿到成年人，从孤独症人士到非孤独症人士，都可以通过这些原理来改变他们的行为。具体来说，如果一种行为被强化，也就是完成这个行为后可以获得奖励，那么以后该行为的发生频率会增加；而如果一种行为被惩罚、忽略或得到其他负面结果，以后发生的频率就会降低。我们可以运用这些原理，去改变孤独症孩子的行为（实际上，之前提到的ABA方法就是基于这些原则）。如果我们想教孩子一些事情，我们给予强化。如果我们想要让孩子的某些行为消失，那么就给予负面反馈。大多数孤独症人士在规则明确的时候都表现良好，因此可以建立清晰的奖励制度。如果孩子遵守规则，那就给予奖励。显而易见的是，对孤独症孩子来说，有效的奖励措施最有可能的是那些与他们特别痴迷的领域相关的奖励，例如获得额外时间在网上查找和蜻蜓相关的信息、专门去动物园看昆虫展览等。但是，你的孩子也有可能会像其他孩子一样喜欢其他更大众化的奖励，比如晚上享用一顿美餐或者享有一些特权如可以比平时晚睡觉。所以，要先进行实验。但是，在你决定采用奖励或惩罚措施之前，也可以同时考虑预防策略，因为有一些问题行为可以通过改变环境和其他结构形式而消除。如果这无法使得问题消退或带来预期的行为，那么采取操作式条件作用的手段也可能会成功。

詹娜是一个孤独症小女孩，在她还是婴儿时，她就拒绝独自睡觉。只要把她放到自己床上，她就会哭闹，但如果在父母的床上，她就很容易睡着，然后再被父母抱回她自己的床上。但是，一到半夜她就会醒，然后在房间里转悠，排列自己喜欢的物品。再接着她就会去冰箱里拿东西吃，最后爬回父母的床上睡到天亮。一天晚上，詹娜父母醒来发现詹娜坐在他们中间，手里拿着一本图书馆的书和一把剪刀，他们吓坏了，于是他们决定寻求帮助。他们首先去了医生那里，看看是否可能有一些生理上的原因导致詹娜晚上夜游，例如癫痫发作。在排除了这一点之后，他们尝试改变詹娜的饮食（戒掉含咖啡因的食物和饮料，并且晚上少喝水），但并没有改善她的睡眠。最后，有人给他们推荐了心理医生。

随后，一个针对詹娜的行为管理计划开始了，其中包括明确规则，如果詹娜遵守规则了，就会获得奖励。詹娜的就寝流程明确为：穿睡衣、刷牙、上厕所、看两本书、祈祷、关灯、亲吻和拥抱、把门半掩、然后父母离开房间。父母把詹娜做每一个步骤的样子都拍下来，并把照片按顺序贴在一块纸板上，然后用胶带黏在她的床边。他们还把"詹娜，在自己床上睡"这样的句子写在图表的最下面。在父母的帮助下，詹娜列了一份自己想要的奖励清单，包括最喜欢的零食（当天其他时间不提供）、小饰品和玩具，还有和父母进行特别的活动（比如做饼干、到附近散步、玩游戏），可以看喜欢的视频等。然后把每个想获得的奖励都写在纸上，放到一个装有问号的盒子里。

父母给詹娜制订了一个赢取奖励的渐进时间表，她可以从"神秘"盒子里抽出一张卡片来兑现。第一周，只要遵守就寝流程的前面部分，詹娜就可以获得奖励。第二周，只要躺在自己床上哭的时间不超过一分钟，就可以获得奖励，随后她还可以照常到父母床上睡觉。此后时间开始逐渐延长，即詹娜只有在自己床上躺的时间越来越长，才能获得奖励。最后她终于可以躺在自己床上入睡，随后奖励的目标行为就变成在自己床上睡整晚。

虽然为了达到最终目标，詹娜花了好几个星期的时间，但这一过程成功地逐步塑造了她的睡眠模式，这也正是她父母所期待的。詹娜对奖励非常期待，而且由于事先不知道具体会赢得什么奖励，这种不确定性反而让她的动力更足了。詹娜的父母逐渐把行为和奖励之间的间隔时间延长了（例如，她需要一个星期每晚都睡在她自己床上才能获得奖励），直到詹娜似乎已经忘记了所有的奖励。这时，新的行为模式才得以确立下来。

在詹娜的案例里，重要的有以下这几点。首先，她的父母排查了可能引发问题的所有原因，例如癫痫发作和咖啡因摄入，以及环境变化；其次，他们制订了一个行为计划，该计划规则清晰且可预测性强，而且还以可视化的形式提供给詹娜；此外，为了确保奖励能对詹娜起到激励作用，他们让詹娜自己选择奖励。一开始获得奖励的标准很低，所以詹娜马上就体会到了成功。等到行为逐渐养成，奖励开始慢慢淡出，所以随着时间推移，詹娜必须更加努力表现才能获得奖励，这时她的行为也逐渐变得和自己的年龄相符。

如有需要，可以将负反馈添加到这类行为计划里，不过詹娜的父母认为没有必要这样做。其实，他们还可以在计划中增加另一个部分，写明如果詹娜没有遵守计划，将会发生什么。例如，如果她从自己床上起来了，除了没有获得预期的奖励外，她可能还会失去一些小特权（比如第二天晚上少看5分钟电视）。关于处理挑战性行为的办法，我们将在第六章继续探讨。

这样的方法也可以用来减少孩子的强迫或重复行为。行为计划的关键要素包括：排查环境中的影响因素，设立明确规则和后果并逐步增加需求，引导行为逐步改变。英国的心理学家帕特夏·霍林博士曾经给很多孤独症人士做过干预。运用这些原则，她成功地让一个小男孩逐渐摆脱了对托马斯火车的沉迷。为此，她专门制作了一个图画式日历，上面显示可以玩火车的时间。同时，用其他托马斯活动代替男孩痴迷的类型（例如，读一本关于托马斯的书，而不是看一个视频）。如果孩子做替代活动，那么他得到的奖励会更多，因为这是对他放弃原来沉迷的托马斯活动的一个正强化。

有时仅仅靠改变行为的后果，并不能使行为像预期那样发生改变。如果这种行为背后的意图非常强烈，那么无论采取多少奖励或惩罚措施，行为都可能持续存在。举例来说，一个孩子在课堂上一直打断别人，大喊大叫，还反复大声提问和发表意见。如果孩子是想通过大喊大叫和打断别人来获得老师更多的关注，那这种行为将很难改变，除非孩子可以通过另一种方式有效地获得关注。作为替代，我们可以教孩子使用手势或书面标记，作为请求老师关注的信号，如果老师能持续地对此做出回应，那么原来的问题行为可能会消失，而无须给予奖励措施。同样，如果一个孩子在课堂上变得烦躁不安并开始打自己，仔细研究孩子行为背后的目的，你会发现，孩子可能想通过这个行为来传达任务实在太难了这一信息。如果我们教孩子用其他的方式来表达他的沮丧，并希望能够改变活动（例如，交给老师一张带有"停"标志的卡片就可以了），那么他可能就会马上停下来，不再打自己。

问题行为背后的目的有很多，除了引起注意或逃避不喜欢的任务外，还有可能是孩子表示他需要帮助，想获得喜欢的物品或者只是无聊。在第六章，我们将会和你一起去尝试解开这些谜团，看看在这些问题行为的背后，孩子究竟想要向人们传达什么样的信息。这也是功能行为分析的核心所在，目的是在找到问题行为的原因以后，帮孩子找到替代方式去表达他们的需求，使他们的最终诉求得到满足，这方面内容我们也在第六章继续探讨。心理学家和教育工作者也会使用各种评估工具来发现行为背后的目的，然后想办法去改变这些行为。如果你的孩子有类似的问题，可以咨询行为干预方面的专业人士。

提前发现并预防问题

解决问题行为的另一种策略是，事先觉察即将发生的问题的预警信号，然后分散孩子注意力，将孩子从原来的情境中抽离出来或者特意让孩子去做其他一些活动，使他们无法同时做原来打算要做的事情。例如，你会发现，有的孩子明显变得烦躁、好斗或焦虑，他们的情绪不会突然爆发，而是会逐渐升级：首先表现出忧虑或紧张，然后小声地自言自语，然后走来走去，继而挥手或拍手，最后彻底爆发，把怒气发泄到别人身上，开始摔东西，并在语言上攻击别人。针对这种情况，我们可以制订一个计划，让孩子摆脱这种危险的境地，并把他带到一个安全的地方。在那里，他可以独自走来走去甚至大吼大叫，也可以躺在沙发上听一些舒缓的音乐，或在治疗师或老师的指导下进行放松练习（深呼吸、从1数到10或者看一些令人放松的图像等，具体可参见第八章）。重要的是，这些是事前采取的积极主动的预防措施，而不是事后被动的方式，以免给孩子造成一个印象，以为自己发完脾气后可以去做这些活动，这会反过来强化原先的问题行为。

青少年和成年人的自我监督和强化

对于孤独症青少年和成年人，可以教他们对自己的行为进行自我监督和强化，从而学会自我调节和自我管理。这套干预系统最好由经验丰富的专业人员来帮助建立。其中最核心的是，要教会他们意识到哪些行为需要增加或减少，并且训练他们通过录像等方式来记录行为发生的频率，从而定期监督他们的行为。

例如，让我们回到之前提到的干扰行为。我们可以把孩子在教室里的举动录下来，然后老师或父母和孩子一起坐下来看录像，边看边指出，在干扰行为发生时，可以用哪些更合适的行为来代替，如举手等。然后开始训练，确保孩子能识别打断别人的干扰行为。在观看视频时，让孩子判断并回答"是的，我这样做是在干扰"或"不，这不是干扰行为"，一旦正确率达到80%，她就可以进入自我监督阶段。在孩子桌子上贴上一张卡片，上面分两栏，一栏标为"干扰行为"，另一栏为"非干扰行为"。孩子会佩戴一个手表，手表里设置了闹铃，每隔几分钟闹铃就会轻轻响起。每当闹铃响起时，孩子需要在卡片上对应的栏目里做标记。这样，她就会对干扰行为越来越警觉。

有时，单靠对行为的识别和监督这一种方法足以解决问题，但经常还需要和其他方法结合起来使用才起作用。比如，需要改变环境、设置规则和奖励、教替代行为，然后才能确保孩子可以学会自我监督。

向行为专家咨询

即便是最好的行为管理计划，和许多父母的"常规"做法比起来，可能也就是稍显高级。但是，在父母给孩子制订自我监督计划时，通常比较明智的做法还是要找行为专家帮忙，让专家教一些具体的实施技巧。毕竟，无意间一个小小的疏忽，就可能使得整个计划功亏一篑。对于父母制订的计划，孩子一开始可能会表示抗拒，所以如果有专家充当中立的第三方，会对"合同"的协商有帮助。当需要给奖励系统逐步降级时，父母会觉得实际操作起来很困难。这时，也需要由专业人员帮助判断当前管理计划正处于哪一阶段，适用哪种奖励。此外，对于计划是否需要添加负反馈措施，这个最好也由专业人士去判断。比较理想的方式是，收集的数据能够表明计划是否能取得成功，什么时候需要调整或增加目标，以及什么时候需要尝试新的方法。在专业人士的帮助下，行为干预可以非常有效地改善许多孤独症人士的行为，从而极大地减少他们及其家庭的压力。

药物治疗

　　最近几年，使用药物治疗孤独症的人数有所增加。研究表明，在美国，大约有一半的孤独症孩子都使用了抗精神病药物，并且药物的使用率会随着年龄的增长而增加。研究还表明，孤独症人士大脑中某些化学物质（神经递质）的水平有时会高于或者低于正常值。虽然对于孤独症的主要症状如沟通困难还没有任何有效药物，但通常适当使用药物治疗能够提高孤独症孩子及其家庭的生活质量。药物可以提高孩子的能力，帮助孩子从其他形式的干预中获益，从而减轻孩子及其身边的人的压力。例如，对注意力不集中和注意缺陷多动障碍进行适当的药物治疗，可以帮助孩子在学校保持专注，从而提高教育带来的积极效果。同样，药物可以缓解孤独症人士的社交焦虑或减少其负面情绪，从而使其更有可能参与到社交技能小组中并从中受益。

　　在过去很多年里，被用来治疗孤独症的药物有很多。但是到目前为止，在临床意义上还没有一种药物能有效地改善孤独症人士在社交和沟通方面的核心缺陷。通常孤独症人士常用的药物解决的是孤独症的其他症状和合并症，例如注意力缺陷和多动的问题、抑郁、焦虑、攻击行为、重复想法或行为、睡眠困难、抽搐和癫痫。其中最常用的处方药包括：中枢神经兴奋药，如哌甲酯、右苯丙胺和阿德拉；较新的药有非典型抗精神病药，如利培酮和阿立哌唑；此外，还有选择性5-羟色胺再摄取抑制剂，如百忧解、左洛复和帕罗西汀。值得一提的是，虽然选择性5-羟色胺再摄取抑制剂对个别孤独症人士可能有效，但它的总体疗效还有待更多研究证实。

人们通常认为，选择性5-羟色胺再摄取抑制剂通过提高大脑中的神经递质血清素的水平起作用，而中枢兴奋药和非典型抗精神病药则主要作用于一种叫作多巴胺的神经递质，阻断其功能或降低其分泌水平。中枢兴奋药针对的是注意力和活动水平方面的问题，它不仅对只患有注意缺陷多动障碍的孩子有效，对存在多动问题的孤独症孩子也有效；而利培酮和阿立哌唑最开始是用于治疗精神分裂症这类精神疾病的，但后来人们发现，它们对孤独症人士的一些症状也有效，包括烦躁、攻击性行为或者情绪突然爆发、出现难以预测的行为。一项研究发现，如果能把药物治疗和行为干预相结合，则会更有效地改善孤独症人士的挑战性行为比如乱发脾气和进攻性行为。

那么，这些药物对于孤独症的疗效究竟如何？要回答这个问题，我们需要先解释，要评估一种疗法是否有效通常需要经过怎样的过程。最显而易见的策略是给孤独症人士服用药物，并对其服药前后的情况进行评估，看看效果如何。但是，一些更深入的研究指出，这种方法也存在一些问题。因为有的症状可能自行改善（例如，随着孩子的长大而自行改善），而这种改善和药物无关。因此，要研究某种药物的确切疗效，必须使用对照样本。也就是说，接受药物治疗测试的人的情况都非常相似——他们必须具有相同的诊断、功能水平接近、年龄相仿等，不同之处只是有没有接受药物治疗。

很多医生都很清楚，在服用了一些非活性药物如糖丸或盐溶液后，如果患者相信它具备疗效，那么他们很多人的症状都会有所改善，这也被称为安慰剂。人们认为，这种已知的安慰剂效应，和医生关注带来的正面效果一样，反映了希望和积极思考的力量。不过，有一点很重要，就是在服用安慰剂前，要确定它对你的孩子的疗效要比其他药物好。之前的研究表明，在尝试安慰剂的人里，大约有1/3

的人明显好转。因此，我们想要知道的是，有没有一种安慰剂对超过1/3的人都有效？否则，为什么要浪费自己的钱买药，还要为潜在的副作用担心，不如干脆服用糖丸算了。关于安慰剂的疗效，也可以通过样本对照方式进行测试，其中不同对照组的区别改为是否服用安慰剂。

最好的研究方法，首先是需要将参与者随机分配到药物组和安慰剂组，而这当中每个人对自己会得到哪种药毫不知情。随机分配有助于确保得到安慰剂和药物的人之间的情况大体一致，从而不会对反应结果造成影响。例如，如果首批参与试验的志愿者对该研究很感兴趣而都被分配到药物组，那么他们可能更倾向于顺着研究方向去或者更期待获得改善，这样就可能会使研究结果出现偏差。反过来说，如果首先联系研究人员的人是那些症状最严重的人，他们随后被分配到药物组，而由于他们症状的严重性，药物能带来的改变相对有限，这也会导致结果有偏差。这就是为什么需要通过随机的方式比如掷硬币来进行分组。第二个特点是，任何人包括孩子的父母、甚至医生都不知道谁正在服用药物、谁正在服用安慰剂。这种调查称为双盲研究，能够最大限度地避免导致研究偏差的因素，包括无意间引入的因素。

几项双盲随机研究表明，对孤独症人士而言，非典型抗精神病药利培酮和阿立哌唑确实比安慰剂效果更好。目前，它们是仅有的两个已经通过了美国食品药品监督管理局规定的所有测试，并获得批准用于治疗孤独症的两种药物。关于抗抑郁药对孤独症疗效的研究结果好坏参半，有些研究发现有效，有些则没有。在本书第二版出版时，美国食品药品监督管理局尚未批准使用百忧解等药物来治疗孤独症。这并不意味着你的孩子的医生不建议尝试这类药物，也不意味着这些药物对你的孩子一点儿帮助都没有。这只是意味着，在把这些药物广泛推荐给孤独症人士之前还需要更多测试来证明其疗效的可靠性。在安慰剂对照研究中，经过双盲测试，发现许多药物对患有注意缺陷多动障碍的孩子有帮助，对存在类似注意力缺陷以及多动问题的孤独症孩子也有帮助，还对改善孤独症孩子其他一些问题如严重的攻击性行为、行为失控或情绪问题有效果。然而，对于孤独症的核心症状例如互动困难或沟通障碍，这些药物均没有效果。目前，这方面的研究仍处于起步阶段，还没有足够的研究能够证明，究竟是什么样的个体特征才能取得预计中最好的效果？例如，药物是对某些特殊年龄段的人效果最好，还是对某个症状效果最好？大多数药物都有一定的副作用，因此在考虑药物可能带来的疗效时，还需要认真权衡各种因素包括风险、便利性、经济成本等。目前，在对安慰剂对照研究中，通过双盲随机的方式，发现药物虽然不能改变孤独症的基本症状，但对某些孤独症症状能够起到缓解作用，从而提高孤独症人士及其家庭的生活质量。同时，药物治疗最好能与行为干预结合使用。

感觉统合训练

一些孤独症孩子的感官异常敏感，我们日常生活中常见的感官刺激包括声音、味道、质地、气味或触摸，都容易导致他们崩溃。当接触到这些感官刺激时，他们的反应会非常激烈，父母有时将该现象描述为"感官过载"。一位孤独症年轻女性说，当她被自己讨厌的声音、气味和景象包围时，她的身体就会"死机"。她描述感觉自己的意识突然被抽离出去了，仿佛身体属于其他人，或者自己像是一件家具。有一个孤独症男孩，他对气味异常敏感，以至于每次他妈妈带他去看医生前，都要提醒他们不要使用香水或带香味的止汗剂。有一次看医生时，男孩明确地告诉医生她有口臭，要求她使用漱口水，不然他就要离开。许多孤独症孩子无法忍受声音很大的噪声，每当他们听到这些噪声时，他们就会用手捂住耳朵。有时即使声音不大、对其他人不会造成困扰如空调的嗡嗡声或婴儿的哭声，他们也同样无法忍受。有的孩子则似乎特别痴迷某种感官刺激，并尝试用各种方法（通常是不适当的）去寻求这些感觉。例如，一个孤独症孩子对连裤袜非常痴迷，如果一个女人穿着连裤袜，即使离他很远，他都能够觉察到，接着会想方设法去接近她。又比如，一个孤独症女孩，她经常用自己的下巴去按压别人手肘，因为她特别喜欢手肘内侧柔软的感觉。著名动物科学家天宝·葛兰汀博士曾说过作为孤独症人士，她对强烈的压力感特别痴迷。小时候，她会躺在沙发垫子下来感受这种压力，后来她还发明了专利"挤压机"。

感觉统合（Sensory Integration，简称SI）是指大脑和身体相互协调的过程，即在感官信息输入大脑时，大脑能够对它进行加工处理，包括解释、连接和组织，使孩子感到安全和舒适，从而能有效适应环境。根据吉恩·艾尔斯博士提出的理论，如果一个孩子小时候对感官体验无法适应，那么有可能会对他以后的学习造成深远的影响。她建议把上面那些人士的异常行为都归因于感觉统合障碍。艾尔斯博士指出，有感觉统合障碍的不仅只有孤独症儿童，还包括有学习障碍、脑瘫和遗传综合征的儿童。

感觉统合训练旨在降低孩子感官的敏感性，同时给孩子提供应对技巧，并增加其对新感觉的耐受性。让孩子通过游戏和运动获得各种感官体验，帮助孩子探索许多不同的物质和感觉。在治疗过程中，让孩子在感官体验上有一定的控制权，可以通过某些活动例如摆动、轻刷或深压让孩子获得更好的感官输入。例如，对于特别胆小的孩子，治疗师可能会引导他做轻微的跳跃活动；而对于活跃的孩子，治疗师可能会引导他去爬由小椅子组成的隧道，让他体验空间边界。孩子们通常会非常喜欢这种疗法，因为治疗环境中充满了有趣的事物，可以让他们攀爬或者前进，例如坡道、平台、垫子、秋千和隧道。感觉统合训练通常由职能治疗师提供。找到训练有素的专业人员很重要，这里提到的训练，不仅仅包括相关基础理论培训，而且还包括这种训练模式的实施技巧的训练。

　　尽管无论是专业人士还是孤独症儿童父母都曾听闻感觉统合训练可以改善孩子的行为和能力，但是关于其有效性的研究还不多。一些小型随机对照试验表明，这种方法能达到一定效果，但这点仍有待更多研究来证实。尽管如此，许多父母和孩子声称感统训练有镇定的效果。笔者认为，对于感觉统合训练，你可以选择去尝试，但和这里提到的所有训练一样，特别是那些缺乏实证支持的干预方法，在尝试前需要仔细评估它能带来的好处。其他人尤其是那些不知道你的孩子正在接受这种训练的人，他们有没有留意到孩子行为上有任何变化呢？除了睡一个好觉，或参加一些他自己喜欢的或者比较安静的活动（例如观看喜欢的视频），你还注意到孩子身上的其他积极转变吗？你可能会发现，用图表来记录孩子的行为，对解决这个问题会有帮助。形式可以很简单：每天在一张纸上分两栏，一栏记录当天睡眠、饮食、接受的干预方法和特殊情况等信息，而另一栏则记录关于孩子当天行为的信息。这样，你可以对生活中的任何重大变动进行跟踪，然后检查它们和你孩子的生活（包括进行中的干预）的关联度。同样，在这里我们还需要考虑经济因素。你的孩子不可能接受所有类型的干预方法，这样做（从时间角度来看）也是不可取的。你需要在各种干预措施中进行选择，因此要特别仔细地审查那些疗效仍有待验证的干预方法。

　　除了感觉统合训练外，还有其他一些方法可能有助于增强孩子对感官输入的组织和整合能力，提高其身体对感官刺激的适应能力。运动、舞蹈或像武术训练这样的健身活动，也能训练孤独症孩子的感觉统合能力，你可以考虑从中选择适合自己孩子的。

个人心理治疗

对于少数孤独症人士，传统的心理疗法可能会有帮助。通常，在个人心理治疗中，心理医生会和他讨论情绪，并对他的行为模式或人际关系问题进行深入探讨。大多数孤独症人士，无论是儿童、青少年还是成年人，他们的自我意识都非常有限，不会自发地进行社会比较，对于自己面临的困难的性质和原因也缺乏清醒的认识，因此，这种形式的心理治疗通常对他们不是很有效。此外，由于孤独症人士面临的大多数问题和社交相关，因此心理治疗最好以相对大型的小组形式进行，而不是单独的治疗课程。孤独症人士面临的主要困难之一是，不知如何自行把学会的技能泛化，也就是说，把学会的技能从一种情况运用到另一种情况，从一个互动运用到另一个互动，从一个环境运用到另一个环境，从一个人身上转换到另一个人身上。在这样的情况下，即便是一位经验丰富的治疗师，也不太可能把孤独症孩子在一对一环境中学到的技能，自发运用到有同伴在内的集体环境中。所以，对于解决孤独症的特有症状，小组训练（通常以社交技能培训的形式）可能是一个很好的办法。

然而，在某些情况下，个体心理治疗或许对孤独症人士有帮助，尤其是对患有高功能孤独症的青少年和成年人，因为他们对于自己和他人的情绪状态和行为已经具备一定的理解能力。随着孤独症人士的成长，他们的自我意识逐渐增强，并且开始意识到自己和别人的不同，他们会因此感到痛苦、焦虑，有时还会情绪失控。在这些情况下，个体心理治疗能起到一定的作用。和对非孤独症个体的典型心理治疗不同，对孤独症人士的心理咨询需要高度结构化，同时更需要指导性和具体化。比如，应该明确关注某些特定问题，研究出更有效的方法来应对，并对孤独症人士的未来进行规划，把他的潜力发挥到最大化，并帮助其掌握重要的生活技能，例如与工作相关的社会行为。治疗往往具有很强的指导性，甚至可能涉及社区的"现场考察"，以鼓励他们发展独立的技能，如乘坐公交车、参加面试、在餐馆点餐等。研究表明，对于患有高功能孤独症的青少年和成人，认知行为疗法非常有帮助。因为它专注于理解一个人的思想及其对行为的影响，能有效地缓解高功能孤独症儿童群体的焦虑症状。对于认知行为疗法，我们将在第八章继续探讨，同时在推荐资源部分也会给出其他相关的信息。

饮食疗法

有些专业人士提倡采用特殊饮食或维生素补充剂或两者同时进行，以改善孤独症的一些症状。近年来，研究者提出的一种理论认为有的孤独症是由食物过敏引起的，因为这部分孩子食用了面粉中的谷蛋白和酪蛋白后会产生严重的过敏反应，从而对大脑产生刺激或损害，并导致和孤独症有关的异常行为。到目前为止，这一假设是基于临床观察和父母的报告，而没有经过严格的科学研究证实。然而，显而易见的是，许多孤独症孩子的胃肠道系统确实存在问题，这可能会导致诸如胃食管反流、便秘和腹泻等症状。如果你的孩子也有这些症状，建议你最好找儿科医生谈谈，如果需要的话，还可以咨询消化内科医生。此外，在孤独症孩子中，进食问题（例如挑食）也很常见。同样，你可以找你的儿科医生一起讨论如何解决这些问题。

和药物疗法一样，为了更好地了解饮食疗法潜在的风险和益处，需要对其展开进一步的研究调查。一些父母反映，自从他们把食物中的某些特定成分去掉以后，孩子的行为有所改善。问题是，当孩子正在接受排除法饮食（也就是说，在一段时间内，系统性地避免食用某一类食物）时，不可能进行双盲测试，因为父母和孩子肯定知道自己属于哪个小组。其实，完全有可能将他们随机分配到禁食或非禁食小组中，并让研究人员在不知道分组的情况下评估这些孩子。因此，在决定对孩子开展饮食疗法时，你最好先向营养师或其他医学方面的专业人员咨询，充分了解潜在的副作用和风险，并确保在此期间孩子正常的营养需求能够得到满足。

孤独症饮食疗法的另一种方式是服用维生素补充剂。作为最早提出孤独症的成因和生物学相关的专业人员之一伯纳德·里姆兰博士是大剂量维生素疗法的支持者，包括大剂量（比典型的维生素补充剂的量要大得多）服用维生素B_6和镁。这两种维生素通常是混合服用的，因为矿物质镁能促进维生素B_6的吸收。此外，有报道称，二甲基甘氨酸是能改善某些孤独症症状的另一种"天然物质"，在很多食品、药品商店里都能买到。许多父母反映，他们的孩子在服用了这些补充剂后，很多行为都得到了改善，包括眼神交流、主动社交、语言表达、情绪管理和攻击性行为。在已经进行的少量研究中，有的使用双盲或安慰剂对照方法，但是结果喜忧参半。几乎所有的研究都有一些明显的局限性，例如只检查了极少量的孩子，没有随机分配组别，或没有采用标准化方法来对变化进行评估。同样，在决定对孩子进行大剂量维生素疗法时，我们也建议要和经验丰富的医生合作，因为维生素疗法很有可能有副作用。而且，某种程度上，医生也不能完全确定这么大剂量的维生素究竟会不会产生毒性。

家庭支持

家庭是孤独症治疗的关键场所，尽管我们把这一主题放在了这一章的结尾部分，但这并不代表缓解家庭压力应该被视为次要的或不重要的。如果之前提到的许多疗法能有效地帮助你的孩子，那么也可以延伸到你和你的家人。对于家庭成员而言，孤独症带来的影响和冲击是显而易见的，因此有可能需要寻求额外支持。在大部分城市里，都有由孤独症人士父母和家人组成的支持或自助团体。经常与其他家长交流也会对你很有帮助，尽管他们的孩子和你的孩子有时情况差异很大，但他们通常比专业人士更了解你正在经历的事，更清楚你需要采取什么措施来解决你家里遇到的问题。这些外界的支持会让你觉得自己并不孤单。毕竟，在孩子刚被确诊的那段时间，几乎所有的父母都会觉得孤立无助。加入和你们有同样情况的家长社群，将会极大缓解你的这种感觉，并且能给你提供很多有建设性的和实际的帮助。此外，你还要多关注和孤独症相关的一些社会活动、书籍、会议和网络资讯等。

在美国，家长可以联系自己所在州为残疾人提供服务的政府机构。通常那里的资格审核过程会比较漫长，因为需要综合考虑很多情况，包括症状的严重程度、孩子的功能水平和年龄、家庭情况（财务和其他方面），以及孩子的病情对家庭造成的影响。根据每个州的规定，如果孩子符合资格要求，就有可能免费获得各种不同的服务，包括职业培训、住宿看护、幼儿园早期干预项目。其中一项喘息服务是指，由训练有素的专业人员上门短期照看孩子，给这些家庭一些喘息的时间。可以这么说，喘息服务相当于请了一位保姆，提供服务的人员不但是受过良好训练、值得信赖的，而且还是免费的。当孩子长大后，所在州的残疾人机构也会给孩子提供职业援助，包括就业培训，帮助他找到并保住工作。此外，当孩子成年后，有很多机构可以提供全辅助或半辅助的住宿安排来帮助孩子，或者孩子也可以选择全新的、自主权更大的居住安排。关于这一主题，我们将会在第九章继续探讨。

　　家庭和婚姻疗法也可能对你有帮助，尤其是在你的家庭正承受着抚养孤独症孩子带来的巨大压力的时候。关于孩子的诊断结果或未来，很多父母可能感到严重的焦虑或抑郁。有的父母会怀疑，在某种程度上是自己导致孩子得了孤独症，因而感到无比自责。有的父母会因为找不到合适的干预服务而感到愤怒和沮丧，而有的父母则会因为抚养孤独症孩子给家庭带来的影响而心生怨恨等。一位经验丰富的家庭或心理治疗师可以帮助你处理这些负面情绪，引导你学会如何应对孩子的需求，使你的生活看上去依然能够保持某种程度的良性循环。如果家庭成员间在基本原则上存在重大分歧，包括干预疗法或其他育儿问题，那么一位家庭治疗师就显得尤为珍贵，因为她能从孤独症孩子的实际需求出发，帮助你建设性地、适应性地解决这些问题，同时帮助理清你面临的不同选择，来解决对应的个人或婚姻问题。

父母是干预的主要负责人

　　作为孤独症孩子的父母，你面临的最大挑战之一是将所有疗法结合在一起，形成一个有凝聚力的治疗方案，来满足孩子的需求，并整合各种资源来促进孩子的发展。比如，你的孩子可能需要在不同的集体环境中进行干预，包括机构的社交技能小组、学校、家里，以及接受语用沟通训练。在这样的情况下，需要有人对每种干预措施不同的目标进行协调，确保所有相关人员朝着共同的方向努力。通常作为父母，你需要承担起这样的角色。

除了这些日常管理以外，随着时间的推移，你还需要留意孩子和家庭需求的变化。任何干预计划不是永久有效的。随着时间推移和干预的进行，孩子的一些挑战性行为会逐渐减少；随着孩子进入新的发育阶段，我们需要的干预或技巧也会发生变化。最好是每隔几年让专业人士对你的孩子重新进行评估，这些专业人士需要在孤独症方面很有经验，并且非常了解孩子的情况，以确保目前的一系列干预计划仍然有效。

然而，对于父母而言，最大的挑战可能是首先决定尝试哪种干预方法。为了给孩子寻找最佳干预方法，大多数父母都感受到了巨大的压力。在此过程中，他们经常会尝试一些新兴的干预疗法，这些疗法往往听上去很有希望，但其疗效尚未得到充分证实。有的父母会不顾潜在的风险和费用，不遗余力地尝试所有可能有效的疗法。但是，在所有可选的干预措施里，包括本章讨论过的，都只有极少数的干预措施得到了充分的研究证实。不时还会有新的疗法又让你重燃希望，通常这些干预措施往往没有试验研究支持，也不会给你提供明确的信息，包括哪些孩子能从中受益、针对的是孤独症的哪些症状、通过什么机制去达到他们声称的效果，以及需要的"剂量"是多少。因此，在尝试任何类似新疗法时，为了确定潜在的风险，你必须要问这些问题：这种疗法对多大的孩子效果最好？孩子是否需要有语言能力才能从中受益？需要花费多少钱？治疗前后都需要进行怎样的评估来确定疗效？此外，你要对那些声称对所有孤独症孩子都有效的疗法保持高度警惕。

在为你的孩子选择新疗法前，和专业人士交流可能会更有帮助，因为他们熟悉孤独症疗法研究的漫长历史。一些之前听说过的"奇迹疗法"一经研究，除了发现其无效以外，研究结果还可能会给你提供一个不同的、更明智的思路。比如，21世纪初期，分泌素被吹捧为可以奇迹般"治愈"孤独症的神药，经过全美新闻节目报道后，引起了极大关注。事实上，除了先前的新闻报道以外，没有任何证据证明其有效。但是，还是有许多儿童接受了分泌素静脉注射。在注射分泌素前后，这些儿童均没有接受过任何检测，来验证之前宣传的疗效。等狂热过后，有多项独立研究对此进行了试验，其中涉及全美数百名儿童。研究结果表明，孤独症儿童注射分泌素并不比静脉注射生理盐水（一种无任何治疗作用的安慰剂）的效果更好。不过，分泌素仍然是迄今为止孤独症疗法中研究得最深入的药物之一。尽管它的疗效后来被揭穿了，但它曾经掀起的狂热提醒人们，错误的信息是如何误导家庭及浪费资源的。

无效的治疗通常成本昂贵，并且还会耽误了采取有效疗法的时机，在最极端情况下，还可能对孩子造成伤害。因此，在尝试新的疗法前，请确保你的问题得到满意的解答，或者你可以请教在孤独症领域拥有丰富经验和专业知识的人。此外，要记得了解一下本地的机构和干预项目，因为他们通常不太可能受到媒体的关注，但很可能也是基于扎实的教育和治疗实践，会对你的孩子有很大帮助。

第二部分

高功能孤独症孩子的生活

第五章

如何发挥孩子的优势——指导原则

在从学校回家的车上，芭芭拉一直握着丈夫荷西的手。他们的儿子阿尔贝托上小学一年级了。这个夏天，他被诊断出患有孤独症。如今老师指出，阿尔贝托在学校和同学及老师都相处不来。他一点儿都不想和其他孩子一起玩，还经常不遵守规则。尽管阿尔贝托很聪明，但他很少做作业，而是整天都在画他最喜欢的电脑游戏人物。如果这种情况继续下去，阿尔贝托很可能要留级。

当车子驶入自家院子里时，阿尔贝托兴奋得连鞋都没穿就跑过来和爸爸妈妈拥抱，告诉他们自己在最喜欢的电脑游戏上取得的成就。看着儿子的笑脸，感受着儿子温暖的拥抱，一想到孩子这么美好的一面，别人却没机会看到，荷西的心里忍不住一阵酸楚。最近，这样的情形经常发生，以至于他已经习惯这种感觉了。他和芭芭拉该如何帮助他们的儿子，才能让儿子在学校里也表现得这么有活力呢？邻居们都知道，阿尔贝托是电脑游戏高手，可是，他们该如何教儿子，才能将他在电脑游戏中展现出的技能也能运用到数学学习、遵守课堂规则和交朋友上呢？

　　当珍妮丝打开纸袋时，不禁会心一笑。纸袋是萨米尔给她的，已经有点皱了。萨米尔12岁了，平时和珍妮丝一起上治疗课程。上课的时候，萨米尔很少和她互动，对她的喜好也基本不发表评论。但是很明显，萨米尔一直在默默留意着她，因为他知道她平时喜欢用什么样的笔；还记得她喜欢哪种音乐，虽然她只是偶尔提起过；有时她不小心把零食落桌上了，他也会小心地帮她放起来。在那个袋子里，有珍妮丝最喜欢的钢笔，钢笔里面的墨水颜色也是她最喜欢的；一包她最喜欢的薯片；一张自制的CD，里面有她最喜欢的歌曲，而且录了50次。萨米尔事先把这些礼物仔细包好，还在纸袋上面用黑色马克笔写上了"JA"字样（珍妮丝名字的缩写）。萨米尔用自己天生的好记性，成功地向珍妮丝展示了他们的关系对他有多重要。从他灿烂的笑容中，珍妮丝能够感受到，对这个高功能孤独症男孩来说，她对他表达谢意是一件很重要的事情。

　　对于像阿尔贝托和萨米尔这样的孩子而言，每天的活动都充满了挑战，就连与别人的日常互动似乎也很困难。作为父母，你眼前的孩子有那么多讨人喜欢的优点，有时甚至会让人眼前一亮，但大家往往视而不见。为此，你需要花费大量时间和精力来帮助你的孩子，使他能符合外界的要求。我们认为，你或许可以停下来，不再把重点放在孩子的缺陷和差异上。本章会为你提供一个新思路，每当你想帮助孩子去探索这个他难以理解的世界时，首先要考虑孩子的长处，然后再考虑孩子的短处。在第六章至第九章里，我们会为你提供一系列具体策略，来帮助你的孩子取得成功，让他享受居家与在学校的生活和社交活动，并且在孩子长大后帮他适应工作场所及其他社会环境。然而，所有的这一切都基于一个简单的原则，就是你可以对孩子的异常行为和独特的思维方式进行引导，尽量使其往积极的方面去发展。

认识并利用孩子的长处，并引导别人也这样做，可以大大弥补孩子的短板，即那些他感到困难的领域。实际上，我们发现，对于高功能孤独症孩子，与其专注于解决他的弱项，不如利用孩子的优势或者学会创造性地利用孩子独特的思维方式和行为特征，这样一来，你往往能找到更多的解决方案。如果你能把大家的注意力持续引向孩子的优点，引导孩子用他的独特方式去适应周围环境，那么，你孩子身上那些优秀的特质也会逐渐被大家所看到，而你和孩子之间的纽带也会因此而变得更牢固。也许最重要的是，你帮助孩子建立了自尊。一个成功能带来另一个成功，拥有成功体验的孤独症孩子，往往比那些感觉生活总是遇到麻烦的孤独症孩子，会更快、更好地适应这个主流世界。

在本书的第一部分，我们讨论了高功能孤独症儿童和普通孩子的不同之处及其背后的原因，以及我们如何帮助他们克服这些问题。毫无疑问，努力减轻孩子残疾的严重程度是这些治疗和干预的一个重要方面，而有些孤独症孩子的症状也的确能够得到极大改善。但我们提醒所有的父母，不要仅仅止步于此。因为，你也可以去调整环境，从而使它适应你孩子的特质。这就是孤独症孩子生活的全部，也是我们所有建议背后的指导原则。具体建议大家会在后面的章节中看到。

在这一章里，我们介绍了高功能孤独症孩子常见的六种优势，并提供一些建议帮助你平时引导孩子运用这些优势。在接下来的章节中，我们也会结合这些方法，对你提出一些建议，帮助你引导孩子适应每个阶段的生活，包括居家和在学校的生活、如何和朋友交往，以及成年后的生活和工作。我们希望，你能把注意力集中到孩子的优势上，且找到创造性的解决方案。

已经有很多针对孤独症孩子的长期跟踪研究，结果表明，他们同样可以过上快乐而丰富的生活。本书前面提到过的天宝·葛兰汀博士，她是高功能孤独症人士，同时也是非常成功的动物科学家。她这样描述自己的成就："我只是发挥了我的天赋。通常，我们把太多的精力放在残疾带来的弱势上。我们需要把注意力转到自己擅长的技能，并搞清楚如何利用这些优势克服残疾带来的困难。"如果孩子能在很早的时候就开始充分利用自己的优势，这将会为他以后的成功奠定良好的基础。

伊内兹是一位35岁的高功能孤独症女性。每个工作日，她都会乘公共汽车去她所在城市的大学。大学入口是拱形的，令人印象深刻，穿过入口后，伊内兹到达了校园内的图书馆。她通常会在档案部门工作一整天，为学生查找文献，并整理图书馆的藏书。伊内兹一直对历史很感兴趣，这份工作给她提供了一个机会，让她可以把谋生和兴趣结合在一起。伊内兹的领导称赞道，伊内兹是他见过的最有效率的员工，并称她对大学档案收藏的知识的了解"非同寻常"。

如果没有父母的帮助，伊内兹不可能取得今天的成绩。伊内兹小时候，她的父母就发现她对历史非常感兴趣，还经常因此而影响到其他课程的学习。研究历史仿佛成了伊内兹生活中不可或缺的一部分，而且从未改变。伊内兹的父母并没有阻止她，相反，他们决定继续激发她对历史的热情，但凡有可能，他们就会想方设法把女儿对历史的热情融入"现实世界"，并且尽量和未来可能从事的职业相关联。在伊内兹读高中时，他们成功说服她的老师，在每门课和许多作业中都加入了历史元素。通过这种方式，伊内兹拓宽了视野，她不仅学习了世界历史，也学习了科学史、计算机史，以及不同语言的历史和演变。他们还让伊内兹参加了一个历史俱乐部，在那里，她遇到了一些成年人，他们从事的职业和历史相关。伊内兹如饥似渴地阅读了大量的历史书，而为了每天晚餐时能和她聊会儿历史，她的父母甚至也在读她读过的历史书。当职业顾问向伊内兹的父母提到图书馆档案管理员的职位时，他们立刻意识到这是一个很好的机会，可以让伊内兹把兴趣和工作有效地结合起来。他们把这个消息告诉了伊内兹，得知档案部门工作的前景后，伊内兹感到欣喜若狂。随后，伊内兹的父母找到学校档案部门相关领导，和他谈及了孤独症及其带来的特殊优势及其局限性。领导对此持开放态度，后来他录用了伊内兹。虽然一开始为了帮助伊内兹熟悉工作场所的规则，大家消耗了一些时间和精力，但伊内兹随后在这个职位上表现出色，后来还被评为部门"本月员工之星"。

伊内兹是一个很好的例子，展示了高功能孤独症孩子利用自己的优势如何在生活中取得成功。关于这些优势本章分为两类：一类是真正的长处和天赋，即本身就对自己有利的能力；还有一类是可以转化为优势的独特行为，需要一点创造力以及观念的转变，才能转化为优势。通常，你的孩子不太可能展示出他所有的长处，或者也没有能力自己把所有的独特行为都转化为优势，但是通过观察，你应该能够确定自己的孩子究竟拥有哪些优势，以及该采取什么样的策略来最大可能地帮助孩子取得成功。

真正的长处和天赋

许多高功能孤独症人士在很多方面都表现出了非凡的能力，包括惊人的记忆力、超强的学习能力（尤其阅读和拼写）和（或）强大的视觉能力。无论是对于孩子顺利完成学业，还是他将来可能从事的职业，这些技能都是非常宝贵的。其实对于所有人来说，拥有良好的记忆力、阅读和拼写能力，以及超级的视觉空间能力，都能带来很大好处。那么，你在孩子身上发现了他的哪些能力呢？

惊人的记忆力

很多人都惊讶于高功能孤独症人士惊人的记忆力，尤其是他们对详细信息和事实的记忆。在某些情况下，这些记忆看起来就和"影像"一样那么完整，即便是有的信息他们只看过一次或者仅仅短暂接触过。有时候，他们大脑里储存信息的绝对数量和精确度也令人叹为观止。

罗伯特是个8岁的小男孩，最近在家里举办的晚宴会上，他告诉客人们："美国铁轨的标准间距是基于罗马帝国战车车轮的原始间距，那是1.42米。"听完他说的这番话后，家里的客人都惊呆了。罗伯特对古希腊、古罗马战争非常痴迷，课外大部分时间，他都没有和邻居的孩子在一起在外面玩，而是在如饥似渴地阅读和这个主题相关的书籍。他完整地记住了书中的很多细节，还经常在餐桌上饶有兴致地和父母分享。父母开始意识到罗伯特拥有超强的记忆力，并鼓励他尽可能地把这种能力应用到生活中去。他们帮罗伯特做了一个列表，上面列举了其他孩子喜欢谈论的话题（包括本地的职业篮球团队和电脑游戏等）。随后，罗伯特把和这些话题相关的很多细节都记住了。这样，他和同龄人交谈时就会显得更自在些。父母还带罗伯特参加了小镇上的拼字比赛，最后他取得了第二名的好成绩。他们还建议老师开始教罗伯特学习乘法表，结果不出几个星期他就都掌握了。父母惊讶地发现，罗伯特出色的记忆力不仅仅局限于记忆古希腊、古罗马战争的细节上，事实上，它还可被运用到其他各个领域。

超强的学习能力

除了有惊人的记忆力外，许多高功能孤独症人士的学习能力也很强，这通常体现在一两个特定领域。对一些孤独症孩子来说，学习和使用新的或复杂的词汇是轻而易举的事情，这在本书的许多示例中都可以看到。很多高功能孤独症孩子的另一个强项是拼写。他们会拼的单词，远远超出他们同年级水平（尽管他们不一定真的理解，因为他们的阅读理解水平通常是和同年级水平一致，甚至低于同年级水平）。

我们可以利用孩子在这方面的优势，去辅导学校里这方面相对较弱的同学。这当中可能会涉及孩子的一些弱项如社交互动，但它有助于提升孩子的自尊，并可能激发他对同伴的兴趣。

> 小学六年级时，诺玛和班上其他同学的关系非常糟糕。同学们经常嘲笑她，而诺玛觉得他们的兴趣爱好看起来都很傻。但与此同时，诺玛学习很出色，尤其是英语。她可以拼读任何单词，有的单词甚至是大学水平。学校心理学家向她的老师建议，让诺玛去辅导那些拼写能力弱的孩子，这也许能帮助她提升自尊。诺玛非常喜欢充当同伴导师这个角色，因为这样不仅可以展示她的才华，还让她感受到了同伴的重视，同时这种社交方式的可预测性和结构化也让诺玛感到非常舒服。

视觉思维能力

许多孤独症人士被我们称为"视觉思考者"，这使得他们在很多事情上拥有超强的能力，比如他们能迅速完成拼图、看懂地图，以及快速了解某个建筑物的布局。天宝·葛兰汀博士在她的《用图像思考》（*Thinking in Picture*）一书中讲述了自己如何将文字自动转化成图片。她描述到，当有人对她说话时，他们的话语会立即转化为一系列的图像，所以她的思想就像一幅幅连着的图像那样，而大多数人的思考是通过语言输入进行的。

但是，我们的世界大部分是由通过语言输入和处理进行思考的人创造的。比如，新闻节目和报纸使用的都是文字，操作手册和招聘启事通常也是靠文字，人们交流互动也是以文字为主。对于基于视觉来思考的人，这无疑为他们的生活增添了很多障碍。但与此同时，有一些事情对他们来说却轻而易举。例如，葛兰汀博士描述了她是如何通过运用脑海里的图像来"测试"奶牛的处理设施。实际上，她在自己大脑里画了张"牛眼视角的图"，亲身体验了奶牛是怎样穿过那些设施的。当然，我们也可以通过对话来进行这种体验，但是很可能会遗漏一些重要的细节。

当然，并不是每一个有超强视觉处理能力的人都患有孤独症。大多数艺术家、平面设计师、插画家、建筑师、数学家和工程师都是视觉思考者。这仅仅代表不同的信息处理方式，而不是一种缺陷，而且这还有可能帮助他们找到未来的职业方向。

> 罗尼是一名患有高功能孤独症的在校大学生，他很早就知道自己是一名视觉思维者。大部分时间里，他都在运用自己的视觉处理能力来提升自己在校期间的表现。但是，直到他开始学习建筑学，他才意识到视觉思维可能是自己的一大优势。在第一次参与设计项目时，他惊讶地发现，他的许多同学都无法及时发现结构中的设计缺陷，直到他们构建了结构模型。而罗尼则能够从一开始就在脑海中设计出图像，并加以仔细检查。他可以从不同角度想象模型的样子，他甚至能够想象到里面的空间设计人们用起来是否方便。他发现，当他创建模型时，他已经能够制订出一个

可行的设计方案。这种优势也有助于罗尼和同学的交往。当同学开始意识到他的这个天赋时，他们纷纷请罗尼帮忙给他们的作品做评估。

你还可以利用孩子的视觉思维方式来教授他概念，解释什么是规则，以及组织活动或预测日常生活的变化等。例如，在教授数学概念时，和口头解释或应用题相比，使用视觉图表或物体可能有助于孩子快速掌握。你还可以和孩子一起尝试运用一种有趣的练习方式来做数学题，比如在教加减法时用巧克力豆，当孩子答对了就允许他把巧克力豆吃掉。同样，你也可以使用硬币，当孩子答对了，他可以把硬币留下来作为奖励。此外，让孩子把解题过程画出来或者让他寻找和写作主题相关的图片，这也可能会增强他学习的动力和能力。

对视觉思维者来说，如果能在脑海中把要完成的任务的图像，和完成这些任务的积极结果的图像联系起来的话，可以成为一个强大的动力。关于这个机制，在第四章中，我们就曾经提到过这样的例子。

安妮的妈妈天天都在为家庭作业和安妮做斗争。每天晚上，安妮都对做作业非常抗拒，因为她更喜欢坐下来画画。每次妈妈尝试跟安妮谈论这个问题，珍妮都当耳旁风。考虑到安妮在视觉思维方面的优势（从她高超的绘画技巧上就能看出来），妈妈决定请安妮帮她把课后日程安排做成图：吃零食、做作业、看视频、上床睡觉。安妮喜欢制订时间表，而且通过自己制作图表了解下一步该做什么，她对妈妈交给的任务似乎没那么抗拒了。如果安妮能准时完成日程表中的所有任务，她就可以在上面画一颗星星。每星期结束时，如果安妮获得五颗星，就可以到艺术品商店去购买新的马克笔或绘图板。这种视觉提醒能帮助安妮意识到，如果她每天晚上能完成作业，那她就可以在睡觉前看视频。日程表还给她提供了一个长期目标，帮助她在整个星期都保持动力。尽管和数学相比，安妮仍然更喜欢画画，但是采用视觉提醒系统后，妈妈对她的唠叨明显减少了许多，而她们也几乎不再为做作业吵架了。

可以转化为优势的独特行为

高功能孤独症还有其他的一些特征，这些特征同样可以为你的孩子带来益处。然而，不幸的是，你经常听到的是很多时候这些积极的特征被认为是缺陷。比如在学校和社交场合中，孤独症孩子通常以自我为中心，做事也比较死板，难以与同龄人相处。但是，如果你从另外的角度去看待，甚至利用这些行为方式，只要再加上一点儿创意和思考，这些也可以转化为孩子的优势。

认同规律和遵守规则

在日常生活中，孤独症人士探索周围世界的方式，通常是通过形成明确的"规则"，或依靠对事物运作模式、人们互动方式以及事件的发展规律的识别来完成的。他们总是能找到事物运作的模式或规则，对于他们分析和提取信息的能力，父母经常也会感到惊讶。曾有一位十几岁的孤独症女孩注意到本书作者（杰拉尔丁·道森）偏爱横条纹的衣服，而作者的另一个同事则更喜欢竖条纹的衣服。虽然杰拉尔丁和他的同事都没有意识到自己有这种偏好，但事实确是如此。虽然我们不能确定是什么样的机制和原理使孤独症人士在人们行为举止中找到潜在的规律，但我们能确定的是，孤独症人士其特殊的对信息的分析和提取能力在起作用。规则、模式、法律和原则能够帮助孤独症人士适应特定的社交场合，让他们在缺乏社交常识的情况下也能做到神态自若且举止得体。

治子是一名孤独症年轻人，大学毕业后，她进入了一家医院工作。在谈及自己是如何成功的，她泄露了自己的"秘密"，即通过观察别人来学习社会行为规则。她提到，在她还是个小孩子时，她就开始密切留意同伴的一言一行，从而找到规律，提醒自己以后遇到事情该怎么说和怎么做。"我观察她们在特定场合时的举动和对话，然后把规则记住了。这样，万一我遇到了同样的事情，我就会知道怎样去做。每次有人告诉我一个规则时，我总是高兴极了！我记得我的妈妈曾经告诉我，当别人在走廊向我表达问候时，我应该注视着他们，同时向他们挥手致意。知道这个规则后，我感到如释重负。"治子解释道。

这种特质使得许多孤独症孩子能够热情地接受现有的规则，并成为遵纪守法的好公民。但是，这些规则必须明确、一致且清晰，否则孤独症孩子可能会挑战其内在的逻辑——而且很可能会反复不停地追问。例如，阿尔贝托总是忍不住问，为什么他和他的同学在走廊上只能步行，可是明显跑步更快啊；还有，为什么在他们玩得正高兴时，要他们把玩具分享给同伴呢……对孤独症孩子来说，这些公共规则和社交礼仪有可能让他们觉得不可理喻，除非他们能弄清楚这背后的逻辑。

你也可以利用孩子对规则和秩序的渴望，引导他分担些家务。做家务对所有孩子来说都可能很难，但是如果你能把做家务和孩子的特质相结合，会容易得多。

特雷尔总是喜欢把东西放在"正确"的地方。当他还是个小孩子时，他坚持把装盐和胡椒的瓶子整齐地放在桌布上，并摆在厨房桌子中间，不然他就会非常沮丧。特雷尔在十几岁的时候，花了很多时间把收藏的岩石和瓶盖按照规则精心地分门别类地整理好，而他的父母永远也无法理解他的规则。由于做事很有条理，父母安排他去修剪草坪，因为他们觉得他应该能做得很好。但由于特雷尔讨厌草坪割草机发出的噪声，所以并没有好好做，以至于草叶看起来没有被切割得很均匀，他感到非常沮丧。后来，父母又叫特雷尔帮他们清理书房并整理文件。在父母把归档系统搭建起来后，特雷尔热情地承担了这项任务，并且成了父母出色的秘书。后来特雷尔在当地的一家二手店找到了工作，他在那里把捐赠物品按类别整理并转售出去。

你还可以利用孩子遵守规则的特质，帮助孩子赢得更多的社交机会。孤独症孩子可能会发现在规则明确的环境下进行社交互动会更自在。桌面游戏就是一个很好的例子。许多桌面游戏不仅规则清楚，还会用到孤独症相关的一些优势，例如记忆力和视觉思维。其他的例子还有益智问答游戏、单词拼写游戏、纸牌游戏和国际象棋等。

对特定领域充满热情和信念

孤独症孩子的父母常常抱怨，孩子总是专注于某些主题或兴趣，以至于影响到了生活中的其他必要事项如学校作业、家务和个人卫生等。但是，这种超强专注力的特质会激发孩子对这些领域的热情，使孩子变得更勤奋，并在该领域取得很高成就。

妮拉的哥哥患有孤独症，因此，当妮拉在幼儿园表现出与哥哥相似的症状后，父母马上带她去了医院，结果她也被确诊为孤独症。妮拉有很多特殊兴趣，电脑游戏是其中之一。她非常喜欢打游戏，还自学了如何对自己的游戏进行编程，且游戏水平高于身边的同龄人。妮拉初中时开始为父母的朋友们制作个性化的电脑屏幕保护程序，顺便挣些零花钱；高二时，妮拉去她所在城市的一所大型州立大学的计算机科学系做志愿者。她工作非常出色，以至于第二年夏天她便在那里获得了一份有薪水的工作。妮拉现在就读于麻省理工学院（简称MIT，美国常青藤大学，位于美国马萨诸塞州），这是她的父母做梦都不曾想到的。要知道，妮拉在幼儿园时还是一个孤独的小女孩，整天在角落里背诵迪士尼动画里的台词。

吉恩也是一名孤独症人士。在他上高中时，他就对化学充满了热情，为此他选修了大学的化学课程。吉恩在课上表现优异，很快成为班上集体讨论中最受欢迎的学生。教授对吉恩对知识的掌握程度感到惊讶，因为他对很多生活物品（比如清洁剂和止汗剂）的基本化学成分都了如指掌，还经常与班上同学分享。在学期结束后，吉恩无意中提到了自己患有孤独症，教授这才知道。对吉恩的教授来说，吉恩的表现不是一种障碍，相反，他认为吉恩掌握的知识非常有价值，而且还很实用。

孤独症人士对于自己的特殊兴趣爱好始终充满热情，使得他们捍卫自己信念的意志似乎也很坚定。因为在面对相反的想法或论点时，他们几乎从不动摇。

兰妮对能源再生和环保科学十分着迷。在课余时间，她对如何减少垃圾及增加回收材料的使用进行了研究。初中时，当她第一次找校长谈及她的想法时，校长并没有在意。但是，兰妮继续频繁地向几位老师阐述自己的想法，接着又拜访了校长办公室好几次后，校长才最终采纳了兰妮的建议，采取措施对学校的环境进行了一些变更。虽然一开始周围人对此并不感兴趣，但兰妮的奉献精神和热情打动了他们，最终社区的环境也得到了改善。

如果可能的话，尽可能将孩子的兴趣融入学校的活动中去。如果你能坚持让孩子广泛参与这些活动，就能最大化地利用孩子的兴趣，从中引导孩子找到未来的工作或职业的方向。例如，阅读课可以侧重于那些孩子感兴趣的主题，英语或写作作业可以修改为允许孩子写他感兴趣的领域，数学应用题也可以根据孩子的特殊兴趣做相应改动。又比如，你可以用孩子喜欢的物品清单（例如喷水灭火系统的零件），或者用孩子最喜欢的餐厅的菜单，来教孩子金钱的概念。你还可以让孩子制作一个时间线，来记录她感兴趣的领域中的重要发现（例如动物、计算机、地理）。关于如何利用特殊兴趣来激发孩子在课堂上的学习动机，我们还会在第七章中进行介绍。在第九章中，我们还将探讨如何将孩子的兴趣与未来的职业相结合。

你还可以将孩子对某个主题的特殊兴趣，用作他完成家务、作业或其他一些他平时不喜欢的日常活动的奖励。正如关于学习原理的经典格言所说的那样，"有价值的东西绝不能随意给予。"换句话说，就是要找到孩子的兴趣所在或者利用他喜欢的东西作为强化物，并让孩子努力去获得它。例如，只有在孩子刷完牙、把睡衣穿上后，才允许孩子观看他最喜欢的火车视频或者他喜欢的水暖器材目录。如果你的孩子喜欢玩电脑，那么在学校时，老师可能会做出规定，孩子具体能玩多长时间的电脑要取决于他完成了多少数学题。值得一提的是，在限制孩子接触他喜欢的主题或活动时，有一点很重要，就是要使目标切合实际，来确保孩子能经常获得奖励。比如，对于像前面案例中安妮这样的孩子，他们更喜欢绘画而不是做作业，那么，做完一星期的功课后获得奖励，这可能就足够了。但是对于年幼的孩子和那些注意力集中时间很短的孩子（或者孩子在完成更不情愿的任务时），就需要增加奖励的频率。通常刚开始时，奖励要频繁些，随着孩子习惯了这种模式，即需要为自己喜欢的东西或活动付出一定努力，你可以逐渐让奖励淡出。

关于如何利用孩子在特定领域的热情，还有一种办法就是找到和他有共同兴趣的同龄人。这会为孩子带来新的社交互动机会，可以帮助孩子从中练习如何与同伴交往。

> 托马斯是一名孤独症少年，别人给他介绍了一位朋友——约翰。约翰发育正常，比他小几岁。两个男孩见了面后马上就打成了一片，因为他们发现彼此都对工程学原理及其在环境领域的应用很感兴趣。两个男孩子一起花了很长时间，精心设计出了"拯救世界"的机器草图。在此期间，他们之间的友谊逐渐加深。因为喜欢有人能倾听自己的想法，托马斯变得更加灵活，在和约翰的互动中他学会了压制自己的控制欲，以免导致约翰不快，而这些都是以前在人际交往中托马斯经常会出现的问题。

寻找具有共同兴趣的同伴的最佳方法之一就是，找到和这些兴趣有关的俱乐部或团体。对于爱好天文学或太空旅行主题的孤独症孩子，到了科幻小说俱乐部或相关主题的电视节目的粉丝俱乐部那里，他会感觉如鱼得水。因为在这些场合里，良好的记忆力和对某一特定主题拥有的大量知识储备是一种资产，可以提高自己的社会地位。例如，一个孩子对幻想类纸牌游戏非常感兴趣，但他很少和同学们进行社交活动。事实上，这种兴趣还经常给他的社交活动造成干扰。然而一到周末，他就特别期待能到俱乐部参加比赛，期待在比赛中与其他和他有同样兴趣的孩子进行互动。他描述道，比赛是他唯一感到自己

"真正融入"社交活动的时刻。又比如，另一个对读书痴狂的孤独症孩子，开办了自己的读书俱乐部。俱乐部的每次读书活动都会预先安排讨论主题，帮助他为社交互动做准备，确保他知道到时要说些什么。在第八章，我们还会继续探讨如何把孩子对特定领域的热情，运用到社交场合中去。

和成年人相处融洽

孤独症孩子往往很难和同伴相处，因为在他们看来，同龄人的行为很难预测或反复无常。相比之下，成年人的言行举止相对固定，而且也更愿意配合别人。因此，许多孤独症孩子更喜欢和成年人相处。而孤独症孩子的一些特质，包括喜欢使用复杂的语句以及拥有特殊的兴趣爱好，也使得成年人很乐意有他们的陪伴。

> 有一天，约翰父母的朋友到约翰家里做客。约翰系好衬衣最上面的纽扣，把头发捋平后，就兴奋地下楼去和他们见面了。约翰喜欢与人交谈，但他在学校和其他孩子互动时却经常遇到困难。同学经常取笑他，这让约翰感到很困惑，有时他们甚至还拿他谈话的主题来开玩笑。但是一直以来，约翰和他父母的成年朋友相处得很好。在约翰看来，他们谈论的事情更有趣，而且他们从来都不会取笑他。在约翰很小的时候，父母就注意到他的这种偏好，因此他们经常邀请朋友到家里来做客，并鼓励约翰参与大人们的谈话。父母发现，尽管这种积极的社交互动不是和同龄人进行的，但每一次经历了这样的情形后，约翰对社交互动（无论是和成年人还是和同龄人）的兴趣就会增加一些，在和别人互动时也会表现得更自在。在最近一次去疗养院的班级旅行中，约翰成功地把他和成年人相处的经验运用到了同学身上，这让他的父

母很高兴。当学生们被要求与老人们打成一片时，许多人感到害羞或者不确定该怎么做。这时，约翰则毫不犹豫地向老人们介绍自己，老人们都很喜欢他，而且约翰对他们的关注也让老人们感到很开心。约翰的同学都被这一幕震惊了，因为这与约翰平时和他们互动时表现出的犹豫对比实在太明显了。在看到约翰的另一面后，在接下来的拜访中，同学们纷纷围在了约翰身边。这让约翰有点儿不适应，但通过运用与成年人相处的技巧，他成功地把自己的不适感掩盖住了。

发现孩子的长处

认识上面列出的六个特征，对于发现孤独症孩子的潜在优势是一个很好的起点。但值得一提的是，要识别一个人的优势，并不总是那么容易或简单。同样，要找到那些通常表现为短处的行为，然后通过引导转化为长处也是不容易的。比如，如果你的孩子经常喋喋不休地分析某款游戏里的角色，这就会对他正常的社交互动和家庭计划造成干扰。这时，你通常很难意识到，这种行为其实体现了孩子的记忆力是多么强大。我们建议，父母在仔细观察孩子在各种场合的行为表现时，要考虑以下几个问题。

• 你的孩子喜欢什么？在业余时间里，她选择做什么？她平时都问你什么问题？她告诉你的事情都有哪些？她会让你为她买什么东西？你的孩子在学校里最喜欢哪些科目？她对什么类型的家庭活动最感兴趣？

• 你的孩子做什么最能取得成功？想想你的孩子目前在哪些方面做得很好或曾经获得过成功？你的孩子在学校里在哪些科目上取得过特别好的成绩？你的孩子是否虽然擅长拼字比赛或算术，但在做应用题或回答阅读问题时经常遇到困难？你的孩子是否在某些特定的社交场合比其他场合表现得要好？他是否也能和一群孩子玩棋盘游戏，却不和邻居的孩子一起骑自行车？成年人是否经常说你的孩子很迷人，而对他与同龄人相处不来感到困惑？

•你的孩子不介意做什么？另外，考虑一下你的孩子最不喜欢什么？这可以提供很多信息。比如，当你在看报纸时，你的孩子是否愿意帮你查字典，但会要求你帮她做最简单的算术题，例如"这个月还剩下几天？"又比如，你的孩子可能拒绝修剪草坪，但不介意整理客厅里的小玩意儿或收拾碗碟。

把你的观察结果记录在日志里，这可能会对你有所帮助。不需要太详细，只需每天或每星期列出你的孩子看起来喜欢、愿意做或做成功的事情，以及这些事情是在什么背景下发生的。你也可以向老师或平时照顾孩子的人打听，在学校或课后班里孩子都喜欢和擅长进行哪些活动。把从其他人那里得到的答案和你自己的想法做比较，以便更全面地了解孩子的行为，看看是否有一致的地方。

根据孩子的年龄和能力，他也许能够参与到挖掘自己优势的过程中。你可以针对孩子独特的特性，和他进行一次开放式讨论，这有助于他建立自尊。一位经常和孤独症孩子接触的心理学家说，这就像为孩子创建"操作手册"一样。首先，你要和孩子说明你决定创建这样一个手册，来帮助他更好地了解自己，并帮助其他人更好地理解他；然后列出你已经留意到的孩子喜欢且擅长的事情，问孩子是否同意，并问他是否还能想到哪些其他长处。如果孩子在此需要帮助，你就举出一些他可能的优势事例来（例如，"你是不是擅长阅读？""你喜欢把每件东西都摆放整齐并放在固定的地方？""当我去学校时走错了路，你总能发现并告诉我吗？"）。

最后，检查你的观察记录，看看能否找出其中的模式或主题。你可以参考我们所描述的优势列表，但也要考虑其他可能性。你看到孩子成功的领域有什么共同点吗？你的孩子喜欢的活动类型有共同的特征吗？你的孩子对哪种活动最感兴趣？在孩子喜欢或愿意做的事情里，有没有反映出他超强的记忆力、学业能力或视觉思维能力，以及对秩序和规则的渴望、对某一类话题的热情或更喜欢和成年人来往？

　　请记住一点，每个孩子都是独一无二的，而你的孩子显示出的优势可能与我们在本章中提到这些最普遍的优势不同。也许你的女儿语言能力很强，那就说明对她而言，语言解释会比视觉图表效果更好。也许你的儿子渴望安静，并表现出冷静、温柔的性格，这可能会使他成为从事动物相关工作的理想人选。总之，要考虑到所有的可能性。我们的主要目的是，从孩子的喜好、倾向、长处和热情中，寻找主题和共同点，然后把它们转化为孩子的优势，运用到孩子所有的日常事务中去，包括做家务、遵守纪律、发展积极的家庭关系，以及参与学校和未来的工作。

　　之所以要利用孤独症孩子与生俱来的独特能力，还因为有许多现实的考虑。首先，利用孩子的天赋可以使你和你的孩子的生活更容易。需要再次强调的是，把注意力放在孩子最重要的优点上，可能有助于提升孩子的自尊。当许多孤独症孩子意识到自己的短处时，都会感到非常痛苦。为了试图克服这些困难，他们花了很多额外的时间和精力去练习，无论是在学校、家里还是在训练师那里。人们虽然经常与这些特殊孩子互动，却往往都忘了强调他们在许多领域表现得多么优秀。把重点放在你的孩子擅长的事情上，可以让你对孩子产生好感，也可以使孩子的自我感觉变得好起来。对你的孩子来说，长期专注于自身的优势和天赋，能对提升动机和自尊，以及带来成就感产生长期的积极影响。在本书接下来的各章中，我们会给你提供具体的指导方针，指导你如何利用孩子的长处去克服在不同场合中孩子可能会遇到的困难，包括在家庭、学校、工作场所等。

第六章

高功能孤独症孩子的居家生活

　　成为孤独症孩子的父母，会是一件极具挑战性的事情。你需要花很多时间和精力去管理孩子的治疗和干预、协调孩子的教育，还要充当孩子的社交教练，去改善孩子和同伴及亲戚的关系。居家过日子按说能轻松一些，但是情况往往并非如此。孤独症儿童独特的个性使他们在家里也会遇到很多困难和挑战，包括和家人的互动、每天做家务等，就像他们在学校及其他社交场所中遇到的困难一样。

　　在本章，我们提供了一套育儿策略，以处理孤独症儿童家庭中常见的具有挑战性的行为，包括抗拒完成家庭作业和家务、抗议改变日程、难以接受家庭规则。由于孤独症孩子做事的动机和其他孩子不同，因此，我们会运用不同策略来规范他们的行为，让他们通过不同的方式学会正确的行为。然后我们来看看，以一天比较困难的时间段（例如上床睡觉）为例，告诉你如何建立日程，使得每件事情之间的过渡变得简单，并帮助你的孩子完全融入日常家庭生活中。

　　当然，你的高功能孤独症孩子不是家庭中唯一需要关注的成员。在工作中，我们接触过很多孤独症孩子的父母。经验告诉我们，要照顾到家庭中的每个人的需求——包括孤独症孩子的父母和兄弟姐妹是非常必要的。这能有助于保持健康的家庭氛围，并为你的孤独症孩子提供最有利的生活环境。所以，本章还为你提供一些建议，帮助你在居家生活中应对养育孤独症孩子的繁重任务的同时，还能够满足其他孩子的需求，以及你自己的需求。

最重要的准则：一致性

当你在阅读这本书时，毫无疑问，书里提到的案例，你很可能在家里也经历过。当情况发生改变时，孤独症孩子的反应会很大，因为他们喜欢周围的世界固定而有规律，并且是可预测的。因此，作为父母，你应该始终将一致性放在首位，包括你的育儿方式以及你建立的家庭日程表。让家里的事情始终如一、有规律和可预测，这会减少孩子的困惑和焦虑，并有助于促进其积极行为的发展，而且，这也有助于你把家打造成所有家庭成员温馨的避风港。正如我们在第五章中讨论的那样，许多孤独症孩子的记忆力和遵守规矩的能力都很强，这通常使他们很容易就把日程记下来，并且会忠实执行。这是居家生活中利用你孩子长处的绝佳方法。

在努力把居家规则保持一致的同时，你如果能把居家规则和惯例与孩子在其他环境（比如教室）中的规则和惯例保持一致（或者相似），那么效果会更好。这也意味着，你需要和老师、保姆、教练及其他可能照顾你孩子的成年人协商和沟通，确保所有人都同意采用相同的规则和惯例对待你的孩子。这无疑是个艰巨的任务。但是你要知道，对于孤独症孩子而言，要他们去弄清楚不同环境的所有规则，其面临的挑战会更大。即便我们不可能让所有人都完全采用相同的行为规则，至少我们可以确保把某些指令作为基本原则固定下来，例如"不能打人"和"未经大人允许，不可以离开房间（或大楼）"。对于有攻击行为的孩子，如果每次他身边的大人都能够迅速做出反应，那么他会慢慢开始了解，在不同场合里的一些基本行为准则。反过来，如果每个环境的规则都不一样，那么，光是搞清楚这些规则就让孤独症孩子的精力耗费得差不多了，那他基本也没心思去想如何应对了。为此，你需要不断地与老师及其他照顾孩子的大人进行沟通与协作，来确保这些基本规则得到贯彻。

理解挑战性行为

有些孤独症孩子偶尔会表现出一些具有挑战性的行为，例如打人、尖叫、乱发脾气，反复争论甚至自伤（例如打自己的脸或咬自己的手）。对许多父母来说，尤其是当你和你的孩子在一起的时候，如果他的情绪爆发了，你会觉得那些问题行为就是孩子本身自带的，而自己可能只是刚好赶上了。如果你认为孩子的目的就是做出这些挑战性的行为，那你的目标也就会是设法将它压制下去。你要对这些行为立刻做出反应。然而，你要记住一点，孩子的这些行为并非随机发生的，其背后是有目的的。大多数时候，孩子是在试图向别人表达他的需求和意愿。所以，如果你想阻止孤独症孩子的挑战行为，你需要先确认孩子正在试图以它传达什么信息。一旦你了解了这些，你可以引导孩子在当时的情形下如何采用其他更健康、更适合的方式来表达自己的诉求。这就是行为管理方法的基础，称为"行为功能分析"，就是通过分析问题行为背后的原因，来设计应对策略去减少这样的行为。在第四章中，我们就曾经介绍过这套系统的方法。下面我们将对功能行为分析中的步骤进行介绍，同时还提供了一些建议，告诉你该如何把它运用到日常生活中去，以消除孩子的挑战性行为。顺便说一下，无论问题行为发生在哪里，都可以采用这些步骤来应对，包括在家里、学校、工作场所或小区里。出于统一规则的考虑，以下这些步骤不仅仅限于父母使用，老师、治疗师和在场的其他人也可以使用，以应对孩子在其他场合的问题行为。

步骤1：尝试弄清楚孩子试图表达什么

孩子们试图通过挑战性行为表达的诉求有很多，常见的诉求包括以下五种。

- •孩子表示困惑及需要帮助：

"这对我来说太难了。"

"这让我感到困惑。"

"我不记得应该做什么。"

- •孩子想要表达某种感觉：

"我饿了。"

"我病了。"

"我很生气/伤心/害怕。"

- •孩子想回避目前的情形：

"这个我不喜欢，我想离开。"

"这种情况对我来说过于刺激了。"

"我需要一些私人空间。"

"我什么时候才能完成？这还有多久才能结束？"

- •孩子对事物的同一性、可预测性和规律的强烈需求：

"这些新的（或非结构化的）活动让我感到不知所措。"

"我希望事情和以前一样。"

"我不想停止做我正在做的事情（例如最喜欢的活动）。"

"我不确定接下来会发生什么。"

• 孩子想得到某些东西或其他人的关注，但不知道怎么做：

"给我那个（物品、食物等）。"

"我很无聊，想要得到你的关注。"

"我想和你一起玩。"

当孩子表现出类似不恰当的行为时，你要问一下自己，是否可以在孩子的行为中觉察到上述他想表达的诉求。作为父母，你比任何人都更了解自己的孩子，而类似的情形这些年可能已经在很多场合中都发生过。出于本能，你可能很清楚孩子想要表达的信息，但事情往往并不总是那么容易。下面的一些建议能帮助你更好地理解行为功能分析是如何进行的，这些建议都是受过行为功能分析培训的专业人员曾经实战运用过的技术。

要注意问题行为发生的具体情形和背景，同时还要注意问题行为所导致的结果。坚持记录一个星期，然后寻找其中可能存在的规律和要素。用一张分为三栏的纸来记录，可能会对你的观察有帮助。在左边一栏，描述行为发生前的情形或背景；在中间一栏，描述具体的行为；在右边一栏，记录行为出现之后发生了什么。下面的表格就是一个例子。

表 4　父亲记录下了迈克尔的问题行为

情　形	行　为	后　果
10月9日，下午7：30 爸爸告诉迈克尔去把电视关了，准备睡觉	迈克尔开始大哭，并砸沙发	爸爸把电视关了，然后把迈克尔拖到房间里，期间迈克尔不停地哭闹，还踢了爸爸

续表

情　形	行　为	后　果
10月10日，下午6：30，晚饭时	迈克尔发怪声、做鬼脸	爸爸叫他离开餐桌
10月10日，下午8：10，迈克尔在看电视，爸爸告诉他到睡觉时间了	迈克尔打自己头并大喊："我讨厌上床睡觉。"	爸爸拿出他的睡衣并提醒他要换睡衣了
10月11日，放学后，迈克尔妹妹的朋友来家里玩	迈克尔打了妹妹，还推了她的朋友	妹妹打电话给爸爸，然后爸爸让迈克尔到自己房间去反省
10月12日，下午6：00，在餐桌旁坐着	迈克尔捏了妹妹	妹妹大喊"住手"，迈克尔听到后反而笑了。爸爸问迈克尔玩儿的电子游戏当天打到第几关了

　　连续记录几天后，你可能会找到一些规律。比如，一天中的某些时间或某些情形是否经常在表格中出现？这些具有挑战性的行为是相似的还是不同的？你可能会注意到，虽然这些行为每天表现得都不同，但它们发生时的情形都是相似的。迈克尔经常在晚餐时惹麻烦，当妹妹有朋友来家里玩时也是如此。在这些情况下有什么共同点吗？查看上面列出的五种常见的行为，并根据迈克尔的行为猜测其想表达的诉求。也许在这种情形下，迈克尔需要更多的关注或者他想和别人互动，但不知道该怎么去做。当迈克尔意识到上床睡觉的时间到了时，他也很容易心烦意乱。也许他需要更多帮助，或者不想离开他最喜欢的消遣活动——看电视。这些假设为我们如何改变这些行为提供了一些很好的线索，我们将在接下来继续讨论。

　　如果你的孩子已经足够成熟，另一种方法就是你可以与孩子一起探讨他的这些行为背后的原因。许多孤独症孩子很难表达自己复杂的感受，但如果你能提供清单或多项选择来帮助他们回答问题，那他们可能愿意并且能够表达自己的动机。例如，当一名高功能孤独症少年被问及为什么从来都不理睬照顾她的护理人员时，她从不会给出任何明确的回应，但是当治疗师帮她把不理睬别人的原因列成一个清单（适当地添加一些搞笑的成分）并要求她排序，这时她能够阐明自己的动机。通过这个策略，她的治疗师就能够了解她行为的动机，并制订了相应的计划，使护理人员的互动方式对她更具吸引力。

步骤2：考虑如何改变这些情形，才能使孩子不需要在第一时间表达他的需求

以下是一些例子，说明了某些情形是如何被改变的，使得上面提到的因沟通产生的问题减少或者完全消除。

• 如果你的孩子在理解一种情形时表现出困惑或不理解，要考虑如何使这种情形变得更容易理解、更具体、更常规或更可预测。例如，你可能需要简化任务（将其分步进行或降低期望值）、重复你的指令或把指令简化，或提供视觉辅助（例如把指令写下来或用图片表示）。

• 如果你的孩子想要表达的是一种感觉或者令他不愉快的身体状况，要尝试帮助孩子恢复健康状况。喂他吃东西，给他量体温，与医生预约检查是否是由药物的副作用引起，或确保他拥有良好睡眠。

• 如果你的孩子想要表达的是自己不知所措、过度兴奋，和（或）想逃避某种情形，要考虑尽可能地回避这种情形或减少花在上面的时间。对于无法回避的情形，可以尝试调整活动中最令孩子反感的部分，使孩子更容易接受。此外，事先用文字或者图表对孩子进行充分提醒，使孩子对即将要发生的事情有足够的心理准备。如果孩子表现得好的话，事后可以给予奖励。

　　每个星期天早上，阿玛莉亚和家人都要开车去教堂。每次在去教堂的路上，阿玛莉亚都会不停地抱怨。她的父母知道，教堂活动的时间过长且人太多，这会让她感到压力很大。由于阿玛莉亚很难清楚地表达自己的感受，所以她总是想方设法地试图拖延去教堂的时间。进入教堂活动开始后，阿玛莉亚也经常要求去洗手间。后来父母给阿玛莉亚制订了一个规则，如果在教堂活动期间她的干扰行为不超过两次，那么在回家的路上他们就会去她最喜欢的冰激凌店买冰激凌吃。他们甚至把阿玛莉亚最喜欢的圣代冰激凌的图片剪下来，这样在教堂里她就可以拿着它提醒自己要为目标努力。此外，父母也做了一张表4那样的表格，并连续记录了两个星期天。从而他们发现，每当唱诗班开始唱歌时，阿玛莉亚就要去洗手间。于是他们一家就决定坐在教堂后面，尽可能远离唱诗班，并在唱歌开始时允许阿玛莉亚戴上耳塞。

• 如果孩子总是在活动转换（通常是从孩子喜欢的活动转换到另一项活动）时出现问题行为，就要确保有给孩子提供足够的信息（例如显示活动顺序的图片或文字），让孩子对即将到来的转换有心理准备。此外，还要提供大量的提前预警（例如使用计时器），并允许孩子在结束当前活动时有一些标志性仪式（例如，把东西放到盒子里代表结束、允许孩子把当前的电脑游戏玩儿完）。向孩子解释清楚接下来会发生什么并提供帮助，引导他完成转换。

　　在参照表4记录一周后，迈克尔的妈妈意识到，对迈克尔而言，准备入睡是最困难的时刻。她会提前告诉迈克尔，让他把电视关了，并准备上床睡觉，甚至允许他看完他最喜欢的电视节目。但是，不可避免地，迈克尔还是会变得非常沮丧，开始反复问问题，例如询问有关上一个电视节目的问题，还会大哭，有时甚至变得好斗。只有当妈妈停下自己手中的事情，并一步步地引导他完成睡前准备活动所需的每个步骤，他才会冷静下来。这提醒了妈妈，也许迈克尔早些时候表现出的沮丧和苦恼正是他想寻求帮助的表达方式。她也意识到，这些例行公事的每一步例如刷牙和穿睡衣，对迈克尔来说都不难，但是要把每一个步骤的任务都按照顺序独立地完成，这对他来说则很有难度。由于迈克尔阅读能力很强，妈妈决定绘制一张图表，列出睡前准备活动所需的一系列步骤，并鼓励他在完成每一个步骤时都要先检查一下图表，确认每个步骤都完成了。这不仅提高了迈克尔对自己行为的安排和组织能力，同时也让他很有成就感。

• 如果孩子出现的挑战性行为是想表明他渴望引起关注或想与其他孩子进行社交互动，那么，我们要为孩子提供充足的社交活动机会，例如参加一些俱乐部的活动。如果你的孩子以恰当的方式尝试与其他孩子主动开展互动，那要留意对方是否有回应。如果你的孩子被忽视了，则要考虑采取哪种方法能使孩子主动互动从而赢得同伴更积极的回应（例如可以像第八章提到的那样，给孩子固定一个一对一的玩伴）。如果你的孩子想要获得一个物品，那可以把这个物品尽可能地放在他能看到的地方；或者制订一个计划，要求孩子先完成一项他不是那么喜欢的活动之后才能获得那个物品。

拉尚喜欢玩电脑游戏，每天他都会玩很多次。如果父母没有马上给他电脑用，他就会反复地发问，有时一小时里就问上百次"我可以玩电脑游戏吗？"他的父母真的感到快要疯掉了！遵循"有价值的东西绝不能随意给予"的原则，他们决定允许拉尚每天使用电脑10次，但需要完成一些他不是那么喜欢的事情，比如，做10分钟的作业、把碗放到洗碗机里或者刷牙。拉尚很高兴可以如此频繁地使用电脑，从此他基本不再缠着父母要电脑用了。

步骤3：教导孩子用更恰当的行为表达自己的需求或愿望

如果在采取步骤2的措施后，孩子仍有表达信息的需要，那你需要帮助孩子使用更恰当、更容易被别人接受的方式，去表达他的需求。这些方式既可以是口头陈述，也可以是积极的非语言方式，比如：

• 当孩子对作业感到困惑而尖叫时，可以教孩子举手、摇铃、侧过来坐，或进行其他一些非语言的动作来表示他需要帮助。

• 当你要求孩子布置餐桌时，他会咬自己的手，这时可以教孩子说"我需要帮助"或"这太难了"。

• 当孩子感到难过或者因为想回避某种情形而打人时，可以教他说："我不喜欢这样。"

• 当你告诉孩子关掉电视准备睡觉时，孩子会大哭、砸家具，这时可以教孩子说："我想先看完这个节目再去换睡衣。"

• 当孩子通过碰触别的孩子的方式来表示他想和别人进行互动时，可以教孩子说："我也可以玩吗？"

• 当孩子需要休息时，可以教孩子举起一张表示"停"的交通标志图片，而不是叫骂或毁坏教具。

每当爱德瓦多做作业感到沮丧或无聊时，他就会起身离开房间，然后拒绝再回来。妈妈觉得他做作业中间需要休息几次，但也担心休息太多的话，作业就完不成了。她给了他5张卡片，卡片上写着"休息3分钟"。妈妈告诉爱德瓦多，从现在开始，如果他想休息，他唯一要做的就是说"我需要休息一下"，那他就可以立即休息3分钟。了解了这个规则以后，爱德瓦多觉得他的作业处理起来更容易了。尽管需要大量的练习和提示才能让爱德瓦多学会自己提出休息的要求，但这个策略最终成功地帮助他

学会用恰当的方式来满足自己的需求。随着时间的推移，妈妈逐
步把卡片的数量从5张减少到了2张。同时，她还逐渐延长了爱德
瓦多要求休息和正式开始休息之间的时间间隔。每当爱德瓦多要
求休息时，妈妈会说："好的，再做2（3或6）道题，你就可以
休息了。"通过这种方式，妈妈不但成功教会了爱德瓦多用新学
到的、更恰当的方式进行沟通，同时也兼顾到了他的功课。

步骤4：练习新的沟通方式

你可以通过以下3种方式来和孩子练习新的沟通方式：

• 给孩子示范用更合适的短语或非语言方式来表达需求。

• 模拟适用的情形，让孩子练习新的短语或行为。

• 在某些情形下，提醒（提示）孩子使用新学的短语或行为。

　　文森特有一个习惯，当他在操场上玩玩具时，如果同伴靠
近他正在玩的玩具，他就会去推人家。妈妈告诉他，不可以这
样做，如果不想让别人动他的玩具要这样说："我现在正在玩这
个玩具，我玩完了之后你就可以玩了。"为了帮助文森特掌握这
项技能，妈妈进行了示范。首先，妈妈让文森特接近她，并尝试
触摸她正在玩的玩具，然后妈妈对他说了这句话。接下来，他们
互换角色，把相同的情形又演示了一遍。然后，妈妈陪文森特到
操场上玩。当他在其他孩子旁边玩时，妈妈就在旁边观察。当她
看到类似情形马上就要发生时，即文森特很可能又要把同伴推开
时，她赶紧提醒他说之前他们练习过的那句话。当文森特说了那
句话后，她确保那个同伴做出了积极回应，即停止索要玩具的请
求。最后，她与文森特的老师商量，建议老师在教室和课间休息
时也使用同样的做法，这样他们就可以使用相同的规则来处理文

森特不恰当的行为。老师同意文森特在学校练习使用那个句子，并表示如果有需要的话，她会提醒文森特。

步骤5：孩子使用新学的策略时，要通过满足他的需求来奖励他

你必须确保孩子新学的沟通策略与原先的办法一样有效。如果孩子的尖叫或重复抱怨举动，比他说出"我想看完这段视频"或者比他出示休息卡更有效，那么他就几乎没有动力去使用新学的策略了。如果孩子使用了恰当的方式进行沟通，那就应该先赞美他（"我很高兴你学会使用新的词语"），然后尽可能立即奖励孩子，以确保对沟通的积极反馈。

• 当你的孩子请求帮助时，请立即为他提供帮助。

• 如果孩子要求离开某个场合，请马上允许他休息。

• 如果孩子要引起你的注意，请停下你正在做的事情，并花一些时间和精力与他互动。

如果你坚持这样做，你的孩子将了解到，在满足他的需求方面，这些新学的适当行为和挑战性行为同样有效，甚至更有效，而那些挑战性行为正是你想要孩子减少的行为。

步骤6：确保挑战性行为不再能够有效地满足孩子的需求

确保孩子只能用你教过的新方法来满足自己的需求，而没有其他选择。在问题行为发生时，选择忽视，但提示孩子用新的方法去沟

通。例如，如果孩子每次都想通过尖叫来回避某个场景，你可以提示他应该使用适当的话语，但在他尖叫时不允许他离开。

> 伊万娜的女儿麦克拉11岁了。麦克拉有一个习惯，每次她想要引起兄弟姐妹和同学的注意时，她就会去碰触人家。在她还小的时候，这种行为似乎还算合适，甚至显得挺可爱的。但是现在她即将进入青春期，妈妈担心这会激怒同伴，并可能使男生们误会麦克拉。伊万娜向麦克拉解释了为什么这种行为不恰当，并教她说："嗨，最近怎么样了？"伊万娜给麦克拉做了示范，还和她进行了角色扮演，来练习这个技能。伊万娜还与其他孩子提到了这个新策略。伊万娜说，如果麦克拉继续碰触他们，不要理会，但如果麦克拉说了伊万娜教她的话，就马上给予她回应。这就确保了麦克拉不能再用以前不恰当的行为获得关注，这样她学会的新策略才有意义。

我们描述的步骤很简单，但这个任务并不轻松。毕竟，要把孩子的挑战性行为转变为更恰当的方式来满足他的需求，这并非易事。至关重要的是，你要与孩子一起练习，并确保适当的策略比挑战性行为管用。有的父母感叹道，当他们试图改变孩子的这些挑战性行为时，却发现这些行为发生的频率似乎在增加。虽然这似乎违反常理，但实际上是一个好兆头。当孩子们发现自己原来屡试不爽的策略行不通时，他们通常会花双倍的时间和精力为实现目标而做最后的努力。这表明孩子已经意识到，事情已经在发生改变，这或许是自己最后的机会了。哪怕孩子的问题行为再频繁、再强烈，只要你坚持不对此让步，那么孩子行为的转变也许很快就会开始。

正面管教策略

你可能发现，对于孤独症孩子，很多通用的管教策略并不适用。他们的自我管理技能往往很弱，也可能缺乏判断自己的行为是否恰当的能力。虽然周围有很多信息都在暗示他们的行为是不恰当的，但他们可能也接收不到。当他们言行不当时，他们也不会像其他孩子那样感到尴尬。他们也没有意愿去表现得好一点，来取悦大人们。

> 罗纳德10岁，他的哥哥皮特比他大4岁。每当罗纳德的朋友来家里玩时，他们都愿意与皮特交谈，谈论他精通的电子游戏。皮特其实不喜欢和弟弟的朋友聊天，但是他患有孤独症，不知道该如何恰当地表达自己的感受，所以只会将罗纳德和他的朋友们推开。每次皮特推开了弟弟的朋友后，妈妈就会把他送回到他自己的房间进行反省。实际上这反而成了对他不当行为的"奖励"，因为此时皮特正好想要清净一会儿。

独自反省的方法通常适用于发育正常的孩子，但可能对孤独症孩子不适用。一般情况下，对于孤独症孩子，以下策略会更有效：

* 制订一套具体规则，并在执行中保持一致。
* 把你对孩子的期望写下来，甚至可以用图片来说明，以确保孩子知道你对他的期望。像穿衣服、刷牙和布置餐桌等任务，最好将其分解成几个小步骤，并且把这些步骤以图片或书面形式展示出来。如果孩子对图片的反应最好，那就使用相机把每个步骤拍下来，并将照片贴在孩子的房间里或家里其他地方。
* 向孩子描述你期望他做的事情，而不是那些他不应该做的。例如，"把手放在腿上"，而不是"不要打人"。这能使你的指令更积极，并防止形成唠叨。实际上，这也使孩子对有建设性的替代行为有

了印象，为你以后的引导做铺垫。

•建立早上和晚上的作息常规。如有需要，用文字或图片把规程列出来（通常称为"活动时间表"——具体可以参见第四章中的示例）。为了给每个活动设定明确的界限，在活动开始时可以发出信号，活动结束时可以使用计时器提示或视觉提示（例如，将玩具放回箱子里）。此外，在活动即将结束时，要给予明确的提示（例如，说"计时器马上就要响了，到时你就需要把电脑关了"）。

•把孩子喜欢做的活动，作为孩子完成不喜欢活动的奖励（例如，"刷完牙后，你就可以看恐龙书"）。

•通过建立明确的规则，限制孩子沉迷于无意义事情的时间。例如，允许你的孩子每天晚上问3个关于他最喜欢的话题的问题，或者每天晚上只能玩一定时间的电脑。

应对一天中的困难时刻的策略

早 上

对大多数孤独症儿童的家庭来说，早上是特别困难的时间段。从睡眠转换到醒来，再从家里转换到学校，在这段时间里，孩子特别容易出现唤醒不足和唤醒过度的问题。许多孩子都觉得学校生活很有压力，尤其是早上，感觉像逃生演习一样。一个有效的策略是，在前一天晚上尽可能做好准备，确保第二天早上的心情不会干扰日常活动。例如，通过在睡前摆放好衣服并把学校的东西整理好，这样早上的固定流程就能减少两项。

尝试用不同的方法唤醒你的孩子，可能有助于他们从睡眠状态顺利转换到警觉状态。观察你的孩子对不同唤醒方式的具体反应，包括人、蜂鸣器或收音机的声音。有的父母发现"渐进式"的闹钟很有用，因为这种闹钟最开始提前10分钟响，然后提前5分钟再响，最后在起床时间再响，使孩子有足够的心理准备。

用餐时间

对有孤独症孩子的家庭来说，用餐也是让他们很头疼的事情。许多孩子都会挑食，这个问题可能由于饮食特殊或者因为孩子对食物的稠度和质地比较敏感。许多父母担心孩子的营养摄入量，因此对这方面会特别关注，孩子则会把这视为争取控制权的机会。在这种情况下，进餐会变成一场真正的权力斗争。许多父母发现，在引入新食物时，一段时间只能引入一种，一次只吃一口，这样会比较有效。对一些孩子来说，节奏可能还要更慢才合适。例如，你可以从孩子能够接受你把新食物放在桌子或盘子上开始，到闻到食物的味道，再到用手指或用嘴唇触碰食物、舔食物、将食物放到嘴里，最后咀嚼并吞下它。许多孩子对某些食物可能需要好多次的引导才会接受。一些研究表明，改变饮食习惯可能需要观察两周或更长时间。因此，你要有耐心，让孩子有足够的时间来适应新食物。

如果你非常担心孩子的营养摄入可能不足，你可以采取如下措施：首先，请儿科医生检查孩子的身高和体重，看看孩子的生长发育是否在适当的范围内。如果你想知道从哪里入手补充孩子的营养，可以把孩子的饮食记录下来（一定要获取有关他在学校吃了什么的信息），并向营养师咨询。此外，如果你决定对孩子实施特殊饮食，事先向营养师咨询也很重要。

值得一提的是，父母并不总是能准确地了解孩子的饮食。例如，桑德拉是个8岁的女孩子，她患有高功能孤独症。在她妈妈的印象中，女儿只吃椒盐脆饼和芝士。在咨询医生时，妈妈发现桑德拉的身高和体重都很标准。于是她向老师询问桑德拉在学校的饮食习惯。她了解到，桑德拉在学校通常能把午餐都吃完，其中包括蔬菜和牛奶。

保持用餐时间一致对孩子也很有帮助。这可以帮助你的孩子知道接下来会发生什么，并把用餐纳入他的日常流程中。对一些孩子来说，如果能制订用餐时间表或每周菜单、提高用餐的可预测性，这样会更有帮助。吃饭的时候，把孩子吃的饭和其他家人吃的饭一起端到桌子上（假如你的家人每天晚上都能一起用餐）。如果你的孩子选择不和大家一起吃饭，那就明确告诉他，他那天晚上可能会没机会吃晚饭了。这种做法会迫使你的孩子遵守用餐时间表，这有助于他逐渐地适应健康的饮食模式。你还可以利用孩子对规则的渴望设定明确的规则（例如，"大家一起吃饭"），那么你的孩子就会对跟家人一起吃饭更期待。

对那些习惯吃饭时跑掉的孩子，让他们靠墙坐可能会有所帮助。这使得他们很难到处走，迫使他们坐下来吃饭。你还可以采用之前"理解挑战性行为"部分给出的一些应对策略。例如，孩子在家里走来走去的目的是什么？如果在晚餐期间为孩子提供几次短暂的休息，这会有帮助吗？如果用计时器来显示孩子需要坐多长时间才能离开餐桌，这会有帮助吗？如果为孩子提供晚餐对话的主题或脚本（请参阅第八章），使他可以更恰当地和家人一起互动，这会有帮助吗？当孩子需要坐着等其他人吃完时，如果你给他一些东西可以让他握在手里，或者放到桌子底下让他去挤压玩儿，这会有帮助吗？

课后时间

对许多已入学的孤独症孩子来说，放学后的这段时间是另一个困难的转换时期。关于最适合的课后活动，没有绝对的标准。不过，"一致性原则"在这里同样适用。作为父母，你是自己孩子的干预专家。对你的孩子来说，上学是一件充满压力的事情吗？在紧张的一天过后，她是否需要一些时间独处来释放这一天的压力？或者你的孩子精力非常充沛，由于在学校被迫坐了那么长时间，她需要一些时间四处奔跑来消耗能量吗？如果你的孩子在放学时还保持着学习状态，你应该"随大流"，让她一回到家就做作业吗？想想最合适你的孩子的课外活动是什么，并每天保持一致。

就寝时间

让孩子顺利就寝，这个任务也很艰巨，尤其是研究表明很多孤独症孩子存在睡眠困难。把就寝的流程固定下来，比如在同一时间上床睡觉、在准备睡觉时做同样的事情，这对所有孩子都有帮助，特别是那些孤独症孩子。当就寝时间临近时，如就寝前的20分钟或30分钟内，反复提醒孩子该准备睡觉了。为了帮助孩子放松下来，请确保他睡前进行的活动都是比较安静的，例如阅读。还有一种策略可以帮助孩子放松，就是在你关掉孩子卧室的灯前，花点时间和孩子一起待在卧室里陪他入睡。如果某次孩子睡觉前你选择坐在床边，那就要确保你每天坐在孩子床边的时间都一样。还有要确保你在场不会使孩子太过兴奋，不然孩子清醒后很难入睡。有的孩子如果事先知道你在他们睡着后会再查看，他们会睡得比较踏实。

要确保卧室的舒适。对一些孩子来说，在房间里保留他们最喜欢的物品是很重要的。不过对于其他正常孩子，这可能会导致注意力过度分散或过度刺激。有些孩子喜欢伴着柔和的灯光或舒缓的音乐入睡，而另一些孩子则需要绝对黑暗和安静才能睡着。

如果你尝试了这些建议后仍然发现孩子有睡眠困难，要考虑带孩子去儿科医生那里检查，通常医生可能会建议用其他技术或药物来帮助孩子改善睡眠。本书第四章还介绍了一些其他的策略，比如为就寝时间制作可视化流程图。

家庭出游

对大多数家庭成员来说，郊游和度假都很有趣。然而，对孤独症孩子来说，家庭出游可能意味着常规被打破、接下来的活动不可预测，而且还要适应新的地方以及和不熟悉的人打交道。由于这些原因，孤独症孩子会为此感到焦虑。父母可以尽量通过事先计划让孩子知道接下来将要发生什么，来减少孩子的压力；也可以尝试卡罗尔·格雷的"社交故事"方法，即向孩子展示一个故事，这个故事以图片和文字的形式描述即将要发生的事情（关于如何使用社交故事方法可以参见第八章）。例如，当全家正计划去某个游乐园玩时，而你孩子对此感到忧虑。你可以访问游乐园的网站并把停车场、入口以及一些游乐设施的图片打印出来。然后，你可以用这些图片来设计一个简单的故事，帮助你的孩子知道将要发生的事情。先和孩子一起把故事读几遍，然后全家再一起去游乐园。现在已经有很多现成的社交故事，既适用于娱乐活动，也适用于非娱乐活动，例如去看医生。本书最后的资源部分也包含了关于社交故事的信息。

在带孩子适应新的体验时，可能需要一步一步地慢慢来。首先用视觉提示（例如前面的社交故事）让孩子对新体验有一个初步了解，然后再安排孩子短暂到访新地点或进行新活动。随着时间的推移，你的孩子可能会对新活动感到更适应，到时你就可以考虑延长游玩的时间。

家务劳动

鼓励孩子帮忙做家务对每个父母来说都是一个挑战，包括养育高功能孤独症孩子的父母。孩子不喜欢做家务这很正常，所以我们要尽最大的努力去给家务增加点儿乐趣。为了让孤独症孩子更能接受做家务这件事，可以把家务纳入他们每日或每周的例行活动中。同时，尝试把家务的每个步骤流程化。利用孩子视觉能力强的优势，可以把家务中的每一步都通过文字列表或图片表示出来。例如，要教一个孩子如何倒垃圾，可以把每一步都用图片展示出来，包括把垃圾袋拿出来、系好、把垃圾袋放进垃圾箱，再放进去一个新垃圾袋。和孩子一起照着清单做几次，帮助他熟悉倒垃圾的步骤。

在给孩子分配家务时，选择合适的家务也很关键，这点我们在上一章也讨论过。最开始让孩子接触家务时，建议从简单且容易完成的任务开始。只要有可能，选择那些和孩子长处相匹配的任务。

埃文是一个12岁的孤独症男孩，他平时喜欢把周围的东西按顺序排好。埃文有4个兄弟姐妹，他们发育均正常。埃文的家经常乱得看起来像刚被龙卷风扫过一样。于是，妈妈决定把每天整理客厅家具和咖啡桌的任务分派给埃文。埃文最初拒绝接受这项任务，后来得知这可以为自己带来额外的玩电脑时间，这才勉强同意了。妈妈很快发现，整理客厅实际上能让埃文变得平静。这样的安排不仅使埃文能帮忙做家务，而且还起到安抚作用，并获得玩电脑的特权。

对于年龄大点儿的孩子，父母不妨分配一些杂务，用来练习与未来职业相关的技能，例如归档、洗菜、准备烹饪原料等。

家庭作业

　　制订结构化的家庭作业时间表，以便孩子每天都能在同一时间和同一地点做作业。实际上，将这些信息放在可视化的时间表上是有帮助的。它能提醒孩子即将发生的事情，也有助于孩子记住做完作业后会发生更多有趣的事情。对于某些孩子，可能有必要把家庭作业进一步结构化。当一个孩子同时要完成许多不同的任务，他可能不知道该如何处理才好。如果孩子分不清每项任务的轻重缓急，可以帮他列一张表格，把家庭作业按照优先次序排好。通过制订具体的行动计划，使得在孩子眼里这个任务并不是那么难以应付。关于教孩子安排学习任务（包括家庭作业），在第七章里有更详细的建议。

　　许多孤独症孩子很容易分心，因此，他们需要一个不受干扰的学习场所，这些干扰包括噪声、杂乱的环境以及其他家庭成员。你也可以根据孩子注意力的集中程度以及学习风格，为他量身定制一种方法。对某些孩子来说，最好能一次性完成所有作业。其他孩子往往觉得那样太痛苦了，对于这类孩子最好是把作业分配在小段时间内来完成。有一位家长为他的孩子设置了一个作业计时器。如果孩子能连续做作业30分钟且表现良好，就可以玩5分钟电脑作为休息。或者你可以让孩子在每完成一项作业或一个科目后休息一下。给孩子提供休息或其他形式的正强化（可以是喜欢的食物或可以用来兑换更大的奖励的代币），从而增加孩子的动力。父母也可以利用作业本身的强化作用，因为很多孤独症孩子对学校的特定科目非常感兴趣。比如，先要求他完成他不太感兴趣的科目，最后才可以做他最喜欢的科目的家庭作业。

　　值得一提的是，有的孤独症孩子在精细动作和感统方面存在的问题也会影响到他们做作业。对他们而言，写字是一项艰巨的涉及精细运动的任务，而为了完成作业，他们需要写大量的字，这使得写作业看起来就更令人生厌了。在解决这类问题时，我们需要尽可能发挥创造性和灵活性。例如，询问孩子的老师，看是否可以在电脑上完成作业或者是把答案录下来，而不是写下来（具体内容我们在第七章还会详细探讨）。有时，孩子的感官敏感性也会对完成作业造成影响。有一些孤独症人士会很不适应某些光照条件下的阅读。对此，你可以尝试不同的光照水平，看看在哪种光线下你的孩子感觉最舒适。

由于家庭作业是家庭与学校之间的桥梁，在学校和家庭之间保持一致性的原则就显得特别重要。通过与孩子的老师交流，你可以了解老师在学校里都成功运用了哪些策略。同时，你也可以把在家里行之有效的策略和老师分享。父母和老师之间的沟通，也可以促进家庭作业规则的一致性。如果你孩子的老师允许孩子每20分钟休息一次，你在家里应该使用相同的安排，而不是每30分钟才休息一次。如果孩子答对问题，老师用贴纸或打钩的标记来做强化，那你在家里也应该用同样的方式，而不是代币。正如本章前面所述，当在好几个场合都采用同一规则时，孩子会比较容易知道接下来会发生什么，也就有可能表现得更好。

保持良好的家庭氛围

兄弟姐妹

努力确保孤独症孩子的兄弟姐妹的心理健康，是孤独症儿童家庭的父母最应重视的事情之一。如果孤独症孩子的兄弟姐妹也具有良好的态度，那么他们就可以成为父母最大的盟友，来共同照顾孤独症孩子。他们可以成长为孤独症孩子的好朋友，可以为孤独症领域的服务树立良好榜样，尤其可以帮助孤独症孩子理解我们的社交世界。当兄弟姐妹之间彼此能够相互扶持，会极大地提升整个家庭的幸福感。

对很多发育正常的孩子来说，有一个特殊需求的兄弟姐妹似乎并没有什么顾虑。克莱尔是一个孤独症男孩的姐姐，她说："克拉克有特殊需要，但并不意味着我也有。"她一直都很爱自己的弟弟，而且她对同伴说弟弟对自己从不是一个负担。她很喜欢和孤独症人士在一起，会寻找其他机会和他们接触，例如在特奥会上做志愿者，有时甚至把她的朋友也带去。他们都感到从中受益良多。最终，克莱尔和她的一个朋友都从事了和特殊孩子教育相关的职业。

当然，孤独症孩子的兄弟姐妹也会面临一系列的挑战。

沟通和交流

和孤独症孩子的兄弟姐妹进行沟通时，你要遵循的最重要的原则是诚实和开放的态度。家中发育正常的孩子可能有各种各样的疑问：他为什么不和我说话？她为什么要做那些奇怪的事情？他为什么不和我玩？她是不是讨厌我？我也会得孤独症吗？哥哥有孤独症，是因为他小时候我和他打架造成的吗？通常，随着家中发育正常的孩子对孤独症知识了解得越多，他们对自己的孤独症兄弟姐妹的理解程度就会更深，之前对孤独症的误解也会减少，包括孤独症是否会传染、为什么会得孤独症之类的问题。无论他们的感受是正面的还是负面的，我们都要确保留出时间和他们开展公开、坦诚、客观的讨论。在讨论对话中了解孩子在家里和在学校的经历。比如，他们不理解哪些问题；有一个患孤独症的兄弟姐妹，都给他们带来了哪些积极和消极的影响；等等。作为父母，你本身就可以作为一个很好的榜样，积极面对并接受你孩子的特殊需求，但也要表明，自己有时也会感到沮丧或出现其他负面情绪，这些是不可避免的。最近的一项研究表明，即使父母与他们发育正常的孩子就孤独症进行了讨论，大多数正常孩子对孤独症还是有很多误解，或对孤独症的一些基本情况不太了解。换句话说，虽然很多问题你已经和他们解释过了，但这并不意味着他们就理解了你所说的一切。这时，和他们开诚布公地交谈，可能会有所帮助。此外，不能仅仅只有一次简单的对话，而是应该经常地、持续地开展讨论。

促进你和家里发育正常的孩子沟通的一个积极的方法是，让他们参与讨论如何帮助你的孤独症孩子。当然，这并非对所有孩子都适用，但一些思想较为成熟的儿童和青少年，他们是可以为父母提供有用建议的，比如关于孤独症孩子的社交活动及在学校的表现等方面。你可以让发育正常的孩子参与到孤独症孩子的干预计划中，这也有利于整个家庭的和谐。

负罪感和过度的责任感

一些孤独症孩子的兄弟姐妹可能对自己要求过高。他们可能会尽力去帮助有特殊需求的兄弟姐妹，以至于影响了自己的学业或社交生活。一些心理学家把这种现象称为"小父母"效应，即发育正常的兄弟姐妹开始表现得像大人一样去照顾别人。为了防止这种情况发生，你需要多注意，平时在家及学校里不要过多依赖他（们）帮你照顾孤独症孩子。

随着孩子成长带来的思维变化，你们家中发育正常的孩子也可能在情感上变得脆弱。兄弟姐妹之间关系变得有点紧张是自然的，这甚至能提高他们的适应能力，因为他们可以从中学习如何解决与他人的冲突。有的孩子还会产生负面情绪，有负罪感，觉得自己总是"无能为力"。尝试帮助你的孩子理解这些感受都是很自然的，最重要的是他们如何去应对。他们可以埋怨：毕竟爸爸妈妈要把更多的注意力放在孤独症孩子身上。父母应该做到的是，理解他们的想法，对所有孩子的爱都是一样的。

同等的关注、活动和纪律

家中正常的孩子都会认为孤独症兄弟姐妹获得了更多父母的关注。这是因为孤独症孩子往往有一些特殊需要，而且他们在很多事情上需要额外的帮助才能完成，而这些事情对发育正常的孩子来说，通常是很容易做到的。尽管如此，我们还是要采取一些措施来避免发育正常的孩子因为感到自己被忽略而心生怨恨。你们可以对孩子们采取分而治之的策略，这样能确保同时应对所有孩子的需求。如果你是单亲家庭，要向朋友或亲戚寻求帮助，让他们帮你一起照顾孩子，这样你可以更灵活地分配自己的时间。重要的是，你对发育正常的孩子要坦诚，让他（们）了解，你曾经为他（们）所做过的一切，并且向他（们）保证，你对所有的孩子都一视同仁。每天花一些时间和你发育正常的孩子单独相处，即使时间很短暂。比如可以在例行就寝时间或晚上的其他时间，询问他（们）一天的经历、感受和顾虑。每月指定一两天，专注于你发育正常的孩子的兴趣，并在那几天里找到其他人来照顾家里的孤独症孩子。你做这些都是在表明，家中所有的孩子对你都很重要。

你们还会面临的另一个问题是因为孤独症孩子的特殊需求，经常会使得整个家庭的活动受到限制，这会引起孩子间的矛盾。举个例子，你们全家一起到一家室内游乐园玩，大部分孩子在这里都能玩得很尽兴。但是对一些孤独症孩子来说，噪声、视觉刺激和人群会使他们难以承受。为此，家长最简单的应对办法是，以后避免参加此类活动。但是，这种做法会使你发育正常的孩子产生不满情绪。同时也会减少孤独症孩子的经历和体验，可能使他的行为更刻板。因此，当你在针对家庭活动制订计划时，要确保兼顾到每个人的兴趣。如果由孤独症孩子的偏好来决定家庭活动，这是很不妥的。

纪律是另一个所有孩子很难得到公平对待的领域，更何况有时为你的孤独症孩子设定不同规则和期望是有必要的。而这很容易会让其他孩子形成一个印象，即有特殊需要的兄弟姐妹如果表现不佳，是不会被惩罚的。关于这个问题，有两种解决方案。首先是认真审视一下你的家庭纪律的执行情况——也许你的其他孩子是对的，你确实对孤独症孩子太宽容了。仔细检查家里的规则，确保对每个孩子的期望值尽可能保持一致，除了极个别特殊情况以外。例如，如果你发育正常的孩子必须要通过做家务来赢得喜欢的东西，请确保你的孤独症孩子也承担一部分家务，即使这些家务简单些。其次，对于确实需要区别对待的情况，要把具体原因向你发育正常的孩子解释说明。了解了原因以后，正常的孩子就不再怨恨父母和家里的孤独症孩子了。

同伴关系

许多父母担心，有一个孤独症兄弟姐妹，会影响到发育正常的孩子和同伴的关系，而他们的同伴反应差别很大，表现出冷漠的、关切的都有。你应该教会家中发育正常的孩子如何向别人解释孤独症并表达自己的感受。你还可教孩子一些谈话策略，帮助他在和别人讨论这个话题时能让人感觉舒服。你也可以邀请孩子学校的一些朋友到家里来玩，让他们了解作为孤独症的兄弟姐妹都会受到什么影响，前提是你要事先和孩子商量好。这有助于消除孩子的那些朋友们的好奇心，并使他们对孤独症也有更准确的认识，甚至可以让他们成为你孩子的盟友，在学校为你的孩子提供帮助和支持。这样的孩子在长大后，会成长为更有爱心、更有同情心、更包容的人。

有一些父母认为，当发育正常的孩子的朋友和孤独症孩子互动时，要设好界限。这既可以让孤独症的孩子从社交中受益，也可以让家中发育正常的孩子体会到独立的友谊。我们可以创造条件，在特定时间里让所有孩子都可以一起互动，例如叫大家一起吃零食或允许他们一起玩电子游戏或进行集体运动。同时，要确保你发育正常的孩子有机会和自己的朋友单独相处。有的父母发现这样做会很有帮助：当孩子们一起在公共空间玩时，这是公共时间；而当孩子的朋友进入了孩子房间时，这就变成了私人时间。尊重发育正常孩子的友谊非常重要，它不仅可以保持其他人对孤独症儿童家庭的良好印象，还可以促进社会的健康发展。

个人生活

前面我们已经讨论过帮助孤独症孩子适应日常居家生活的策略。这些策略对家中发育正常的孩子也很重要。你应该了解一下，孤独症孩子对家中其他孩子的居家生活产生了哪些影响。例如，当其他孩子睡觉或者做作业时，孤独症孩子是否会制造太多噪声？要注意确保所有家庭成员的习惯和需求都得到满足。

我们听到过有很多孩子抱怨，家中的孤独症兄弟姐妹对他们的私人空间不够尊重，还会随意拿走他们的私人物品。鉴于孤独症孩子很难分辨个人界限，也不太会觉察别人的感受，所以你需要对这种情况进行干预，并确保发育正常的孩子有一个"安全的"私人空间，来存放他们的贵重物品和私人物品。这个空间可以是一个抽屉、一个壁橱或者一个禁止其他孩子进入的房间。这样做会让孩子感到自己的兴趣得到了尊重。同样，你也要为家里的孤独症孩子准备一个特别的安全空间来存放他的"宝贝"。

额外支持

有几本书是专门讨论孤独症孩子的兄弟姐妹的话题：桑德拉·哈里斯和贝斯·格拉斯伯格合著的《给孤独症儿童兄弟姐妹的家庭指南》（*Sibling of Children with Autism: A Guide for Families*），里面提供了很多策略，教你如何引导孩子理解孤独症，如何帮助他们就这个话题分享自己的体会。很多图书和网站有适合不同年龄段的资源，旨在帮助孤独症孩子的兄弟姐妹应对这种情况带来的独特挑战（请参阅推荐资源部分）。如果发育正常的孩子很难接受自己兄弟姐妹的残疾，心理咨询有时能起到一定作用。在美国的一些地区，有专门为孤独症孩子的兄弟姐妹设立的互助群体。这些群体为孩子们提供了一个舒适、友善的环境，让孩子们互相学习，同时让孩子与其他有类似经历的人交朋友。

父母要关注自己

孤独症被认为是让家长最难接受的诊断之一。也许是因为我们对致病原因知之甚少，许多父母会本能地感到内疚。父母在收到孩子孤独症的诊断后得抑郁症的并不少见。很多父母婚姻关系变得紧张，导致特殊儿童家庭的离婚率比普通家庭要高。因此，有一点很重要，你不仅要考虑到孩子的需求，还要考虑自己的需求。对你的孤独症孩子来说，你是最重要的支柱，你的状态越好，越能给孩子提供更好的支持。

你首先要照顾好自己，每天尽量抽时间做一些自己喜欢的事情。每周你可以与配偶轮流休息一个晚上，放松一下或与朋友约会。如果你是单亲父母，那每周也尽量请信得过的人帮助照顾下孩子，保证你可以有喘息、放松的机会。

人都需要被关注，一段关系也是如此。孤独症孩子的父母，很难拥有夫妻之间珍贵的二人世界。长期忽略夫妻关系会对家庭中的每个人都产生不利影响。夫妻双方最好能深入沟通，并就孩子的干预治疗达成共识，这能极大地减轻彼此的压力。要做到这点有时很困难，你可能会发现有必要聘请专业人士例如你孩子的医生或治疗师，讨论并决定干预方案。

如果你的伴侣不是孤独症孩子的亲生父母，维持双方关系可能会更加困难。对于正在约会或有新关系的单亲父母，他们经常会为不能随时守在孩子身旁而感到痛苦。正如我们一直强调的，照顾好自己和照顾好孩子，二者同样重要。如果你长期处于孤独状态、感到自身的需求得不到满足，并迫切渴望和其他成年人交流，那你对孤独症孩子会越来越缺乏耐心。在照顾孩子的同时，争取挤出一些时间与其他成年人互动，包括和你的伴侣享受浪漫时光。在给你的新伴侣介绍孤独症信息时，如果他感兴趣，你最好是先提供少量信息。在结构化的环境下，鼓励他和你的孤独症孩子互动，这样能突出孩子的技能。很多人对孤独症有刻板印象，因为他们对孤独症不够了解，而对于即将成为你生命中重要一部分的那个人，要消除他对孤独症的刻板印象，这点很重要。尽量帮助他了解孤独症人士独特而有趣的一面。正如你已经知道的那样，和孤独症孩子相处并不总是那么容易，但也并非总是那么困难。

无论你是单亲家庭还是双亲家庭，你都应该充分利用周围互助团体的支持，这些团体大多是由孤独症孩子的父母组成的。他们通常可以给你提供一些宝贵的经验，来帮助你应对类似的挑战。在家长们会面时，有的团体还提供临时托管服务，这就给父母提供了难得的"喘息时间"，并为孤独症孩子建立了一个非正式的社交团体。参加互助团体最重要的好处是，你有机会与其他有类似经历的家长相处，并对彼此遇到的困难进行沟通。当你意识到自己的处境并非原来想的那么糟糕，你会感到宽慰，同时你也可以向热心的家长取经，学习他们的成功经验。

如果你在所在的地区找不到互助团体，可以考虑自己创建一个。有些父母因为经常会在孩子的学校或治疗师那里见面，久而久之就自然形成了一个非正式的互助小组。每个月在其中一个家庭安排一次聚会，让父母有机会讨论问题并互相提供支持。

可以肯定的是，在孤独症孩子的家庭里，每个家庭成员都会承受一些压力。然而，通过运用本章提供的策略，我们希望你和家人可以更好地专注于喜悦、欢笑的时刻和取得成就的机会，这样也可能让你的特殊孩子从中受到鼓舞。

第七章

高功能孤独症孩子的学业

约瑟夫8岁了，上小学三年级，他的朗读和拼写水平是同学中最好的。他还是计算机方面的"天才"，每次老师登录电脑或者打开文件夹遇到问题时，他都能够帮老师把问题解决。老师很喜欢约瑟夫，对他的天赋一直感到惊讶，还叫他去帮助一位没怎么用过电脑的同学。当约瑟夫在演示如何使用鼠标和上网搜索时，他笑得好开心。在一次班里的才艺表演中，约瑟夫给大家展示了他如何对着镜子倒着读《纽约时报》，即把报纸放在镜子面前，然后他对着镜子读。然而，约瑟夫在其他许多方面都存在问题。他有时会曲解读到的内容，常常在大声、快速且准确朗读完一段课文后，却连简单的问题都回答不了。约瑟夫可以心算三位数的减法，却经常搞不清楚午餐需要多少钱，或者别人应该找回多少零钱给他。约瑟夫的字写得很差，并且他拒绝使用铅笔，所以他的老师允许他在电脑上完成作业。他的桌子乱糟糟的，堆满了他忘记交的材料、没完成的作业、吃过的东西和凌乱的小玩意。他经常看起来没有在认真听课或沉迷在白日梦中。当老师下达集体指令时，约瑟夫安静地坐着，仿佛在想着什么事情，而此时，他周围的同学纷纷把作业本拿出来，翻到了老师指示的页面。约瑟夫经常抱怨无聊，因为课上学习的很多东西他都不感兴趣，但他特别喜欢地理课。为此，他的父母请求老师调整约瑟夫的作业内容，使其能涉及地理方面的知识，但是老师不确定这么做是否意味着对约瑟夫过度迁就或者会让他在同学中更显得另类。

当汉斯·阿斯伯格首次描述像约瑟夫这样的孩子时，他特别强调了他们特殊的认知能力和严重的学业缺陷，说"这些特殊的人必须要用特殊的教育方法……这是对心理学和教育学提出的至关重要的问题"。早在1940年，他和利奥·凯纳就对这种现象进行了描述，也就是今天我们所说的孤独症。在那时，他们就已经意识到，对于孤独症孩子，通用的教育方法不是那么有效，因此需要采取特殊的方法来确保他们能发挥出自己真正的潜力。在这一章中，我们将要讲述如何帮助高功能孤独症儿童及青少年发挥他们的特殊优势，尽管可能存在认知上的挑战，但他们依然可以取得学业上的成功。

高功能孤独症人士的认知和学业能力概况

我们在第五章里提到，高功能孤独症人士通常在认知方面有天赋，而在第二章里我们也提到，高功能孤独症人士同时在很多认知领域存在困难。约瑟夫是一个典型的例子（尽管不能代表全部），他在某些领域具备很强的学习能力，其中有的是处于同年级水平，有的甚至高于同年级水平。但与此同时，他在很多其他领域存在缺陷。约瑟夫几乎能读出他见过的任何单词，但有时并不理解这些单词的具体含义。这表明他在阅读时，他的阅读解码能力与理解能力之间是没有联系的。同样，在数学上，他了解加法和减法的规则，甚至已经会背乘法表，但他无法将这些技能应用于现实生活中，并根据常识去使用它们。对于其他孩子很感兴趣的事情，他基本没有动力去学。对于约瑟夫而言，取得良好的成绩并获得老师和父母的认可似乎并不重要。

约瑟夫面临的最大困难之一，是很难进行组织、计划和目标导向活动（经常称为"执行功能"技能）。约瑟夫经常做白日梦，这使他错过了老师说的很多事情，以至于经常搞不清楚自己应该做什么。虽然，和患有注意缺陷多动障碍的孩子比，他可以不受外界刺激的影响，但是他总是会完全沉浸于自己的想法，以至于经常跟不上班级的节奏。约瑟夫对时间管理也不擅长，做事情很慢且没有条理性。因此，他上课时经常跟不上进度，导致晚上要花好几个小时才能把作业做完。他的组织能力也很差：当他坐下来做作业时，他总是忘记了完成作业需要的某样东西。有时他把东西落在学校，他回去找，却很快就又被别的东西吸引住，结果一个小时过去了他什么也没找到。约瑟夫的背包总是乱成一团，以至于他经常找不到准备上交的作业——他没有认识到作业的重要性。圣诞节时，约瑟夫在学校为家里做了一个圣诞节装饰，结果到了次年二月中旬他才想起来把礼物带回家，因为那时他才在桌子底下发现了礼物。约瑟夫经常容易对细节纠结，导致难以分清主次。他经常前言不搭后语，或过度专注于一些无关紧要的事情。例如，有一次在写读书报告时，他花了很多时间试图搞清楚作者的出生日期，以至于他不能按时完成报告，即使他妈妈为了帮助他熬到了半夜。

高功能孤独症孩子在学业上的优势和缺陷都很突出，这和很多老师熟悉的学习障碍有很大区别，例如失读症（也称阅读障碍，是最常见的一种学习障碍）。与约瑟夫的表现相反，有阅读障碍的孩子由于在语言听觉方面的严重缺陷，他们无法把单词读出来，同时他们也很难把单词和声音对应起来；当老师要求他们朗读课文时，他们会显得非常吃力，经常停顿，还读错词，或者很多单词不是跳过就是靠猜测。尽管如此，有阅读障碍的孩子通常在阅读课文后可以完美地回答课文后的所有问题——这种能力简直不可思议，因为他们在朗读课文时错得太多，读出来的东西几乎和课文的内容毫无关系。

对于阅读障碍的情况，通常老师们在参加培训时都有听说过，也知道该如何解决。但是，很多老师从来没有遇到这样的孤独症学生：他能完美地大声朗读文章，却不理解文章的内容。另外，高功能孤独症孩子的组织和计划能力缺乏，这在学习障碍的儿童中却不常见。老师常常很难相信，一个在很多方面都如此聪明的孩子，居然会"忘记"很早之前就计划好的郊游活动，或者无法预测完成一项任务要用到哪些材料。由于这样的学习困难相对少见，因此，对于高功能孤独症孩子，即使是最善解人意的老师和父母也因此感到十分沮丧。有时这会导致他们对这些孩子行为的误解，或者做出负面归因——比如，他很懒惰、固执、故意不听话，甚至和老师对着干。许多老师甚至是一些父母，都觉得孩子"会做，但就是故意不做"。这种看法对孩子可能是有害的。它不仅容易导致孩子和老师之间形成敌对关系，更糟的是，这可能会妨碍孩子在学校里获得应有的服务或教学调整，而这些服务能帮助他们在学校甚至在以后的生活中取得成功。这种态度也可能会影响到孩子的自尊心，以及他们对学校的感受。

孤独症和学习障碍

虽然，孤独症带来的认知挑战与学习障碍带来的认知挑战之间存在很大区别，但也不排除孩子同时拥有这两种障碍的可能性。尽管孤独症孩子同时存在阅读障碍的情况不多见，但偶尔也会发生。如果你的孩子在单词拼读（即把单词读出来）上遇到困难，那就需要带他去做阅读障碍方面的专业评估。

　　有一种学习障碍在高功能孤独症孩子中较为常见，称为非语言学习障碍（Non-verbal Learning Disorder，简称NLD）。患有非语言学习障碍的孩子的非语言类技能通常较弱，包括视觉空间技能（例如完成拼图、迷宫、绘画）以及写字，但他们往往在和语言相关的活动中表现良好，例如阅读、拼写、回答问题等。他们动作往往显得笨拙，比如迟迟不会走路，或在其他运动技能领域发育迟缓，例如骑自行车。许多有非语言学习障碍的孩子很难识别他人的情绪，并可能存在其他社交困难，例如害羞或在交友上遇到麻烦。其中一些困难和孤独症有交叉（例如社交问题和运动技能发育迟缓），而其他困难在孤独症中相对少见（例如视觉空间技能较差）。如果要符合非语言学习障碍的诊断，孩子必须表现出在认知和学习方面的典型症状，包括数学和视觉空间技巧能力不足，以及非语言智商得分较低，而仅仅凭社交和运动症状并不足以确诊。如果你的孩子表现出其中的一些困难，可以请专业人士对你的孩子进行评估，看看他是否能在数学或其他额外的帮助中受益，或者有资格申请职业治疗服务。

教育服务

　　大多数孤独症孩子，即便是那些高功能孤独症孩子，在某种程度上也都需要特殊教育服务及配套措施，即使不是通过学校系统提供的。通常对于孩子的教育问题，家长提出的第一个问题是关于教学安排：自己孩子究竟是在普通班好，还是在特殊班好？该上公立学校，还是私立学校？这些问题的答案取决于每个孩子的具体情况，毕竟没有一种教育安排对所有孤独症孩子都适用。父母需要知道的是，特殊教育不仅仅指一位老师或者一种环境，而是为孩子量身定做的一组服务，来满足孩子在各种情况下的学习需求，无论是在普通班还是特殊班里。在为孩子制订特殊的教学计划时，需要明确规定好时间、服务类型、成年人和孩子的比例，以及服务的地点（在普通班内，还是在特殊的环境下等）。在美国大部分地区以及许多其他国家，如果一个孩子的水平处于或接近同龄，并很少表现出挑战性行为（例如突然情绪爆发、好斗或打扰行为），则会被安排在普通班，同时提供适当辅助。这种情况下，特殊教育服务会在普通班里由老师或者助理老师提供，同时学校的特教职员会给老师提供相应指导。然而，普通班里的老师通常很忙，以至于当孩子听不懂指令或需要帮助、解释时，老师却往往留意不到。同时，如果孩子的阅读和计算能力很好，那么他在理解、抽象推理和组织能力上的欠缺，就很容易被忽略。此外，如果孩子被别的同学嘲笑，这也很难被老师发现。在特殊班级里会着重教授的社交技能不是普通班级的教学重点。因此，即便是患有轻度孤独症或高功能孤独症的孩子，他们在普通班里仍需要一些特殊的教学支持措施，以确保他们能取得成功。

在这里，我们要重申一下第四章的主题，在你孩子的教学计划中，你的积极参与至关重要。你是自己孩子的专家，因为你最了解他的长处、兴趣、习惯、容易引发他情绪问题的因素，以及在过去的实践中，哪些措施对孩子管用、哪些没用。另一方面，学校的工作人员则是教育方面的专家，包括教育政策、班级设置及选择、教育原则和年级课程要求。俗话说"三个臭皮匠顶个诸葛亮"，在这种情况下尤为贴切。因此，要积极地与老师和校长合作，一起为孩子设立教学目标和课程要求。这是一个艰巨的任务，因为一方面，你要为孩子的特殊需求据理力争（与孩子的老师和学校行政人员相比，你显然会更投入），而另一方面，在和学校的合作中，你不仅需要保持专业的态度，同时还要维护好双方融洽的关系。要在两方面保持平衡，就好比在走钢丝一般。我们提倡的态度是，要勇敢地为自己发声，但也要学会适时妥协。我们知道，这说起来容易，做起来却很难。但有一点很重要，不要和你孩子的学校形成敌对关系，因为根据我们的经验，这对你的孩子没有任何帮助。

特殊教育选项——什么是个别化教育计划？

　　自1970年以来，美国联邦立法要求各州给所有残疾儿童提供平等的教育机会。1975年，美国国会通过了第94-142号公法法案，确定了残疾儿童享有"免费且适当的公共教育"的基本权利。此外，这项国会法案还要求学校给残疾儿童提供公正、公平的评估，来确定其获得服务的资格，并把他们妥善安置在"最少限制"的环境中学习，以满足他们的教育需求。关于为儿童提供的特殊教育服务和目标将被正式列入个别化教育计划（Individualized Education Program，简称IEP）中。在制订孩子的个别化教育计划时，我们强烈建议父母成为团队的一员，并积极参与有关孩子教育的决策。尽管这项立法已有40多年的历史了，期间经历了多次修订（和更名），但其精神依然延续至今，并继续规范着特殊教育的资格和具体实施细则。目前美国管理特殊教育的法律——《残疾人教育法》（*Individuals with Disabilities Education Act*，简称IDEA），则于2004年由美国参议院重新授权颁布实施。

　　虽然这些法规赋予孤独症孩子特殊的受教育的权利，但值得一提的是，为了获得这些权利，可能需要经过一个紧张激烈的过程。在为孩子制订计划的过程中，还会经过许多发展阶段和层次。这期间，孤独症孩子的父母可能会发现，当地的学校非常合作，而且对新的想法

为孤独症孩子找到合适的教学安排

在美国，孤独症孩子的父母可以这么做：

（1）收到诊断后，立即和孩子学校的校长联系。

• 解释测试结果。

• 要求学校相关人员对孩子的特殊教育资格进行评估。

（2）确定孩子有资格接受特殊教育后，了解所在地区的不同教育安排。

• 去不同的教室参观并和老师交流。

• 询问学校是否有能力并且愿意提供某项教学安排。

（3）如果孩子不具备接受特殊教育的资格，和本地的"504协调员"联系（下文会介绍）。

• 要求进行504评估。

• 询问学校是否有能力并且愿意提供某项教学安排。

持开放态度；或者学校事先对这类情况已有固定安排，因此不是那么愿意妥协。如果父母遇到的是后者，那应该准备好为孩子竭力争取。最关键的是，孤独症孩子的父母要清楚自己的权利和责任。美国的这些父母会联系所在州的教育部门，了解所在州特殊教育的具体流程。

与此同时，请注意孤独症诊断（或任何心理或精神疾病诊断）并不能确保孩子有资格享受特殊教育服务。这方面的资格认定需要经过特定评估，以确定孩子的症状是否对其在学校的学习和其他方面造成影响。在美国联邦政策的执行上，每个州的方式都不同。在获得诊断后，父母应将诊断报告（或要求医生发送诊断报告）送到孩子的学校，并要求学校对孩子进行评估，来确定他对教育服务的需求。

如果评估结果表明，孩子不具备享受特殊教育服务的资格，请不要灰心——在学校中，还有其他选择可以让孩子获得帮助，关于这点，我们将在后面教学支持和504计划部分再继续探讨。

如果孩子确实有资格享受特殊教育，那么就要开始为孩子准备个别化教育计划，这其中也包括父母的大力参与。个别化教育计划被认为是父母与学校之间最好的合同，这份合同会给出服务团队统一的纲要内容，包括为孩子提供适当教育、服务的提供方式和地点，以及如何对实施效果进行评估。IDEA规定，需要组建一个团队，负责个别化教育计划的开发、审查和修订。个别化教育计划团队通常由以下人员组成：

（1）具备相关资质的学校代表（教师以外的工作人员），能够提供或监督特殊教育服务（如果所在学区有孤独症专员，他可能会担任这个角色；还有可能会是学区特殊教育主管或学校其他管理人员）。

（2）孩子的普通班老师和特殊教育老师。

（3）为孩子提供服务的学校其他人员，例如职业和（或）言语治疗师。

（4）父母。

（5）如果可能的话，孩子本人（须符合年龄要求）。

作为个别化教育计划团队的一员，父母在决策过程中有一些选择和一些权力，可能在最开始有点不习惯，因为家里发育正常的孩子是不需要父母这样做。例如，如果父母认为孩子在学校需要一些服务和辅助，比如语言服务、社交技能培训、目标设定和组织能力方面的辅助、阅读理解辅导及助教等，最好的办法是将其纳入个别化教育计划里。还要记住一点，父母可以要求任何人加入孩子的个别化教育计划团队，只要他了解孩子的需求或者具备相关经验。

此外，父母不需要在个别化教育计划上签名，除非同意它确实提供了孩子需要的东西，并且以法律的形式做出了承诺。然而，父母还需要了解的是，法律规定的是孩子有权获得适当的教育，而不是最好的教育。就好比接受常规教育（而非特殊教育）的孩子那样，如果父母希望孩子享受他们认为的最好的教育，那他们可以选择花钱把孩子送进私立学校。也就是说，请记住，教育计划必须个别化——即专门为满足孩子的独特需求而量身定制的。这意味着学校必须为每个学生制订独特的计划，无论学校为其他孩子提供的是什么。

那么，如果父母和学校意见不一致怎么办？例如，有时父母认为某项特殊服务对于自己的孤独症孩子是"最适服务"，因此应该由学校出资，但学校方面却认为那是"最佳服务"，所以学校没有义务提供。根据我们的经验，如果父母能在坚持原则的同时以开放的态度展开协商，那么结果可能会非常接近他们在个别化教育计划中的期望。然而，如果经过与学校的一系列谈判后，父母仍然认为学校提供的服务不合适，可以联系所在州的教育部门，找出其他可用的替代方法。联邦政府要求每个州必须设立一个专门的机构，以协助孤独症孩子的父母处理特殊教育流程。

个别化教育计划还包含孤独症孩子受教育的特定目标和任务。目标是这些孩子在学习、技能或行为方面大体上需要做出的改变，而任务则是那些目标的具体定义和具体衡量方式。目标通常更为广泛和长期（可能每年设定一次），而任务则是一个项目节点，用来衡量教育进程在短期内是否正在朝着目标发展。例如，个别化教育计划目标可能是"提高阅读理解力"，而相应的任务是"对阅读段落的问题回答准确率达75%"。要选择对孩子有意义而且能够实现的目标和任务，这对于个别化教育计划的成功非常重要。父母希望个别化教育计划中指定的技能都是对孩子很重要的，能提高孩子的能力和独立性以确保将来的成功，同时这些目标是能够实现的。如果个别化教育计划目标定得太高，那结果就是孩子看上去"失败"了，因为我们定的目标远远地超过了他的能力。反过来，如果目标定得太低，孩子可能没有面对适当的挑战，因此也就得不到和他能力相匹配的干预服务。还有一点请记住，个别化教育计划并非一成不变的：任何时候个别化教育计划团队的任何成员（包括父母）都可以要求对计划进行审查和修订。这通常至少每年进行一次，如有必要，可以要求更频繁些。如果目标进展得不尽如人意或者根本没有实现，又或者孩子有了新的诊断或评估结果，那么，个别化教育计划团队会随即召开会议对此进行讨论。

除特定目标和目的外，个别化教育计划还包含学校能给孩子提供的一系列相关服务，包括言语—语言治疗、职业治疗、适应性体育教育或社交技能训练。在某些学习任务或活动（例如小组活动）中，有的孤独症孩子需要一对一的辅助，因为他们在理解力和行为方面存在困难，如果没有助教辅助，他们无法完成或参与这些活动。在这种情况下，可以在个别化教育计划中要求学校给孩子提供助理老师。助理老师可以是全职，也可以是兼职；可以专门服务于一个学生，也可以同时服务几个学生，这样大家都可以从小组学习中受益。助教对孩子的帮助会很大，但他们通常是非专业人士，也没有任何学位（甚至可能没有接受过正规培训）。因此，最好要求助理老师要么有类似经验，要么接受过针对孤独症学生的标准教育原则和最佳实践的专门培训，重要的是，要确保助理老师能够给予孩子足够机会去练习技能，而不是动不动就跳出来帮忙。这种一对一的帮助太多，结果可能和帮助太少一样糟糕。具体来说，这可能会导致孤独症孩子过分依赖大人的辅助，从而消弱孩子的主动性和独立性。在提供更多帮助前，助理老师需要知道如何把辅助做得恰到好处，使孩子互动、练习和尝试的机会不受影响。

选择教室

孤独症孩子可以在一间单独设置的教室接受特殊教育，里面的孩子都有某种程度的障碍，都需要接受特殊教育；或者他们也可以在普通教室里接受特殊教育，教学时间可以是部分的，也可以是全部的。在过去的几十年里，美国等世界许多地方一直在大力推动"融合"教育，即在常规教育中，接纳各种程度的孤独症孩子。这意味着只要有可能的话，孤独症孩子的教育包括个别化教育计划中指定的那些服务，都可以在特教老师的协作下由普通教育老师在普通班教室里提供。这样做的好处是，可以让孤独症孩子有机会和发育正常的同伴相处，同伴良好的行为举止和人际互动，对孤独症孩子能起到很好的示范作用。实际上，IDEA中的一项基本原则是，所有残疾儿童都应该在"最少限制环境"中与非残疾的儿童一起接受教育，同时，把残疾儿童安排到单独设置的教室的做法应该尽量减少。因此，尽可能只在孩子需要某些特殊教育服务（比如职能治疗）时，才需要把孩子从普通班教室领出来，并且这些服务是以小组形式进行的，还会包括其他孩子。"最少限制环境"是美国联邦法律的一部分，因此，学校会首先为孤独症孩子提供最少限制的教育环境和适当的支持。如果有证据表明，在这种情况下无法满足孩子的需求，那么个别化教育计划团队可以开会讨论，看看是否需要添加更多的服务或对教育安排进行更改，来确保满足孩子的需求。

公立还是私立学校？

有时父母会觉得，自己孩子独特的需求在公立学校中无法得到满足，他们由此会转向本地的私立学校。和公立学校相比，私立学校的优势看起来很明显，因为私立学校的班级规模明显要小得多，而且教学更具个体化。但是，父母还需要考虑其他因素。也许对于美国的孤独症儿童家庭来说，最重要的一点是，私立学校是不受联邦法律管辖的，而这些法律规定，公立教育必须给残疾孩子提供"免费且适当的"的服务。很显然，私立学校不是免费的，它也不需要提供"适当的"服务。因此父母选择把孩子转到私立学校，意味着他们放弃自己对这些服务的合法权利。

然而，还有一个因素需要考虑的是，学校的统一性和同质性。一些私立学校缺乏多元化，学生主体多为优等生，在这样的环境下，孤独症孩子融入其中的难度会比在公立学校大很多。

最后，还需要考虑学费的问题。许多家庭都需要在不同的治疗和干预中做出选择，因此，必须要权衡成本与收益。这笔钱如果花在其他地方会更好吗？如果我们选择这所私立学校，我们是否需要放弃言语治疗或社交技能培训？俗话说"量力而为"，这时，你需要先弄清楚自己真正需要的是什么，再为之付出。

值得一提的是，有的私立学校愿意给孤独症孩子提供适合的教学辅助，有的还非常擅长提供这类老师。在这种情况下，这样的学校也许可以为你孩子提供一个好环境。如果你找到了这类学校，要确保它能给孩子提供和非残疾学生一起进行融合教育的机会。"最少限制环境"的原则有利于孩子的社会发展。

教学调整——什么是504计划？

如上所述，如果孤独症孩子不具备接受特殊的教育资格，以及没有个别化教育计划，但这并不等于就丧失了一切资格。1973年，美国联邦政府通过了《康复法案》，旨在保护所有残疾人的权利。该法案后来更名为《美国残疾人法案》（Americans with Disabilites Act，简称ADA），其中第504条规定，所有残疾人都有权享受免费和适当的公共教育。该法案对残疾的定义更广泛，它包括了任何主要日常活动中的残障，包括学习。一开始，这条法律被理解成有义务为身体残疾人士提供受教育的机会（例如为坐轮椅的学生提供斜坡和无障碍电梯，为聋哑的学生提供手语翻译等）。但是近年来，"获得"适当教育的含义有所扩大。第504条规定已经被越来越多地用于保障那些没有资格接受特殊教育的残疾孩子，使他们的教育需求得到满足（或用法律的话来说，使其"学习上的障碍"得到解决）。所有学区都有指定的"504协调员"，帮助符合504条规定条件的孩子获得服务。简而言之，"504计划"是一份书面文件，列出了在常规教育环境中需要做什么样的调整，才能确保孩子获得成功。和个别化教育计划相比，504计划里的教学调整需要投入的时间相对少些，密集干预的强度也低些，同时需要更少的训练有素的工作人员来实施。504计划的缺点（相对于个别化教育计划而言）是它没有联邦资金支持，因此，父母要求学校在504计划中提供的内容，必须是使用学校的现有资金完成或者无需额外费用。在接下来的内容里，我们会列举各种干预措施和教学调整措施，父母都可以将其添加到孩子的504计划中，来帮助孩子取得成功（而不仅仅是"幸存"），从而克服因为孤独症而导致的学习和行为上的困难。值得一提的是，在美国，如果孤独症孩子符合ADA中规定的特殊教育资格，这些教学调整措施也可以作为其个别化教育计划的一部分。换句话说，504计划的目标和个别化教育计划的目标并不相互排斥。

老师和教室特点

在一个成功的学校项目中，老师无疑是最重要的因素之一——具体来说，是指老师的灵活度、思想的开放度、积极的态度、幽默感和对新事物的接受度。如果一位老师欣赏多样性，那他就能够接受学生本来的样子，并会欣赏孤独症学生独特而有价值的一面。无论在普通班，还是在独立的特殊班，或者在私立学校里，你都能发现具备这些特质的老师。一个能成功为高功能孤独症学生（以及其他特殊需求的学生）提供服务的老师，通常会采取以下措施。

- 遵循固定的流程和规则。
- 在固定位置上放置学生作业及有关材料。
- 把上课时间表贴出来。
- 使用清晰、简单、明确的语言。
- 提供书面指令（例如把指令写在黑板上）。
- 优先将学生安排在靠近教师的地方，远离干扰的区域例如窗户或走廊。
- 把学生安排到特定的任务区，远离噪声或其他干扰。
- 预留出足够的时间，为帮助个别学生而重复给予指令。
- 经常查看学生的学习进度和学习成果。
- 直接向学生提问，以确认他们对上课内容是否理解。
- 对学生表现给予即时反馈，包括对学生努力程度和成果的反馈。

在美国，有的学区允许父母参观教室，并亲自挑选具有这些特质的老师和教室，不限于只是住处附近的学校。此外，也有很多老师尚未启动这些工作，但如果父母提要求，他们也愿意配合。这些工作中的很多措施将会使班里所有的学生都受益，而且对老师来说，也不会占用太多时间。上面举出的这些内容，作为主要的教学调整措施，父母都可以考虑将它们添加到孩子的504计划或个别化教育计划中去。

除此之外，对孩子有帮助的教学调整措施还有很多，父母也可以考虑加到504计划或个别化教育计划中。不过，和前面提到的措施相比，这些措施可能会给老师增加很多额外的负担，考虑到老师为了应付偌大的班级可能已经精疲力竭，这样做会使老师不堪重负。其中一些措施可能会给孤独症孩子带来不必要的关注，使他在某些方面显得特别突出，而这往往是父母或者老师不希望看到的。有时学校会有这样的顾虑，如果他们为一个有特殊需求的孩子提供了这种服务，那么其他正常的孩子可能会拒绝这样的教学调整要求。对于504计划中列出的教学调整，学校是没有额外的资金来支付相关费用的。基于所有这些原因，父母需要从下面提到的做法中做出明智的选择，使它们对孩子真正有帮助。

面对课业负担

你可能会发现，你孩子每天晚上都花好几个小时来做作业，这时间可能比班上其他学生要多很多。这也许是由于他容易沉迷在自己的特殊兴趣里，或被很多细节分散注意力，再加上很多孤独症孩子的时间观念淡薄，导致学习进度缓慢且效率低下。这通常会给父母带来沉重的负担，因为你可能需要花大量的时间和精力去监督孩子才能帮助他把作业完成。我们诊所里曾经来过一对夫妇，因为他们的儿子经常拒绝做作业，导致他们每天往往需要花好几个小时陪孩子做作业。这给他们带来了巨大压力，夫妻之间也因此摩擦不断，加上其他一些原因，最终他们离婚了。如果你的情况和这个例子有任何相似之处，即使不是那么极端，你可能也需要考虑采用以下的一些措施来帮助孩子管理时间。

如果你的孩子对时间没有概念，可以采取一些简单的措施进行干预。比如，给孩子提供厨房计时器或带有闹钟的手表，来帮助他控制学习节奏。这些设备可以为孩子每项任务的开始和结束提供明确的

信号，包括结束前的提前警告。另一个可能需要采取的措施是，减少
孩子的课业负担。比如可以减少答题的数量（例如，按规定必须完成
20道数学题，而你的孩子可以只完成10道）或减少作业量（在特定主
题上只写一段，而不是4段）。如果在这样的情况下孩子仍然能较顺
利完成作业的话，那这种措施的可行性也许就更大。另一种措施是，
减少每一页显示的信息，这样使得作业量看起来似乎少一些，即使实
际情况并非如此。如果一页上有10道数学题，那么孩子可能会不知所
措，但如果有几页问题，每页上的问题都很少（比如只有3个），孩
子可能会觉得负担少了很多。如果你孩子已经在上初中、高中，甚
至是大学，也可以运用这个原则，只是方式不同，即限制孩子所修课
程的数量。我们建议，最好每学期只选2～3门课，特别是对于那些特
别花时间或者特别难的课程。我们还建议你孩子报名参加小班教学，
这样会得到教授更多的关注；或者你孩子可以选择那些不那么热门的
课程，这样班级人数就可能会少一些，教授或许更有动力去留住学
生。对你的孩子来说，拥有成功的体验比遵循标准的课程安排要好。
你还可以帮孩子申请免修某些课程，尤其是对于许多孤独症人士而言
难度很大的课程，比如外语课。

视觉辅助

正如我们在本书中所强调的，大多数孤独症儿童和青少年都是
视觉学习者。因此，要尽可能多提供视觉提示，并将其结构化，这样
能使大多数孤独症学生从中受益。例如，可以要求老师把对整个班级
的指令都写在黑板上，这样一来，如果孩子之前没有留意到或无法很
快对口头指示做出反应，这时他就可以通过看黑板来提醒自己该做什
么。老师还可以为你的孩子提供单独的提示，可以是书面的形式，也
可以把提示写在卡片上，贴在孩子的课桌上。视觉提示的另一种措施

是，向孩子展示完工后的模型或者作业成品。这样，任务的最终结果就变得非常具体，而不再像原来那么抽象，孩子会更清楚自己应该做什么，会努力朝着目标前进。

执行功能辅助

针对孤独症孩子组织和计划能力上的不足，也称为执行功能问题，可以采用以下几种策略进行弥补。可以准备一个每周家庭作业日志，让孩子从学校带回家里，这样大家都知道作业的时间节点和进展。让孩子在日志中对作业进行描述（通常需要老师帮助），并且标上截止时间。放学前，老师可能需要检查你的孩子是否带好了所有家庭作业及相关材料，然后父母可以在日志中签上他们姓名的缩写，以表明孩子在家里完成了作业，老师则在作业上交时予以确认，同时标明作业成绩以及未能及时完成作业的次数。你也可以要求老师就作业的截止时间进行提前预告，甚至比班上的其他学生还要早一点，以便他有额外的时间来完成作业。

另一个办法是使用任务清单，把比较大的、难度高的任务，拆分成小的任务来完成。例如，一个任务清单可能包含如何开始、该做什么、如何识别任务怎样算完成、把完成的作业存放或上交到哪里以及对最后整理工作的提醒。对于较大的任务，可以在任务清单下附上子目标清单。例如，如果你的孩子在月底需要交一份读书报告，你或者老师除了把这个大目标分解成小目标（访问图书馆、选择书籍、阅读书籍、概述中心思想等）外，还要为每个子目标写上截止时间。否则，你的孩子可能只会在最终的截止日之前一两天才开始做，因为他们对每个小目标需要花费的时间没有概念。如果还能为每次做作业准备好所需材料清单（例如计算器、专门的作业表、对应的书以及书写工具），那也将对完成作业很有帮助。虽然准备这些东西不难，但是对孤独症学生而言至关重要，因为他们无法完成任务的一个常见原因就是在做作业前没能准备好相应的材料。

也可以让孩子使用每日计划表（许多成年人使用的简化版）来帮助孩子提高组织能力。所有活动的时间都应记录在每日计划表里，包括起床、吃早餐和到达公交车站的时间；主要的学校活动和课后每项活动的时间；晚餐、家庭作业、娱乐和睡觉时间。可以在每个活动旁边安排一个空格，等一个活动完成后，在空格里打勾或者贴上贴纸。这种做法通常孩子会很喜欢，而且也给孩子提供了非常直观的具体提示，让他们清楚地知道已经完成的任务和即将要做的任务。由于每日计划表被广泛使用，不会使孩子显得和同伴不一样，所以人们往往很容易接受它。如果父母自己也能采用每日计划表来安排日程，还能对孩子起到示范作用，对孩子也有帮助。另外，把孩子喜欢的或他认为比较特殊的东西例如计算器、书写工具、钱或者卡片，放在装每日计划表的小袋里，来增加其相关性和价值，避免它被"遗忘"在学校或家里。等孩子长大一些，有了属于自己的电子设备（手机或平板电脑），他就可以开始使用这些电子设备上提供的日历功能来记录每天的日程。

每日计划表里也可以包含没有指定时间的"待办事项"，包括杂事、家务等。你需要教孩子在完成一项任务时将其划掉，然后每个晚上把尚未完成的任务转移到第二天的列表中。你还可以对列表中的任务采用编号或颜色编码系统，以便对其进行优先排序。

求助流程

由于孤独症学生在社交上存在障碍，他们很难主动发起社交互动，这使得他们在需要帮助时往往选择不向别人求助。因此，对老师而言，重要的是要观察孩子是否需要帮助。比如，老师可以定期检查孩子的学习进度，并且为孩子设立一个信号或者其他流程，用于孩子求助。有时这些方式可以很简单，比如可以教孩子用举手来求助。如果孩子自我意识很强，而且不太希望引起别人注意，那么老师可以教孩子使用其他隐秘一些的方式来进行求助——转身把脚对着过道（而不是直接放在桌子下面），或者把一个特别的东西放在桌上。

小组学习

孤独症孩子在社交上的困难也不利于团队合作。自1990年以来，美国学校中特别强调协作学习。孩子们经常会被分成小组，每个小组一起完成一项共同的任务。其目的就是让孩子们学会合作、协商，并互相帮助。如果每个孩子仅仅把注意力集中在个人目标或局部任务是不够的，因为彼此配合不好，会导致整个任务得分很低。这种做法的教育意义看上去非常明显，而社会效益则不会那么立竿见影。然而，你也许能够想象得到，对于孤独症孩子来说，这样的任务是非常困难的。最糟糕的是，你的孩子无法从中学到特定的规则概念，因为这个学习过程主要取决于社交技巧。如果是这样的话，你可能有必要向老师提出，要求允许孩子采用另一种形式学习（例如完成个人作业）。另一方面，如果你的孩子在小组练习中能表现出一定的参与能力，这对他而言，将会是非常好的社交机会。

如果学生们被允许自行配对或组队，情况也会比较尴尬，因为孤独症孩子很可能会成为唯一"不被选中"的人，这无疑会让他们感到非常痛苦。在这种情况下，父母可以鼓励老师在课堂上使用其他方法，比如使用数字来进行配对。

手写的替代方式

许多孤独症人士的书写能力很差，他们写起字来费时费力且很难辨认。这会让他们感到焦虑，甚至排斥涉及写字的活动，有时还会触发一些挑战性的行为，正如我们在前一章描述的那样。为了解决这些问题，你可以要求老师给孩子提供更多时间和（或）减少书写作业。另外有一点很重要，最好建议老师就孩子的书写内容进行评分，而不是其笔迹的整洁性或可读性。除了那些专门设置的提高和发展书写能力的任务外，你也可以请求老师允许孩子以其他形式提交作品（比如，在电脑上打字、录音，或者由同伴、父母口述）。

孤独症学生在书写方面存在的问题，使得他们记笔记很困难（他们听觉处理速度较慢，以及经常被特殊兴趣和其他细节分散注意力）。如果老师能将教学笔记或者班级讨论的大纲提供给孤独症学生，会非常有帮助。这样，他们就可以在听课时专注于老师是否对笔记和大纲有所补充，挫折感也会减少很多。另一种办法是，孤独症学生可以向同伴借他们的笔记来抄。此外，允许孤独症学生对课程进行录音，也是一种替代记笔记的好办法。同样，抄黑板上的板书对孤独症孩子也可能是一个挑战（不仅仅是书写的问题，而且还需要孩子在阅读和写字两个任务之间不断来回切换）。这时如果能允许孩子查阅老师或同学的笔记，也能在很大程度上解决这个问题。有的父母担心，进行了这些调整是否会为孩子带来不必要的关注。根据我们的经验，这些学业上的调整会使你的孩子更好地适应学校生活，从长远来看实际上会减少大家对你孩子的额外关注。

参加考试

高功能孤独症孩子在校学习期间，考试也经常会给他们带来特别的挑战。原因是多方面的，例如他们不擅长时间管理、书写困难、执行能力弱，也比较容易焦虑。针对这些情况可以采取的措施有：允许孤独症学生以其他形式进行考试（例如，采用口头回答或使用完形填空的书面形式）；把他们带到安静的房间里独自考试，让他们在额外时间里考试；或有老师、助理老师在场辅助，为他们提供结构化环境和鼓励，给他们解释问题并协助他们管理时间。

阿尔贝托是个11岁的高功能孤独症男孩，他在普通班里接受教育。在科学课上，学生们正在学习关于物种的分类，这是阿尔贝托特别喜欢且擅长的主题——他记忆力很好，很容易记住那些动植物的名称和类别。因此，当看到阿尔贝托科学课考试试卷得分很低时，他的妈妈感到非常惊讶。妈妈随后去学校找科学老师谈话，她发现，科学考试的形式与其他考试的形式大不相同，和阿尔贝托及同学们学习和研究材料时的形式也不同。具体来说，老师给了学生一张纸，上面有各种动物名称，学生根据要求把动物名称剪下来，然后根据其种类在一张图表上进行排列。虽然阿尔贝托知道所有动物的名字和分类，但他无法将这些知识灵活地应用到这种新形式上。阿尔贝托的妈妈向老师演示阿尔贝托是怎样做填空题，或者在图表上回答关于每种动物的简短问题的。实际上，在妈妈向阿尔贝托解释了任务并举例说明后，他甚至可以把整个图表做完。然后，阿尔贝托的妈妈要求召开一次新的个别化教育计划会议，并把相应措施正式写进阿尔贝托的个别化教育计划中，包括允许他在专门的教室参加所有课程的考试，老师可以监控他的进度，并在必要时为他提供帮助及对问题进行解释。此外，计划还包括他的考试将遵循标准格式（特别是填空和简答题）。学校承诺会把考试信息提前通知阿尔贝托的妈妈和老师，如有必要，将采用不同的格式，以便他们可以教阿尔贝托如何以不同的方式回应，并确保他明白要求他做什么。

理解能力和抽象思维

在入学的最初几年里，一些高功能孤独症孩子在学业上不会表现出任何问题。老师往往会告诉父母，孩子在学业上和其他孩子一样，甚至在某些方面超过他的同学。对一些高功能孤独症孩子来说，随着时间的推移和年级的升高，这种优势会减弱，他们的成绩开始落后于其他同学。这种现象很普遍，因为和低年级时相比，学校教授的概念变得越来越抽象，需要更多的解释、整合和概括能力才能理解。正如我们在第五章中提到的，大多数高功能孤独症孩子的优势例如记忆力和视觉能力，是低年级所侧重的，但随着时间的推移，它们的重要性逐渐下降了。这时，理解力和抽象思维能力就变得尤为重要，而这二者恰好都是孤独症孩子的弱项。那么，该如何帮助孩子提高这些技能呢？

对于这些问题，答案都体现在这一章的细节里：尽可能将概念具体化和视觉化，提前组织任务，并尽可能利用孩子的特殊兴趣或技巧。我们将提供一些例子介绍如何使用这些原则，来弥补孩子阅读理解能力和理解数学概念方面的不足，尽管可能会有点冗长。

阅读理解。要充分利用孤独症孩子遵循规则的优势，老师和父母可以教会孩子理解故事的规则。特别是在小学阶段，大多数故事的结构里都包含了4个主要元素：谁、做了什么、然后、结局。也就是说，有人（故事的"谁"）从事或参与了某事（"什么"），接下来是对情况的某种解决，然后是一个结局。老师们可以在故事中划出这些元素，或者预先用彩笔把它们标出来；也可以把主要元素用不同颜色的笔标出，利用孤独症孩子视觉方面的优势来促进他的理解；还可以要求孩子为故事想一个不同但又合理的结局，或者用自己的话来重述故事的要点（可以借助图片或视觉流程图，尽可能地把练习具体化）。老师们需要警惕，避免孩子靠死记硬背直接对问题做回应，因为这并不代表孩子真正理解了（例如，孩子完全复制故事里的句子，而不是用自己的话来复述观点）。至于故事的其他元素例如地点或背景（"哪里"）以及原因、意图或角色动机（"为什么"），可以在孩子能力具备时再补充进去。但是在补充最后一项时需要小心，因为孤独症孩子往往难以判断人们潜在的动机和人际关系，所以他们可能能够很好地把握故事的其余部分，但在这一项会有困难。

亚历克斯是个16岁的患有高功能孤独症的男孩，当解释为什么自己的英语成绩不及格时，他说："老师们总是问我一些问题，他们知道答案，但我不知道。虽然我努力想弄清楚小说《红字》（*The Scarlet Letter*）里的某人为什么做了某事，但我的答案永远和老师心中的答案对不上。我只是对事物的想法与他们不同，我也特别讨厌推测别人为什么做某事。我只知道我为什么要做某事。"亚历克斯对动物很着迷，尤其是濒临灭绝的物种。如果问他关于这些主题的问题，他回答的情况要好得多。

理解数学概念。和阅读一样，要提高高功能孤独症孩子对数学概念的理解，措施也是把抽象内容变得具体化以及视觉化。只要有可能，可以允许孤独症学生借助材料（杆子、代币、豆子等）来代表抽象概念，例如加法、减法、乘法和除法；也可以允许他们通过演示或画图来表示应用题的组成部分。老师可以事先把应用题的关键信息用彩笔标出来，以便学生能识别应该执行哪些数学运算以及应该注意哪些变量的信息。为了了解应用题和数学计算的关系，学生可以围绕自己的特殊兴趣来编应用题。例如，把"7 - 5"变为"如果你有7列火车但丢了5列，你还剩下多少列？"平时要有意识多进行类似的练习，将数学技能泛化到现实生活中。也可以在餐厅点餐时通过检查找零金额来学习减法；还可以通过喜欢的商品以及喜欢的餐厅的菜单标价，来学习金钱概念。

行为问题

针对高功能孤独症孩子学习以外的挑战性行为（例如打断别人讲话、分散别人注意力、过多谈论自己感兴趣的话题，以及出现挑衅行为等），你可能还需要跟学校沟通并找到应对方法，把这些行为对孩子学业的影响降到最低。我们在第四章和第六章中提到的许多干预措施也适用于学校环境中的干预，包括经常对孩子正确的行为进行强化、忽视孩子轻微的不当行为、教孩子学会自我管理、深入分析问题行为的功能，并且教会孩子使用可接受的替代行为来达到原来的目的。

过渡时期

每到新学年，孤独症儿童家庭的父母和孩子都可能会感到焦虑，尤其是从小学升到中学。为了缓解这些焦虑情绪，你可以在暑假结束前到新学校参观一次，考察学校里的设施，了解教室、储物柜、餐厅和公交车站的位置。你的孩子可能还需要练习如何打开储物柜的密码锁。你可以请求学校提前提供，然后再购买便宜的家庭用锁练习（当然，它不会和学校的完全一样，但你孩子可以记住数字并练习将表盘拨入适当位置）。在学校工作人员给孩子安排教室时，可以请求他们要考虑建筑的具体位置。比如，让你孩子的储物柜尽量距离每个教室相对近些；或者把孩子不同课程安排在相近的教室，从而最大限度地减少孩子的步行时间，避免出现混乱或迟到的情况。给孩子提供学校地图，并把教室按照课程顺序标号突出显示，这样的视觉工具也非常有帮助。

你最好提前与老师进行沟通和协商，了解新学期的教学安排，以及学校是否对高功能孤独症孩子提供支持等。

一点总结性思考

如果学校工作人员对孤独症学生的学习风格有所了解的话，本章中提到的一些问题可能就不会发生。你可以从把孩子的诊断告知学校时，就开始向学校普及这方面的知识。一些父母担心如果老师们知道了孩子的诊断，会给孩子贴上"标签"，导致教育不负责或者错误地降低了对孩子学习和行为的期望。根据我们的经验，这种情况很少发生。实际上，正如本章明确指出的那样，学校提供的所有特殊教育服务干预疗法以及教学调整，都有助于你的孩子在学校取得成功。然而，要获得这些服务，你必须要让学校知道孩子具体的教育需求，包括分享诊断信息和其他可能相关的测试结果。如果老师和学校管理人员对孤独症感兴趣，这也会引导他们去查找有关孤独症的资源和信息。本书后面的资源部分也包括了与孤独症学生相关的教育需求，可能对父母和学校工作人员有帮助。

还有一个需要考虑的重要因素是，你孩子的学业课程的主要目的是提升他在该学科的能力和适应性技能，使得他在以后的生活中获得成功。对患有轻度孤独症的儿童和青少年来说，学校生活最重要的成果之一是能建立良好的工作习惯、积极的自我概念，以及独立的生活技能。这可能意味着，在设计孩子的课程时需要有很大的灵活性，而且可能和标准课程存在差异。家长和老师需要不断问："这是否有助于孩子的长期目标？"这比遵循典型的课程大纲或担心毕业所需的学分要重要得多。

最后，为了与本书的核心主题保持一致，我们要再次强调，要充分利用孩子的优势来弥补其学业上的困难或薄弱环节。本章已经穿插了许多示例。例如，对口头指示加以视觉辅助，就是利用孩子发达的视觉能力，来弥补他较弱的技能。同样，给孩子书面指示或书面规则，也是利用他的阅读技巧来集中注意力，并且从中学习到更恰当的行为。此外，还可以利用孩子的特殊兴趣，来激发他在课堂上的表现。

约瑟夫对地理以外的学科都不感兴趣，他在学校也感到越来越无聊。对此，老师正在考虑利用他对地理的兴趣，来改善这种情况。约瑟夫的父母提议，尽可能在他学的所有学科和技能里加入地理元素。例如，在历史课上班上的学生在学习制作时间表时，老师可以允许约瑟夫制订探险家们在世界不同地区探索发现的时间表。科学课上，当其他同学在学习加利福尼亚的地质知识时，老师允许约瑟夫学习他最喜欢的国家——巴西的地质知识。数学课上，约瑟夫的老师专门为他设计了简单的数学题，来计算加利福尼亚不同城市之间的里程数。阅读课上，老师让约瑟夫自行选择他要读的书，而不是全班一起读的书。这样，老师和父母积极地利用了约瑟夫对地理的高度关注，来增强他的学习动机，改变了他在其他学科上的成绩持续不理想的状况。在这种相对简单的干预措施取得成功后，约瑟夫的老师给全班增加了一个地理单元，即使这通常不是三年级课程的一部分，老师还邀请约瑟夫在这个单元担任"助教"。他还安排约瑟夫去低年级教室给孩子们读书。这项"特殊工作"使约瑟夫感到自己很重要，而且对自己的能力也有了一些自信，尽管他在学校里还是会遭到嘲笑和经历其他一些失败。由此可见，帮助别人是建立自尊和自我效能感的非常成功的方法。

另一种充分利用孩子的才能从而帮助他在学校取得成功的方法是，让孩子利用自己的天赋和特殊爱好加入学校俱乐部或参加相关活动。比如，你可以让你的女儿加入计算机俱乐部或阅读俱乐部。如果孩子的学校没有这类组织，你可以当志愿者，自发地创建这样一个组织。如果你的孩子有拼写的天赋，就鼓励他参加拼写比赛。这些活动将帮助你的孩子融入校园生活，让他感觉自己是学校的一分子，而不再是边缘人。对于孤独症孩子，在学校环境中还会碰到很多社会性问题——其中对于父母而言，最痛苦的莫过于自己心爱的儿子或女儿会经常遭到嘲笑或欺凌。对于这类问题，我们将在第八章做专门介绍。

张苗苗老师说

国家从九五、十五期间（1996～2005年）开始就把孤独症儿童康复纳入残疾人康复的总项目中。从十五、十一五（2001～2010年）开始，针对孤独症儿童康复有了补贴政策，额度从开始的每年几百元、几千元到现在（2020年）有些地方是超过一万元甚至是好几万元。从十二五（2011～2015年）开始对孤独症康复机构也有了一些补贴。从十三五（2016～2020年）开始，中国联疾人联合会康复部对残疾儿童的家长也实施了补贴。

以北京为例，北京市从2013年开始，制订出台了《北京市残疾儿童少年康复服务办法》，规定未办《残疾人证》但持有发育迟缓证明的 3 岁以下儿童，无论家庭经济收入状况如何，都可以按标准享受康复补贴。2018年6月，国务院发布了《关于建立残疾儿童康复救助制度的意见》。国家从2018年10月1日起全面实施对0～6岁的在视力、听力、言语、肢体、智力等方面残疾的儿童和孤独症儿童提供康复救助。救助内容包括：以减轻功能障碍、改善功能状况、增强生活自理和社会参与能力为主要目的的手术、辅助器具配置和康复训练。

第八章

高功能孤独症儿童和青少年的社交世界

交朋友

孤独症人士的共有特征就是社交障碍，尤其体现在交流的互惠性上，即社交活动中有来有往的互动。对于症状严重且语言能力差的孤独症孩子，社交互动的困难会表现得很明显。然而，对于高功能孤独症儿童和青少年，他们这方面的问题可能很难被人察觉。很多父母经常提到，当他们和孩子互动时，总感觉交流是单方面的。如果父母不主动发起对话或提出具体问题，孩子基本就没什么话要对他们说，或者就喜欢自己一个人待着。有的父母则表示，当孩子和他们互动时，仿佛都是按照他单方面的计划来进行的：孩子要么告诉父母该做什么，要么就一个人不停地在说，但是对父母并没有太留意，或者不会根据父母的反应来调整自己的行为。

塞斯一旦开始谈论股票市场或国债，他就总是停不下来。晚餐时，他喜欢告诉父母当天纳斯达克的行情。好几次父母试图转换话题都没成功，他们很生气，于是决定当塞斯在谈到金融问题时，他们干脆接着自己原来的话题，而不去理塞斯。然而，塞斯似乎并没有留意到自己被忽略了，还在继续他的话题。对此，父母也不知道是该担心还是该松一口气。如果他们对塞斯的话题发表评论，或者尝试补充相关的信息，塞斯礼貌地停顿一下，但接着又从他刚才停下的地方继续往下说，好像父母压根就没对他说过话。即便如此，父母认为塞斯已经有进步了，因为仅仅在一年前，每当有人要发表评论时，塞斯都感到非常沮丧，然后必须重新开始，重复他被"打断"之前说过的每句话。

当孤独症孩子和同伴在一起时，社交互动问题会显得更突出，大家经常形容他们是"边缘人"。我们可以看到，他们经常在操场外围走动，但对里面的喧闹丝毫不感兴趣，更不想参与其中。当他们和同伴一起玩时，可能会表现出很强的控制欲，会坚持让其他孩子遵守自己的规则。如果同伴不乐意，孤独症孩子可能会抱怨或者感到难过，因为"我想玩的游戏别人都不想玩"，与此同时却没有表现出要和别人商量或妥协的能力或动机。

塞斯的父母经常听他的老师说，塞斯和其他孩子玩时太霸道了，于是他们请学校的心理学家观察塞斯在操场上的行为，并记录下来，以便他们在家里能够模拟学校里具体的情形，来帮助塞斯改进。心理学家告诉他们，在课间休息的大部分时间里，塞斯都在操场栅栏周围走动，同时小声地自言自语。当其他孩子喊他时，塞斯通常看起来没留意到。偶尔他会勉强加入大家在玩的游戏。心理学家有一次观察到，塞斯接受了邀请，和大家一起玩"官兵捉贼"的游戏，但要求别人都不能碰他，而且他马上就换角色要做"官兵"。当别的"官兵"要抓塞斯时，他不仅大声抗议，还想去打那个抓他的孩子。最后塞斯回到了栅栏旁，在远离其他孩子的地方，围着操场走，手里还拖着一根棍子。

在结构化的环境中，例如在学校里，有些孤独症儿童或青少年可能会与其他孩子互动，甚至可能与其中一些孩子成为朋友，但一旦脱离这些环境，这种关系就消失了。如果环境不是预先安排好的，那么只有少数孤独症孩子会尝试和其他孩子发展友谊，即便是这样，这些交往的深度也很不够。而且这种交往可能不是完全互惠的，而是其中一方对彼此关系更感兴趣，投入也更多。孤独症孩子与同伴之间共同关注的事物可能也比较有限，通常主要围绕共同的爱好进行，例如可能会一起玩电子游戏，但不会一起做其他事情；又或者他们之间的友谊不会像其他同龄孩子之间那样亲密（例如，分享秘密和感受、互相依靠以寻求支持或帮助）。研究表明，许多高功能孤独症孩子对友谊的理解也非常有限。当被问及朋友意味着什么时，他们给出的答案非常简单而具体（"对你友好的人"或"和你一起玩的人"）。和其他同龄孩子相比，他们也很少提及陪伴、情谊、信任等这些和友谊有关的词语。

> 德里克是个高功能孤独症小男孩，他主动提及他有许多朋友，但随后又辛酸地补充道："他们有的人对我很刻薄。"后来经过追问才知道，原来德里克认为班上的同学只要他能叫出名字的就是他的朋友。像许多孤独症孩子一样，由于德里克在社交上显得那么天真且与众不同，他很容易成为别人嘲笑的对象。德里克又说，那天早些时候有同学给了他一块糖，他尝了一口后，那孩子告诉德里克糖"有毒"。这导致德里克在学校接下来的时间里一直都为此感到焦虑，后来他还难过得哭了。

对于缺少朋友和被同伴拒绝，不同的孤独症孩子会有不同的反应。有的孩子对朋友特别渴望，会因为被冷落而备感孤独。其他的孩子则看起来挺自得其乐的：他们要么根本没留意到自己被孤立，要么对有无朋友这个事完全不在乎——他们是真正的心灵上的"独行侠"。还有一些孩子的感受会随着年龄、环境和时间的不同而变化。在我们的社交互助小组里，一些成年孤独症人士清晰地表述了自己想和别人接触，但同时又表明，自己只能接受短暂的互动。

孤独症孩子社交上的互惠性问题还显著体现在与他人的对话上。例如，他和朋友之间来回对话的次数可能很少，通常都是孤独症人士在说话，如果对方想要发言，他也不会察觉到任何迹象（与塞斯一样）。高功能孤独症孩子可能也不会问别人问题，特别是关于别人的观点、感受和经历。这些孩子通常也很难把对话维持下去，尤其是在对方没有问题要问的情况下。

> 塞斯在自家门前的人行道上玩一些动画片的人物玩偶。隔壁有个小男孩走了过来，他年龄看起来和塞斯相仿。男孩问塞斯他从哪儿弄来的玩偶，塞斯头也不抬地回答道："迪士尼乐园。"男孩听到后兴奋地说："哦，我也去过迪士尼乐园！"赛斯听到后什么也没说，男孩最后就走开了。

当对周围的事情有疑问时，很多孤独症人士也会主动提问，但他们的评论或"闲聊"却令人不太舒服。实际上，他们很少单纯为了社交而聊天，而且他们闲聊时可能会经常遇到麻烦。

> 克林特正坐电梯去四楼上社交小组课。当电梯到了二楼时，他们小组的训练师走了进来，还微笑地向克林特示意。上星期社交小组的话题是如何进行闲聊，他们还进行了角色扮演，其中有一个情

形刚好就是在电梯里可以简单聊些什么，比如天气或者交通。不过，今天克林特决定尝试一下新话题。他看着训练师的眼睛说："哇，是什么气味这么难闻啊？"训练师礼貌地微笑着，耸了耸肩说："我也不知道呢。对了，你今天开车路上情况怎么样？"克林特听完后，还继续刚才的话题："天哪，这里真的有股气味好难闻！"

约翰是参加社交小组的另一个年轻人，有一次小组讨论的主题是谈话，他对此评论道："我知道有一种东西叫'互惠性'，我听说过，我也知道这个词的意思。我知道它的存在，只是我不太懂。当它发生时，我也很难觉察到。这就好比人类感受不到蝙蝠的回声定位一样（这是约翰感兴趣的领域）。我们知道蝙蝠能根据回声来进行定位，但我们听不见，我们自身也没法体会蝙蝠是怎样通过回声来进行定位的。互惠性对我来说也是如此。"

在和别人互动时，孤独症孩子使用的肢体语言也和别人不同。他们的眼神交流非常有限，可能也不会对对方微笑，他们的姿势可能和他们想表达的意思不符，他们也可能不会使用点头等动作来表示肯定。所有这些带给别人的感觉是，孤独症孩子并没有真正参与谈话。他们要么是没在听，要么就是觉得无聊。有时还会出现其他一些问题（例如，他们有时会突然很粗鲁地打断别人，让别人觉得有被冒犯，尽管他们是无意的），也可能会对人际关系构成威胁。即便是孤独症人士特殊的兴趣爱好，也可能对互惠性带来负面影响，因为他们这些兴趣爱好通常比较特殊，而且他们过于专注，以至于别人很难对此展开讨论（或者他们实际上也并不愿意和别人对此进行讨论，就像塞斯那样）。除了许多来自父母的描述外，还有很多研究也表明，孤独症孩子缺乏同理心，也很难理解别人对他们的期望。总而言之，孤独症孩子通常看起来都很以自我为中心。尽管这不代表他们自私，他们的行为背后也没有恶意，但这些社交上的缺陷对他们的生活还是产生了广泛的消极影响，包括他们的人际关系、学业和职业上的成功等。

　　作为父母，自然很希望能让自己的孩子融入这个社交世界。但是，父母该怎么做呢？如果你的孩子想要交朋友但交不到朋友，你将如何帮助他？他的老师能做什么？你能从训练师那里得到什么？如果你的孩子似乎对交朋友没什么兴趣，但是他需要努力改善他的社交行为，以便有一天自己可以独立生活和工作，那你又可以到哪里去寻求帮助呢？接下来，我们将提供一些策略，用来提升高功能孤独症孩子的社交技能。

提高孩子社交技能的策略

　　社交技能可以在许多不同的环境中学习。传统的做法是通过学校或机构组织的社交技能小组来进行训练。但是，正如你将在本章中看到的，在很多其他时间和地点你都可以帮助孩子发展重要的社交技能，包括在家里、小区附近，以及机构以外的小组环境。许多在社交小组中使用的原则和技巧，父母在家里也可以使用。事实上，如果在社交小组中学到的技能能在家里得到泛化的话，会对孩子更有帮助。因此，无论你孩子是否有参加这样的小组，你都可以在机构以外的环境中对孩子恰当的社交行为给予强化，这点很重要。

孩子的训练师可以提供什么帮助？

社交小组训练

　　对于孩子在社交上的缺陷，也许你和你的家人都已经适应了，你并不觉得这是个大问题。但是，当你的孩子和同伴在一起时或者处于集体环境中，他的社交缺陷就会很明显。我们知道，孤独症人士很难把在一种情形中学到的技能运用到另一种情形。所以，当孩子在某些情形中遇到困难，我们要教孩子应对的社交技巧，同时，要尽量创造相似的训练环境，以便于孩子在掌握了该技能后，把它泛化到其他相似的情形中去。在教授高功能孤独症孩子社交技能时，孩子可能会学得很快，让训练师或老师印象深刻。但后来他们可能会很惊讶地发现，当孩子在现实生活中和同伴相处时，却几乎不会运用这些技能。因此，在小组环境里练习是孤独症孩子学习社交技能过程中必不可少的一环。

让孩子接受正规的干预并且按顺序学习特定的技能，这也很重要。由于大多数父母没有能力提供这种类型的教学，所以你可能必须要把孩子送到机构或特殊学校，在那里由训练师或老师来进行干预。但是这并不意味着你就什么都不需要做了。作为家长，你是训练孩子社交技能的主要负责人，而老师和训练师只起到辅助作用。如果他们提供的干预和我们在这里描述的有很大的不同，而且在某些方面缺乏建设性甚至适得其反，那么你可能需要换个地方进行干预，或者考虑采用其他方式来教孩子社交技巧，这些方式我们将在本章后面提到。

关于如何训练高功能孤独症儿童和青少年的社交技能，已经有少量公开出版的书籍［例如《儿童友谊训练》（*Children Friendship Training*）］和网上提供的各种方法（参见本书推荐资源部分）。与上一章我们总结的学校干预措施一样，这里也有一些基本原则，可以充分利用孩子的长处来教授他们社交技能。在下面的表 5 里，我们对这些原则做了总结，并且列举了一些例子，说明如何把它们运用到社交小组的培训里。对于大多数普通孩子，社交行为是自然而然就能在日常生活中学会的。而在对孤独症孩子进行社交技能训练时，则需要把这些复杂的社会行为分解为具体的步骤和规则，以便孩子们记下来，并学会运用到不同的场合。当你给孩子讲述一些抽象的概念比如友谊、思想、感觉时，要尽量转化为视觉化的、有形的、可以实践的活动。例如，训练师把纸板做成箭头形状，把它放到孩子脸的一侧，箭头指向正在说话的人，来提醒孩子看过去，帮助他练习眼神交流。也可以充分利用孩子记忆力好和遵守规则的优点，把每天的日程贴出来，让孩子对将要进行的小组活动有所预期。此外，对于社交小组里的每一个孩子，都应该有具体的个人行为计划和目标，并且配以相应的奖励机制。社交技能训练对孤独症孩子来说是困难的，对于这些他们并不是那么喜欢且具有挑战性的活动，需要用一定的奖励来激励他们参加。

最后一个重要因素是干预机构要和父母合作，对孩子学到的技能进行泛化。仅靠机构里每个星期进行一次的干预，是很难从根本上改变孩子的核心缺陷的，必须要让孩子在机构以外也就是在日常生活中，每天都能够对技能进行练习和强化。因此，很重要的一点是，你要知道孩子目前正在学习的技能，并学会怎样在日常生活中帮孩子练习这些技能。这也许能通过机构布置家庭作业的方式部分实现。同样重要的是，训练师或老师要能为孩子提供机会，让孩子能在社交小组以外的地方练习具体的技能，比如在教室、公园、游戏厅或者餐厅这些场合，或者在参加集体郊游时。孩子的老师或训练师会强调，当孩子不在机构或者学校时，你应该何时以及怎样为孩子提供帮助。如果老师或训练师没有告诉你这些，那么你可以请求训练师或社交技能小组的负责人私下与你会谈。比如说你想更多地参与到孩子的干预中，你可以要求机构或老师布置具体的家庭作业或提供相应的流程，来帮助你和孩子在家练习相应的技能。

原　则	举　例
把抽象概念变具体	●提供具体原则，比如"开始谈话时要和别人保持5秒的眼神交流。" ●把复杂行为分解为具体步骤，如"一场谈话包括开始、中间和结束"，并且一步步来教 ●使用视觉提示，比如在谈话时用箭头提醒孩子要轮流说话 ●在活动中练习技能，比如以角色扮演的方式进行对话
帮助孩子转换	●把小组的活动按顺序列成计划表并贴出来 ●把每次训练课的流程固定下来，比如开场讨论、小组活动、角色扮演、零食时间、玩笑时刻以及结束仪式
刺激动机	●给每个孩子设定现实可行的目标 ●对孩子实现目标给予奖励
泛化技能	●训练师要和家长保持良好沟通和协作 ●给孩子布置任务，让他在机构以外完成，比如给小组另一成员打电话并在电话里进行交谈 ●在实际生活中让孩子练习学到的技能，比如在餐厅和别人进行对话

表 5　训练社交技能的基本原则

在任何针对孤独症儿童和青少年的社交小组里，很多主题是必须要包括在内的。这里面最基本的也许是非语言行为，这些行为对社交互动非常重要，例如进行适当的眼神交流、保持社交距离、维持合适的说话音量和面部表情。我们把这些称为社交肢体语言。一个典型的社交小组的干预练习可能还包括以下主题：

●建立友谊的技巧：如何向别人打招呼、加入团体、学会轮流发言、与他人分享和协商、向他人妥协、遵守小组规则，以及理解好朋友的意图。

●谈话技巧：如何开始、维持和结束一场谈话，学会轮流发言、给予评论、提问，如何表达对他人的兴趣以及选择适当的谈话主题。

• 了解他人的想法和感受：如何表现出同理心、理解他人对自己的期望，以及应对一些不良情绪。

• 解决社交遇到的问题和冲突：如何应对被别人拒绝、被取笑、被冷落。

• 自我评价：了解孤独症的相关知识、个人长处、独特的差异和自我接纳。

认知行为疗法

还有一种基于机构干预的、被称为认知行为疗法的模式，它可能也有助于孤独症青少年和年轻人（那些能够对抽象概念有一定理解力的人）学习社交技能。这种疗法最初是用来帮助抑郁症人士的，因为他们通常对自己很苛刻，也比较悲观，并可能以消极的态度来看待事情（比如一个装有一半水的杯子，他们会觉得它是半空的，而不是半满的）。这种疗法关键是向人展示自己的思想是如何影响自己的感受，以及消极的"自我对话"是如何引发悲伤和抑郁情绪的。在认知行为疗法模式里，很关键的是学习更多积极的自我对话，把消极的想法变为积极的思考，去学习新的思维方式，来重新认识、思考自我和世界。认知行为疗法的效果非常显著，至今仍然广泛用于治疗抑郁症、焦虑症和其他心理疾病。

认知行为疗法有助于人们关注他们行为的原因和后果，以及伴随他们行为产生的情绪和想法，对于高功能孤独症人士是比较适用的。通常，孤独症人士很难在不同环境中对社交信号做出准确解读，从而导致一些奇怪或意外的行为出现。他们经常提及难以理解自身的感受，也很难把相似的情绪区分开。例如，有些孤独症人士声称知道自己什么时候感觉很糟，但不确定自己是伤心还是生气，也无法确定自己的感觉究竟有多糟（比如是非常愤怒还是轻微愤怒），并且最令他们感到困惑的是，有时自己也不知道为什么会感觉很糟。他们往往对自己行为的后果不那么了解。

乔什是个15岁的孤独症男孩。有一天他来到社交小组，告诉大家他这周过得很糟糕，因为他被学校开除了。当被问及具体原因时，他只是回答说他把另一个男孩的头摁到了喷泉下，就再也没有其他的解释了，而且乔什似乎对发生的事情感到疑惑。在这种情况下，通过认知行为疗法能帮助乔什和其他小组成员理解当时的具体情形、乔什的反应及后果之间存在的联系。小组组长着重强调了事件的4个重要方面：谁、做了什么、什么时候和在哪里。乔什最开始描述得非常简单："那孩子让我在学校里很生气。"后来在问题列表的提示下，乔什最终描述出当时的许多细节：那个男孩的详细信息，他做了什么（他称乔什为"肥猪"），以及事情发生的具体时间和地点。小组随后探讨了乔什反应的3个方面：他当时的情绪、行为和想法（或自我对话）。虽然乔什已经能够回忆起当时自己的行为（将男孩的头摁入喷泉），也能辨认出自己的情绪（羞愤、尴尬和愤怒），但对当时的自我对话印象就比较模糊。最后，小组对乔什行为带来的短期和长期后果展开了讨论。乔什对其中的一个后果非常清楚（他被学校开除），但似乎没怎么意识到自己行为的其他后果（例如，那个男孩受伤了，而由于乔什这次反应这么极端，他以后很可能还会再被别人嘲笑）。通过认知行为疗法，乔什对当时的情况有了更深入的理解，也能更好地采取行动预防类似事情的再次发生。对于乔什该如何采取措施来改善自己的反应，小组也做了探讨，包括用更积极的态度进行自我对话、运用一些技巧进行自我放松，以及当遇到类似别人的嘲笑时要向老师报告。

认知行为疗法可以通过小组或者一对一的方式进行，它有可能对孤独症青少年和成年人有帮助，不仅是因为在这个群体中情绪和心理问题非常常见，也因为这种治疗模式需要对事件的具体情形、参与者的反应和后果进行分析，而对于大多数孤独症人士来说，这些概念是很难理解的。和其他形式的心理治疗相比，认知行为治疗更具体、更结构化、更注重解决实际问题，而很少依赖孤独症人士的洞察力和判断力，这也使其成为"孤独症友好型"的治疗模式。然而，对大多数年龄较小的孤独症儿童来说，认知行为疗法可能太复杂了，所以最好等到青春期和成年时，他们具备一定抽象理解能力后再尝试这种疗法。

机构以外社交技巧的教学策略

之前我们强调了如何解决孩子在小组环境表现出的社会行为问题，因为这通常是他们在社交上容易出现问题的地方，所以需要在这样的环境里来练习社交行为。我们还强调，你应该尽可能地帮助你的孩子在家里练习社交技能，否则，仅仅靠每周一次在机构进行的一小时社交技能训练是远远不够的。在以下部分，我们将介绍很多教授社交技能的资源和技巧，这些资源和技巧可以由任何人在任何场景中实施。这些技巧将帮助你的孩子改善他的社交行为，即使他未在特殊学校和干预机构接受过专业人员的协助。在这项工作中，你是关键人物。下面提到的方法不需要专业学位即可施行，只要你有兴趣去尝试，并且愿意不断尝试，同时具备一定的灵活性和幽默感。通常刚开始时一次只采取一种干预方式，以便你能仔细观察，并了解目标行为是否发生了变化（以及背后的原因）。与之前提到的一样，要尽可能在不同的环境中对孩子进行干预，以提高孩子对技能的掌握程度，并促进技能的泛化。此外，当你在家里尝试进行这些干预时，如果遇到任何问题或需要建议，可以向经验丰富的孤独症专家寻求帮助。

反馈和示范

父母和兄弟姐妹可以成为孤独症孩子的榜样。为了收到良好的效果，给孩子示范技能时要非常具体、直观，才能吸引孩子的注意力。你可以通过多种方式来示范，但也许最有效的是将你和孩子的互动过程录下来，然后和孩子一起进行回顾。这对大多数孩子有很强的吸引力，因为他们都喜欢在自己的"电影"中担任主角，而且他们现在还能边演边评论。通常情况下，当你发现问题时，最好先暂停视频，然后马上对孩子提出建议，这样比之后再重新构造场景更有效。首先你要明确目标——你要强调是什么技能（例如眼神交流、轮流发言、选择适当的对话主题或在玩耍时学会分享），然后把评论的重点放在这些具体技能上。如果你的孩子做得非常好（甚至只是做得还行），要及时表扬，并且温和地指导他在哪些地方可以改善。尝试正面表达建议，给孩子举例，告诉他具体该如何改善，而不是一直盯着孩子的错误告诉孩子"不要这样做"。有时，你也可以把孩子和兄弟姐妹或同伴类似的互动过程录下来，这也有帮助。把其他人做得好的地方指出来（"你看，在我说话时，阿曼达是不是一直注视着我，并且向我点头示意？"），让孩子明确注意到什么才是正确的行为。此外，如果其他孩子在互动过程中有做得不好的地方，也要指出来，这样你的孤独症孩子就不会感到自己老被挑毛病或受到不公正的批评了。

父母和兄弟姐妹也可以每天抽出一点固定时间，和孤独症孩子练习谈话技巧，就像留出时间做作业或练习弹钢琴一样。每天大概只需要10分钟，你和你的孩子以结构化的方式进行交谈。你或许需要事先把主题写下来，以确保谈话能围绕该主题进行，从而避免孩子把话题转移到他喜欢的主题上，同时你也可以帮助孩子提前就这个话题形成一些想法。你可能还需要使用一些视觉辅助工具，例如纸板做的箭头或旋转指针，用来提示孩子轮到谁发言了；或者一个脚本，上面有和主题相关的问题和评论。正如前面提到的那样，你也可以把对话过程录下来，事后和孩子一起回顾和练习。

你可能不止一次地感到沮丧，因为你的孩子很少和你分享他生活中发生的事情。但讽刺的是，有时候你还要为他的过度分享而揪心，因为很多孤独症孩子对分享的界限不清楚，结果让自己和周围的人感到尴尬。例如，一位患高功能孤独症的女孩子，她觉得班上有个男生在暗恋自己，突然有一天在午餐时她在同学面前大声地讲这件事。这让很多同学感到很唐突，她透露的这些隐私也让人觉得不舒服，于是大家都开始回避她。所以，如果遇到此类问题，你要明确、直接地告诉孩子她那样做是不妥的，否则大多数孤独症儿童和青少年都无法领会。你需要明确为孩子定义哪些主题合适、哪些主题不合适与别人分享，也可以把这些主题以列表的形式呈现。此外，要确保你的孩子学会识别一些面部表情（比如，看上去很惊讶、尝试切换主题或脸红），从而判断谈话对方对他说的话是否感到不舒服。

如何从集体活动和同伴交往中获益最大

如果只是简单地让你的孩子和其他孩子在一起，并不能够改善孩子在社交上存在的问题。在这里，我们的建议是，除了让孩子参加课外活动使他有机会和同伴接触以外，一些夏令营的集体活动可能对孩子有所帮助，但要注意把活动结构化，还要运用具体措施进行适时干预，这样才能让孩子从中受益。如果能选择一些和你孩子兴趣和天赋相关的集体活动，对孩子的帮助则会更大。因为这能使你孩子有机会接触到和他志同道合的人，他们也更容易接受并欣赏他，彼此相处起来也会比较愉快。许多社区都有电脑、阅读或科学俱乐部，这些可能会引起你孩子的兴趣。如果你所在的地区有大学，也可以询问一下那里有没有类似针对孤独症青少年的项目。

戏剧俱乐部对孤独症孩子也很有帮助。一开始你的孩子可能会觉得自己不适合或者不愿尝试这样的小组，但其实参加这些俱乐部会让孩子受益匪浅。毕竟，演戏不就是别人告诉你在特定情况下要说什么、该如何表现，以及你的声音、表情该是怎样的吗？事实上，高功能孤独症孩子往往会在戏剧俱乐部里表现得不错。

对于年龄较小的孤独症孩子，父母可以给孩子找玩伴，如果活动安排得当的话，孩子会从中学到很多东西。但是不要仅仅只是把孩子的同伴邀请过来玩而已，你要做的还有很多。要选择适合的活动，让你的孩子和同伴一起做。同时，不能指望他们能自发地互动起来。很多孩子就是并排坐着，然后一直玩电子游戏，当中一点儿互动都没有。选择一个需要涉及互动的活动例如玩桌面游戏、做简单的食物或者画画。要特意给孩子创造机会进行互动，例如给一个孩子面粉，给另一个孩子量杯；或让一个孩子用食材装点另一个孩子制作的蛋糕。让你的孩子有机会练习提出需求、学会分享和轮流发言，以及了解别人的想法。在这里有两点需要注意：首先，要确保这些活动对孩子们具有吸引力。其次，要确保你的孩子事先已经具备一些必要的技能，比如可以事先让孩子和你或者他的兄弟姐妹来做同样的事情。不要把学习游戏规则作为活动的一部分，活动的目的只是社交，就这么纯粹而简单。也就是说，先让你的孩子掌握了一定技能，再让孩子学会在同伴面前运用这些技能。在大多数情况下，你可能需要在旁边观察，以便能够及时辅助和提醒孩子们轮流发言、分享观点以及协商等。有时你可能会发现，使用视觉辅助工具有助于把互动结构化（例如，用旋转指针来提醒该轮到谁发言了，用带图片的食谱来显示所有的原料，或把游戏规则做成表格）。你的目标是要逐渐减少你的干预和监督，直到在没有成年人帮助的情况下孩子也可以和同伴玩得很好。这可能需要一段时间，但如果你最初就是从结构化活动开始的，和仅仅只是简单地把同伴邀请到家里相比，会更容易取得成功。

最后你要知道的一点是，大多数孩子包括那些发育正常的孩子，都需要很多结构化活动，才能顺利地和同伴玩到一起。在儿童社会性发展的过程中，争吵、不愿与他人分享和向别人妥协都是常见现象。

社交脚本

社交脚本其实就是书面提示或指南，用来提醒孩子在常见的社交场合中该如何说和如何做。其实大多数人在面对特定的社交场景时，都会无意识地运用自己熟悉的社交脚本，只是我们平时没有意识到。例如，当我们遇到新朋友时，我们通常都知道该怎么做、怎么说：我们可能会先伸出手，打个招呼，然后自我介绍，再询问对方的名字等。在餐厅点菜和接电话时，大多数人基本也都会使用同样的社交脚本。然而，孤独症人士的大脑里却通常没有构建类似的社交脚本，以供他们随时调用。因此，如果能给孤独症人士提供类似的社交脚本，将会对他们的社交非常有帮助。社交脚本最好能运用包括书面提示在内的视觉提示方式，方便大多数高功能孤独症孩子学习。鉴于高功能孤独症孩子良好的记忆能力，他们很可能慢慢把脚本记住，那时书面提示就可以撤掉。社交脚本并不难写，但需要你从孩子的角度出发，结合具体的场景，把你的孩子需要做的或说的写下来。

克林特所住社区的教堂在周末会举办舞会，他非常想邀请他在工作中认识的一个女孩来做他的舞伴，但不知道在电话里具体该怎么说，为此他感到很焦虑。克林特的父亲回想起来自己年轻时打电话约女孩时也遇到过类似困难，于是他建议克林特使用"电话脚本"来概述他要表达的要点。克林特有点儿犹豫，但最后还是同意了。于是他的父亲写了以下脚本：

"你好，请问辛迪在吗？"

"嗨，辛迪，我是克林特，我们在公司见过面。"（暂停，直到确认她知道克林特是谁）

"现在有空吗，我们可以谈一小会儿吗？"

如果对方回答没有空，则说："那我什么时候可以再给你打过来？"（暂停，等对方回答）

"好的，那明天见。再见。"

如果对方的回答是现在有空，则说："这个星期六晚上我们教堂有舞会，不知道你有没有空，想一起去吗？"

如果对方回答没有时间参加舞会，则说："哦，那太不巧了。那下个周末我们一起去看电影怎么样？或者做其他的也可以。"

如果对方答案是有时间看电影，则说："太好了。我爸爸会送我们过去。那我们下个周末7点来接你，你的地址是哪里？"

你还可以给孩子提供其他脚本，包括如何表示疑问、寻求帮助，或在商店买东西。最好事先和孩子一起把脚本练习几次，然后再让他在公共场合使用。此外，如果能把孩子使用脚本的过程录下来，并且过后一起回顾，也非常有用。

社交故事

我们在第六章中也有提到过社交故事，通常是书面的故事，有时也会配上插图，介绍有关社会场景的信息。社交故事最早是由卡罗尔·格雷提出的，她是美国密歇根州一所公立学校的教育顾问（更多信息请参阅本书后面的推荐资源部分）。与社交脚本的不同之处在于，社交故事相对没有那么直接。社交脚本是直接告诉孩子该做什么、该说什么，而社交故事则会对具体社会场景的重要信息进行描述，并强调其中的社交线索和其他人的动机或期望。最重要的是，社交故事会告诉孩子为什么他需要这样做以及这样说。卡罗尔·格雷通过下面的实例，解释了这么做的必要性。例如，如果有人突然叫我们到墙角那里做倒立，通常我们要么会拒绝，要么勉强只做一次（当有人在旁边提醒并监督时），然后就再也不会做了。为什么？因为在当时的情形下，这种行为显得毫无意义。对于孤独症孩子也一样——当我们告诉他们该做什么或者该说什么时，他们是完全不理解的。所以，如果我们希望孩子能经常表现出某些特定的社会行为的话，那我们就有必要告诉孩子这些行为背后的逻辑是什么。实际上，格雷女士建议（而且许多研究人员也相信），不了解社会行为背后的逻辑，是孤独症孩子在社交上遇到许多困难的症结所在。

格雷女士就如何编写一个有效的社交故事概述了一些具体原则。例如，它应包含更多的信息陈述（解释社交线索或提供原因），而不是指令性陈述（告诉孩子该做什么和该说什么）。指令应该采用正面陈述的方式（"这样做"而非"不要那样做"）。关于编写社交故事的具体原则还有很多，在这里我们也很难对此进行一一介绍。如果你感兴趣的话，可以参考本书后面的推荐资源部分以获取更多这方面的信息。设计社交故事其实并不难，已经有很多父母在家里尝试过。下面就是一个例子，介绍父母是如何设计社交故事，来教会孩子在学校自助餐厅里做出适当的行为。

特蕾西今年9岁了，她患有高功能孤独症。最近，她在学校吃午餐时遇到了很多麻烦。例如，她不喜欢排队等候；她只想吃甜点；当收银员在她午餐卡上打洞时，她会又哭又闹。针对这些情况，父母专门编写了一个社交故事，来帮助特蕾西了解为什么她需要做这些事情。同时，故事里对一些具体规则进行了明确说明，来引导特蕾西如何做。特蕾西的老师把社交故事中的每一小项都打印在单独的纸上，让特蕾西把每一页的情形画出来，然后允许她在午餐时将它放在托盘上。这种干预对改变特蕾西在自助餐厅的行为非常有帮助，几乎是同时，她哭闹的行为神奇地消失了。于是特蕾西的父母继续编写社交故事，针对特蕾西出现过困难的很多场合，来帮助她理解该如何表现，包括怎样友好地对待她新出生的弟弟、如何洗澡、如何遵守用餐流程、如何在教堂里安静地坐着，以及如何在商场里坐自动扶梯等。

特蕾西的社交故事：在学校餐厅吃饭

- 午餐时间到了，老师告诉我们该去餐厅吃饭了。
- 我和所有其他孩子一起去餐厅，我要尽量慢慢走。
- 我们必须排队等待拿食物。 轮到我时，我才能拿午餐。按顺序排队很重要，如果"插队"，他们会不喜欢我。 我希望其他孩子喜欢我。
- 柜台后面的女士人很好。 她问我想要什么食物。我可以选择一份主菜、一份蔬菜、一份甜点和一杯饮料。 我把手指向我要的食物，她就会把它们放在我的托盘上。
- 我只能吃一份甜点。 如果吃太多甜点，我可能会感觉不舒服。
- 我需要对点餐的女士说"谢谢"。
- 我将托盘推到尽头，并将午餐卡交给收银员。她会在上面打一个洞，这个洞表示我已经付了午餐的钱。
- 我把托盘端到桌子上，然后坐下来与苏珊和简一起吃饭。

社交故事被大家认同的地方在于，它不仅对各种社会行为做出解释，而且其以高度视觉化的结构有效地帮助孤独症孩子理解。此外，由于社交故事用的是书面形式，孩子可以随时看到，来提醒自己在教室里进行适当的社交行为（举手、排队等候、应对班级日程的变化等）。社交故事还可以写在索引卡上，然后贴在孩子的桌子上。许多孩子会把社交故事保存在笔记本里或者电脑上。他们还喜欢和家人一起回顾这些故事，或者继续保存那些他们已经用不上的故事，作为自己进步的证据。

叙述生活

社交故事的目的是解释社会线索，并说明某些社交行为对你孩子的重要性。为了实现这一目标，还可以采用其他方法，其中一种叫"叙述生活"，由美国加州大学洛杉矶分校的社会工作者琳达·安德烈开创的，她的工作就是专门帮助孤独症人士。美国堪萨斯大学医学中心教授布伦·史密斯·迈尔斯博士则把这种方法称为"大声思考"。从这些名字我们不难看出，其涉及的是人对自己行为和思考过程的实时点评。例如，你可以口头描述你正在做什么、为什么这样做、你是如何做决定的、为什么要选择这些行为而不是其他行为，以及你留意到的线索。这种方法听起来有点像社交故事，但它不是视觉化的，也没有具体的直接产物。这可能对于某些孩子而言不是那么有用，但它的吸引力在于它非常容易实施，而且可以随时随地使用。

当塞斯的妈妈带塞斯去超市时，她会把自己买东西的每一个过程都大声地告诉塞斯。例如，在她选择某一个品牌的汤料时，她说："我想今天我会买这个牌子的汤料，因为我们之前一直都是喝另一个牌子的汤料，我觉得我们已经喝腻了。还有，这个牌子今天在搞特价。"当她想找一个特定商品时,她大声说:"当我找不到我要的东西时,我会问一个在这里工作的人,他们一般都佩戴工作牌,你可以很容易认出来。"当塞斯妈妈在选择结账台时,她说:"这个收银员看起来动作很麻利,而且她前面排队的人很少。她对每个人都微笑,所以她看上去很友善。"当他们在排队等候时,她对塞斯说:"有时候排队太久会让人感到很难受,但是插队是不礼貌的,其他人会生我的气。我可以利用排队等待的时间,来看看结账台旁边的杂志。"当她打开钱包时,她说:"在我们离开之前,我需要支付所有这些东西的费用。如果我带的现金不够,那我可以改用信用卡。"当他们离开超市时,妈妈对塞斯说:"那位收银员人很好。我很喜欢和收银员聊天。如果我想不起来要聊些什么,那我就会聊聊天气。"

友谊档案

作为《阿斯伯格综合征完全指南》(*The Complete Guide to Asperger's Syndrome*)的作者,托尼·阿特伍德建议父母帮助孩子创建包含同伴相关信息的索引卡,通过这种方式记录其他孩子的特点、兴趣和喜欢的活动,可以使你的孩子更容易回忆起同伴的这些情况,以便他为将来的互动做更具体的准备。你可以帮助你的孩子使用这些卡片做以下事情。

- 选择适当的话题。
- 赞美他人(通过了解对方的特点)。
- 选择对方可能喜欢的活动。

友谊档案不仅可以增进友谊,而且还能够教会孩子一个重要的技能即了解他人的预期,比如孩子在知道了同伴的兴趣后,会特地根据同伴的兴趣来选择活动。

同伴介导干预

在教授社交技能的众多策略里，有一种非常与众不同，我们称之为"同伴介导干预"，即让正常的同龄孩子（非孤独症孩子）和孤独症儿童或青少年一起在更为自然的环境中相处。然而，仅仅只是将他们简单地混在一起是远远不够的（在学校里可能已经这么做了，可是你的孩子仍然在社交上面临很多困难）。在这里，我们要明确地教会这些正常的同伴，如何与孤独症孩子展开互动、如何快速地做出社交反应，如何给予孤独症孩子反馈和强化。一般他们会被事先告知和孤独症孩子互动的一些简单的原则，例如和他们坐得近一点、参加他们的活动、发表评论、称赞他们（即使是很小的互动行为），并且坚持不懈。此外，我们可以告诉这些同伴，孤独症孩子在互动时经常会出现的情况（例如，他们会忽视同伴，或不停地说自己感兴趣的话题比如爬行动物）；我们还可以和这些同伴进行角色扮演，并且给予他们一些建议，让他们知道遇到这种情况该如何应对。但是在此之后，成年人不会在现场充当训练师或直接与孤独症孩子互动，而是让那些同伴来充当这个角色并与孤独症孩子进行互动。不过，训练师仍然需要在场，以便在必要时给予孤独症孩子支持、鼓励和保护，但还是会尽量争取让干预通过那些同伴来进行，从而逐渐让自己从"中间人"的角色中淡出。通常同伴介导干预是在学校进行的，但也可以在机构或社区环境中实施——有时甚至还可以在家中进行。

研究表明，同伴介导方法带来的好处非常明显。一项研究表明，在幼儿园教室里，通过同伴干预后，孤独症孩子的很多正常社交行为的发生频率增加了2～3倍，包括提需求、吸引其他孩子的注意、排队等候以及眼神交流等。不仅如此，孤独症孩子还能自行把这些新技能泛化到其他场景中去，而且很久都不会忘记。

你也许可以联系孩子的学校，看看学校是否愿意在教室里实施类似的同伴介导干预。或者，你可以对这个方法稍微进行改动，以便于在家里实施，由孤独症孩子的兄弟姐妹或者邻居的孩子来担任同伴教练的角色。如果这样做，一定要预先对同伴进行训练，并且做好相应准备。例如，你知道你孩子有一些特殊的怪癖以及互动方面的困难，那你可以事先和那些同伴做角色扮演，让他们知道应对的方法；也可以给同伴提供一些规则来引导互动（例如，靠近约翰，尝试和他一起玩，当他自言自语时就选择忽略）。同样，和前面提到的和玩伴进行结构化活动那样，你可以先发起互动，然后在旁边监督，随后逐渐淡出，让孩子们自己进行互动。

朋友圈

这项活动旨在帮助那些缺少朋友的孩子成为团体的一员，并参与社交活动。最好在教室或其他自然形成的团体环境中实施（例如夏令营）。在活动中，有一份社交"地图"，地图由同心圆制成，孤独症孩子在中心，内环是家庭成员，内外环之间是除家庭成员以外其他给孩子提供辅助的人（如老师、训练师），外环则是朋友。在教室里，老师可能会先为发育正常的普通孩子建立朋友圈，然后再为孤独症孩子建立朋友圈。显而易见，和普通孩子比，孤独症孩子外环的朋友少多了，甚至没有。然后，老师会要求志愿者加入孤独症孩子的朋友圈，和他们交朋友。老师还会给这些志愿者分配各种各样的任务，包括在孤独症孩子进入教室时表示问候、在操场上和他一起玩或者聊天、午饭时和他一起吃饭等。朋友圈项目要想取得成功，关键是要密切留意充当志愿者的那些同伴。因此，事先的培训（和之前社交技能小组里的同伴调解类似）是必要的。培训应该包括孤独症的基础知识、与孤独症孩子互动的技巧、如何应对孤独症孩子的异常行为，以及就一些可能出现的情况进行角色扮演。干预开始后，需要定期开会讨论。在会上，老师或其他学校工作人员会和志愿者会面，聆听他们在这个星期是如何帮助孤独症孩子的，并且对出现的问题进行讨论，甚至可能是角色扮演或对如何应对这些问题提出建议。

类似干预也可以在家里进行，父母可以请邻居的孩子充当志愿者。像在学校一样，在家里为孩子建立朋友圈时很重要的一点是，你要与孩子的同伴紧密合作，并且给予适当的指导、及时跟进事情的进展。此外，要确保你选择的孩子都是出于自愿，并渴望成为你孩子的朋友，而且还对你孩子非常了解，这样才能成功。

约瑟夫的母亲琳达决定在他们来往比较密切的邻居中，为约瑟夫建立一个"朋友圈"。她联系了3个家庭，他们的孩子和约瑟夫年龄相仿。琳达向他们介绍了该计划，并询问他们的孩子是否愿意和约瑟夫玩。两个8岁的男孩同意加入约瑟夫的朋友圈。作为邻居，他们已经认识约瑟夫，因此也知道他的一些怪癖，但是琳达还是决定告诉他们有关孤独症的更多详细信息。她特地强调了约瑟夫非常聪明，并告诉他们约瑟夫所有的天赋和特殊技能。她还告诉他们，约瑟夫有时不知道该说什么，以及什么时候该停止讲话。她还和男孩们进行了角色扮演，以便他们知道在一些情况出现时该怎么办。例如，当约瑟夫开始谈论地理时，她提醒男孩们说："哦，那的确挺有趣。对了，你昨晚看篮球比赛了吗？"当约瑟夫开始滔滔不绝时，她教男孩们举起食指说："嘿！我能说点什么吗？"然后以适当的方式来转换话题。然后她给每个男孩布置了特定的任务，例如和约瑟夫一起坐公交车、在小区角落和约瑟夫一起骑自行车、给他打电话等。每个星期，琳达都会了解事情进展如何。如果发现他们相处时遇到问题或者有情况不知道该如何处理，琳达会及时给出建议。琳达希望男孩们能真正喜欢并享受约瑟夫的陪伴。不过，她还是决定时不时给予他们一些奖励，例如送给他们游戏商店里的礼品卡、带他们外出吃比萨或一起到游乐场玩，这也有助于这些孩子能够继续坚持与约瑟夫一起玩。琳达为此付出了很多，但当看到约瑟夫接到朋友电话或被邀请去骑自行车时，她感觉这一切都是值得的。

提高孩子处理情绪能力的策略

在童年时期，孩子的主要任务之一就是学习调节自己的情绪。对于许多孤独症儿童而言，他们调节情绪的能力还比较欠缺，因此可能需要额外的帮助来学习如何恰当地处理强烈的情绪。例如，虽然在幼儿园时期，大多数幼儿和许多学龄前儿童感到沮丧或者遇到不顺心的事情时经常会发脾气，但是，当他们进入小学时，大多数发育正常的孩子就很少发脾气甚至完全不发脾气了。相比之下，高功能孤独症儿童甚至是青少年还会经常发脾气，因为他们还没有学会如何调节自己的情绪。显然，这种行为不但不能帮助孤独症患者融入社会，还可能会导致他们在社交上被排斥和孤立。

情绪调节的一个重要方面是了解自己身体的内部状态，以及引发情绪变化的一些迹象。例如，当一个人感到沮丧时，他的肌肉可能会紧张，他可能会感到一股炽热的血液涌上他的脸，以及体内的能量突然激增。对于许多孤独症孩子而言，他们很难意识到这些现象，更无法对此做出解释。

马特奥的兄弟们喜欢去附近的游戏厅玩，他们经常缠着妈妈带他们去。为此，妈妈感到很为难，因为马特奥是一位高功能孤独症孩子，他在游戏厅里经常会失控。最开始他很喜欢那里，但当他被那里闪烁的灯光和声响吸引时，局面就开始失控了。他会忍不住咯咯大笑、四处乱跑，还不停地骚扰其他孩子。最后，孩子们的外出往往不可避免地以哭闹结束，所有人都感觉像经历了一场灾难似的。于是，马特奥的兄弟们恳求妈妈下次去游戏厅时将马特奥留在家中。

蒂姆是一名高功能孤独症少年，也是一名才华横溢的学生。尽管他的数学远远超过了他的年级水平，但他最近几次考试的成绩都不及格。蒂姆非常容易感到沮丧，以至于当他铅笔需要削尖而他无法迅速得到老师帮助时，他就崩溃了。他似乎留意不到自己身体里不断发出的预警信号，直到他终于承受不住而将坏情绪爆发出来，这时他会把书和纸扔到地上，并尖叫"我受够了！"，然后走出教室。遇到这些情形，其他同学有的会目瞪口呆，有的会窃窃私语，然后偷偷在笑蒂姆。

从这两个例子中我们可以看出，如果孩子不能察觉自己的情绪，他们会在社交上遇到很大的困难。父母可以使用一些策略来帮助孩子学习更好地调节自己的情绪。首先，你可以鼓励孩子用语言来表达自己的感受。通常当学龄前儿童学会说话后，他们哭闹的频率会少很多。当你的孩子在经历某种情绪时，要教会他留意到自己的诸如喜悦、愤怒或悲伤的情绪。然后给孩子的这些情绪贴上对应标签，并鼓励孩子用语言表达这些情绪（例如，"我生气了！"）。如果孩子需要，你还可以给他提供视觉提示，例如在一张纸上画出有好几种情绪的人脸，来帮助孩子搞清楚自己的情绪状态。

当孩子用语言或其他方式表达自己的感受后，你可以给孩子提供一些方法来应对情绪爆发。首先，你可以提出建议，甚至列出一些应对策略。例如，你可以说："如果你感到沮丧，你可以寻求帮助，或请求休息，或者切换到新话题上。"最终，你要引导孩子自己提出解决方案。比如，提示孩子思考，除了你提供的策略以外，是否还有其他替代方案（"当你感到沮丧时，你还可以做什么？"）。

然而有时候，你的孩子的情绪状态是如此强烈，以至于他需要技巧才能使自己平静下来，之后才可以讨论他的感受和应对方法。有一种方法叫作渐进式放松，这个方法通常有效果：让孩子躺下并深呼吸，口头上引导他收紧（吸气时）和放松（呼气时）从脚趾到头部的各处肌肉。当他熟悉了这种方法后，你可以教孩子把它运用到感到压力大的时候。这种快速放松方法的另一个好处是，教学过程可以帮助孩子更好地意识到身体状态与紧张和放松有关。对你的孩子来说，能让自己平静下来的第二种方法是进行一些放松的活动，例如听音乐、嚼口香糖、绘画、做背部按摩，或在脑海里想一些让他感觉舒适的物体如柔软的毯子或喜欢的宠物的皮毛。当你的孩子意识到自己的情绪可能要爆发时，你要教他寻求帮助或让自己摆脱目前的情形。比如前面提到的蒂姆，当他感到沮丧时，他可以征求老师的同意，离开教室两分钟。家长和老师可以为孩子提供专门用来休息的场所或者专门做一个"休息卡"，让其他人知道他们需要一些时间独处。运用这个方法会对你的孩子有帮助。对于大多数孩子而言，把这几种策略结合起来使用来学习控制和管理情绪，会很有益处。

面对嘲笑和欺凌

许多孤独症儿童和青少年在学校里都曾经被别人嘲笑、贬低或欺凌过。保罗·沙特克博士及其同事的一项研究发现，几乎一半的孤独症儿童曾遭遇过欺凌。我们前面提到的同伴介导法似乎能提高孤独症孩子在同伴中的接受度，有效地降低孤独症孩子受到同伴伤害的频率。

对孤独症孩子来说，在学校吃午饭或课间休息的时候，同伴陪伴非常有帮助。众所周知，通常"小霸王"很少针对一群（甚至只是两个）孩子，他们往往倾向于去找那些落单的孩子，因为那更容易得手。

其他一些方法也有望能减少孤独症孩子遭受嘲笑或欺凌的可能性，其中许多方法的内容和同伴介导方法相似，包括向同学们科普孤独症的知识、创造机会让孤独症孩子和同伴定期互动。还要对孤独症孩子进行培训，教会他们一些技巧来勇敢面对欺凌：寻求帮助、找一个安全的地方、自行离开、使用幽默化解等。如果你有理由怀疑孩子被欺负，要立即与你孩子的老师和校长联系。保障孩子的安全是最重要的。这意味着针对不同的情形要制订相应的计划，在学校周围建立一个安全区，更好地监控那些结构化程度低的活动和情形以及随时可能发生校园欺凌的情况。

如果一个孩子经常被欺负，通常会变得缺乏安全感，而且容易感到焦虑，在社交上也处于边缘状态，很少得到朋友或其他支持。孤独症孩子可能因为有些地方和别人不同而被嘲笑。除了上面提到的在学校的解决方案外，你还可以通过让孩子为自己的不同而感到骄傲，来对抗这类欺凌。因为如果一个孩子充满了自信，那么他是很难被取笑的。例如，布伦特是个10岁的孤独症男孩。有一次，他在学校操场上被别人嘲笑，说他是"病毒男孩"（因为他对病毒和细菌特别感兴趣）。他的老师后来描述，布伦特转过身说："是啊，我喜欢病毒，因为我有孤独症。而且，因为我有孤独症，所以我阅读和玩电子游戏都比你们强。"顺便说一句，布伦特参加了一个社交小组，这个小组专门讨论孤独症人士的这些特殊优势。欺负他的人无言以对，就走开了。

如果是因为孤独症使孩子的行为异常，例如来回挥动双手、自言自语或发出一些怪声等，导致孩子被嘲笑，你也可以尝试让他更多认识到在公众场合或与同伴在一起时应该减少这类情况的发生。你可

以给孩子录像，然后指出当时的具体情形下孩子的不当行为，让孩子
认识这种不当行为。当你的孩子意识到这种行为时，你可以建立奖励
制度（和第四章提到的自我管理方法类似）以减少这种行为发生的频
率。如果这些异常行为对孩子能起到特定作用，例如表达兴奋或减少
无聊，那么可以教孩子用适当的行为来替代，比如用鼓掌来代替来回
挥动双手，或者可以用"哦，耶！"来代替异常的声音。这些我们在
第六章里也曾经讨论过。

　　还有一种办法可以帮助你的孩子了解自己和别人的差异，即和
孩子就孤独症展开明确的讨论。如果孩子被嘲笑的原因是他和别人不
同，那这种方法的作用就更为显著。作为家长，你可以和孩子谈及孤
独症的一些基本特征，同时尽可能强调其特殊的优势，以及独特、积
极的一面。你可以把讨论引向和孤独症相关的一些异常行为，和孩子
分析为什么这可能会导致他被嘲笑。通常，用比喻的方式会有助于孩
子理解，比如你可以以大猩猩和火烈鸟为例。大猩猩之所以能够引人
注目，是因为它们表现出一些非常明显的负面行为，例如攻击性和发
脾气；而火烈鸟之所以能够脱颖而出，是因为它们独特而有趣，而且
与众不同。如果你的孩子不想让自己显得太突兀，你可以用之前提到
过的方法，帮助孩子自己识别并监控这些行为，从而避免自己像大猩
猩或火烈鸟那样。你和你的孩子可能还想读一些由高功能孤独症人士
撰写的个人自传（例如天宝·葛兰汀的书），或观看关于孤独症人士
的电影，使孩子对孤独症的特征有更具体、直观的认识。更多内容可
参阅本书末尾的推荐资源。

第九章

展望未来：高功能孤独症青少年后期及成年后的生活

> 我曾经迎着狂风，
> 经历过最强的暴风雨；
> 我曾经从天堂的山谷中跌落，
> 全身湿透；
> 但我挺住了。
> 我就是我！
>
> ——一位孤独症青少年

成长会给孤独症孩子及其父母带来许多新的挑战。初中和高中的教育环境更加复杂，结构化也更少，而且要求孩子在不同任务之间频繁切换，比如从这个教室走到另一个教室，因此，对孩子独立性和灵活性要求也就更高。由于孤独症孩子通常执行能力和组织能力弱（我们在第七章曾讨论过），因此他们很难完全独立地完成这些任务。而随着年龄的增长，人们对他们的要求也在提高。孩子到达青春期初期，人们会希望他们能完全遵守社会规则，而对这些天生与同龄人不同的孤独症孩子来说，这很困难。实际上，这可能使许多孤独症孩子第一次意识到他们与其他孩子有多么不同。除了这些要求被提高之外，孤独症青少年也被期望表现得更成熟，在人际关系中承担日益复杂的社会和情感角色。

长大带来的好处

幸运的是，青春期和成年期也有积极的一面。这时候，一些孤独症人士尤其是那些已经接受了好几年良好干预的孤独症人士，已经能运用很多方法去适应不同的社会环境。与童年时期相比，他们对社会交往中的规则更熟悉，也更容易融入社会，从而减少同伴对他们的消极印象。与此同时，他们身边的同伴即发育正常的青少年和年轻人也更成熟，也更能接纳他人的不同。当然，你也不能指望所有人都能如此包容，毕竟在十几岁的孩子当中，有很多人对同伴还不是那么友善。作为父母，如果你的孩子遭遇嘲笑或欺凌，你可以继续采用第八章中我们建议的方式来应对。但是，总的来说，这类问题在高中时确实有所减少，而到成年阶段就很少见了。

到了高中阶段，独特的爱好和个性有时还能提升孩子的公众形象，尽管这种情形不一定会发生在你的儿子或女儿身上。以查尔斯为例，在小学和初中阶段，他喜欢挑战权威，并经常对既定的规则提出质疑，这使得他经常被请去校长办公室做反省。他还经常扰乱课堂秩序，因为他会对很多司空见惯的规则或作业发表不同意见，这让同学们感到很烦恼，导致他不受欢迎。但是，等到了高中阶段，查尔斯突然在班里变成受欢迎的人，因为大家觉得他很有责任心，敢于指出权威人物在逻辑上的错误，批评他们对待学生的不公平之处。虽然大家还是觉得查尔斯有点儿怪，但他同时也被大家奉为班里的"独行侠"。

成熟带来的另一个好处是，大家在成年后都开始越来越习惯于根据自己的兴趣爱好安排社交活动。例如，许多成年人主要与同事进行社交活动，谈话通常围绕着办公室里发生的事情或他们工作中有交集的领域。对于孤独症人士来说，他们选择从事的职业往往与自己特殊兴趣相关，这意味着会减少谈论自己陌生或不感兴趣的话题，社交障碍带来的焦虑与不适也因而更少了。由于成年人的闲暇时间有限，因此他们会更倾向于寻找和自己有共同兴趣的人，无论是通过俱乐部还是互联网或其他途径，这样的方式也会让孤独症人士感到更自在，从而消除他们对社交的恐惧感。例如，埃莉小时候对南北战争很感兴趣，这让她的小伙伴都感到很奇怪。但是，等到了成年，她遇到了很多和她一样喜欢历史战役的朋友并与他们建立了深厚的友谊。埃莉对这一领域的知识掌握的广度和深度，让她深受大家的尊敬。

对于孤独症青少年（以及许多发育正常的青少年）而言，成长带来的最大好处也许是随着自主权的提升，他们有更多的机会根据自己的兴趣和优势来安排自己的生活，从而能在周围的环境中找到适合自己的位置。例如，罗宾是一位患有孤独症的年轻女孩，她在童年时期非常痴迷摄影，但周围的人对此都不感兴趣。而且，她的父母和老师总是试图让她摆脱这种迷恋，能把时间用在学习上。每当她开始滔滔不绝地谈论摄影技术时，同伴们总是想回避。但是，到了高中阶段，当罗宾加入了学校年度纪念册的筹备组后，她发现大家都争先恐后地找她拍照，这为罗宾赢得了声誉，她的自尊心也得到了提升。后来，罗宾的家人巧妙地利用了她的这一兴趣，帮助她最终找到一份摄影师助理的工作。

　　和儿童时期相比，随着自身的成熟，高功能孤独症青少年和成年人在社交上也拥有了更多的自主权，可以选择适合自己水平和优势的社交活动。有一些孤独症孩子——尤其是那些已经从社会交往中尝到益处的孩子——会选择"主流的"社交活动，并坚持在社交上向"标准"靠拢。但是，对于其他的孤独症孩子而言，社交活动仍然让人感觉不舒服，而不是享受，因此，这些年轻人可能会更倾向于独处。也许你会为此感到失败，因为经过多年的社交干预，到了青春期，孩子还是选择了孤独。或者你曾经希望孩子成年后能过得开心，而现在你担心这个目标可能永远都不会实现。在这种情况下，请别忘了，无论孩子喜欢的社交活动处于什么水平，这些活动的目的都是让他开心。作为父母，你的工作是帮助孩子掌握社交技能，但最终如何使用这些技能则取决于孩子自己的决定，这点对非孤独症孩子也同样适用。父母眼中的最佳选择和孩子的个人喜好难免会有冲突，如何在二者之间做好平衡，是所有父母都要面临的挑战。大多数父母希望他们的孩子生活得开心，能够有所成就。但需要记住的是，你心目中关于开心和成就的标准，可能和孩子的不同。

　　正如我们在第一章中提到的，劳伦在高中时基本对社交不感兴趣。曾经有同学邀请劳伦参加舞会，但她拒绝了人家，劳伦母亲对此感到非常失望。但当劳伦上了大学后，她遇到了一个"知己"，另一个独来独往的人。和劳伦一样，他也主修物理，也喜欢电影。每逢周末晚上，他们俩会经常一起去电影院看电影。当妈妈问劳伦，她和这个男生在一起聊些什么时，劳伦说："没什么。"妈妈接着问，他们有没有尝试过在看电影前一起吃晚饭，或者她有没有请人家喝过咖啡，劳伦回答："没有。"为了帮助劳伦更好地促进这段友谊发展，母亲进行了一些尝试，包括给劳伦创作相关的社交脚本。但是随着时间的推移，劳伦对这样的关系感到很满足，看上去也很开心。看到这样的情况，母亲也替劳伦感到高兴。即使劳伦和那位男生没有发展成为恋爱关系，但是劳伦很满足，而且她也比以往任何时候都更爱社交了。

关于青春期的另一个好消息是，对于孤独症孩子，有些事情父母不需要太担心。相反，对于这些事情，很多发育正常的孩子反而会让人很头疼。比如，很多发育正常的孩子在青春期阶段会有叛逆的举动，包括顶撞大人、质疑权威、挑战规则和极限，并且尝试危险的行为等。相比之下，很多孤独症孩子和成年人相处融洽，也喜欢遵守规则，所以基本不用担心他们会出现类似的叛逆举动。

青春期和成年期的关键问题

和童年时期一样，在青春期和成年时期，高功能孤独症人士仍然要面临很多相同的挑战。这对父母而言，意味着你以前一直用来帮助孩子的那些方法仍然会有效。在未来的生活中，许多乃至大多数孤独症人士可能仍然需要别人的帮助。尽管随着时间的推移，他们这方面的需求会减少。就像你在孩子小时候帮助他那样，你要继续让孩子发挥自己的优势，包括出色的记忆力或视觉空间能力，来帮助他更好地适应大学和工作。我们在第七章中提到的大部分策略，在高中和大学也仍然适用。我们在第六章中提供的许多使居家生活更轻松的策略，将有利于你的青少年或成年子女在不同的环境中生活。同样，我们在第八章讨论的大多数关于缓解社交尴尬和结交朋友的建议仍然适用。

但是你可能会说，我的孩子刚刚经历了一次体内巨大的激素水平变化，他现在已经有了工作，随着他年龄的增长，别人对他的期望值也提高了。这种情况下，我们真的可以就当一切没有变化一样继续原来的策略吗？实际上，随着高功能孤独症孩子逐渐成熟，有些事情的确发生了改变，你仍然需要更侧重于孩子做事的独立性和功能性。而为了帮助孩子，你必须学习在新的情形下进行协调。一方面，你需要继续给予孩子帮助；而另一方面，你要鼓励他们独立解决问题，要将这两方面平衡起来并不容易。在这一章里，我们将帮助你了解孩子这段时间的变化、你将要面临的新困难，以及要采取的新策略。

但凡孩子进入青春期，父母都知道，这期间会面临很多挑战。显然，孤独症孩子的情况会更复杂。在下面的讨论中，我们将告诉你，在面对青少年常见的问题时，如何根据孤独症孩子的具体情况来应对。更重要的是，我们会尽力帮助你了解，孩子的行为哪些是由孤独症导致的、哪些是由于处于青春期导致的。

你会在本章中看到，我们认为你的孩子仍然需要大量的支持和辅助。这听上去似乎令人感到沮丧，但请理解，目前我们看到的关于大龄孤独症人士的研究，他们的研究对象都是青少年或成人时期才被确诊的。也就是说，和你孩子不同，他们没有接受过早期干预，也没有获得长期的干预，所以和你的孩子相比，他们需要的辅助和干预也就更多。最近这些年来，高功能孤独症越来越容易被确诊，这个领域的发展前景也越来越清晰。对于这些接受过良好早期干预的青少年和成年人，我们相信他们能够适应得更好。而对于我们以下提供的建议，你可以根据你的孩子的具体情况决定是否需要采用。

寻找可以提供帮助的人

在孩子成长的过程中，为了帮助他适应这个世界，你（可能在老师和训练师的帮助下）曾经充当过类似协调员和翻译员的角色。你也一直在为孩子奔走，尽一切努力来确保他获得必要的服务。面对很多对孤独症的误解和轻视，你曾经做过无数次解释；遇到孩子在社交场合频繁出现的困难状况，你曾经努力善后。孩子在学校度过艰难的一天后，你需要拥抱和安慰他；在一次成功的社交活动后，你需要鼓励和祝贺他。在你的不懈努力下，孩子在不断进步，而随着他日趋成熟，他还需要从其他地方寻求支持。孩子越独立，作为父母，你能协助的机会就越少。

有时候父母觉得，在孩子长大后，自己应该从孩子的生活里淡出，以免影响孩子的生活。的确，对十几岁的孩子来说，如果你还像婴儿时期那么对他，那肯定就显得不合时宜了。例如，也许你每天早上都送孩子上学，但当孩子进入高中时，你会开始怀疑这么做是否还合适。不过，有些孤独症青少年还希望能够得到这样的辅助，你可以根据自己孩子的个人需求和愿望来决定该如何做。

但是，也有一些孤独症青少年，他们开始要求独立，并把父母的帮助视为"干扰"。虽然你很可能已经留意到孩子在成长过程中表现出来日益独立的迹象，但与发育正常的孩子相比，他们学会独立的时间通常更晚。但是如果你孩子已经开始对你提供的支持表示不满，你要想清楚该如何回应。作为青少年或年轻人，你孩子可能仍需要来自父母的建议和精神上的支持，比如在遇到困难时能得到父母的安慰，以及胜利时能和父母分享喜悦。那么，在青春期，你该如何继续为孩子提供建设性的帮助，而且使用的方式也能被孩子接受呢？

当你的孩子长大后，你需要改变帮助他的模式，其中一种办法是，你可以在社区或孩子平时的生活环境中寻求"帮手"。这些支持可以来自朋友、孩子干预项目的联络人、训练师、同事或在其他环境中遇到的人。如果你的孩子刚刚步入青春期，那你需要帮助孩子理解父母有必要为他积极寻求帮手，目的是要确保他在遇到麻烦时能获得及时的帮助。在成年后，你的孩子可能还需要持续的职业帮扶，比如来自职业教练的指导和辅助，但即便孩子没有职业辅导员，如果他能在不同环境中获得支持，也会极大地减轻他的焦虑。

　　高中时，约翰加入了学校游泳队，为此，他的妈妈感到非常高兴。但是，她也知道，在更衣室换衣服以及和大家一起坐巴士的这些社交情境会让约翰很不适应。她向约翰提到，她认为对约翰来说，需要在这些场合找一个"可以随时提供帮助的人"。这样，当约翰感到困惑或不确定时，他就可以得到帮助。约翰很喜欢助理教练，他觉得和助理教练在一起聊天很自在，所以他们都认为他可以充当这个角色。于是，约翰和妈妈一起给助教写了一张便条，描述了约翰具体需要什么样的帮助。到了下个星期，在练习结束后，约翰把便条给助教看，助教欣然同意了。约翰发现，在整个赛季，助教给他的帮助是巨大的，助教帮助他理解什么时候该给予队友拥抱，也向他指出当发现自己队伍犯规时没必要主动告诉裁判……

在上面的例子中，约翰的妈妈特意把助教称为"可以随时提供帮助的人"。当你和孩子事先商量谁可以为他提供帮助时，有一点很重要，就是要尊重孩子的自主权，因为这符合所有青少年成长的规律。你可以和孩子一起进行头脑风暴，看看在哪些情况下，孩子可能需要专业意见的指引，比如在学校、工作场所或课外俱乐部。在每一种情况下，都要选择一个你的孩子觉得信赖的人来给孩子提供帮助。为了让事情看起来正式一些，要先确认对方是否愿意充当这样的角色。就像约翰和他母亲所做的那样，你可以向对方解释，你希望当孩子遇到问题或感到困惑时，可以向他求助；当孩子不确定如何处理某件事时，他知道有一个人会随时愿意过来帮助自己。此外，提供帮助的人必须是"随时可以"找到的，所以需要有其他的人作为候补，以便孩子能及时得到帮助。

披露诊断

通常随着孩子年龄的增长，他的症状会随之减轻，从而不易被人察觉。但是，当孩子开始涉足新的领域，孤独症孩子可能会遇到很多问题。最开始，你将替孩子决定是否应该将他的孤独症诊断信息告诉其他人。例如，你要决定是否该打电话给夏令营的督导、体育教练或邻居孩子的父母，让他们知道你儿子或女儿患有孤独症。但最终，这个决定将取决于孩子自己。因此，在孩子进入青春期时，可以和他（或她）一起就这个话题进行讨论，为以后做好准备。在很多情况下，你的孩子将决定是否需要把自己的诊断信息告诉同事、朋友，甚至未来自己的另一半。

根据不同的情形，披露诊断信息的利弊各异，但是你和孩子应该意识到，把诊断信息和孩子周围的人分享会带来很多好处。在许多情况下，例如在学校、团体组织或运动队以及工作场所里，披露诊断、坦陈孩子可能会遇到的挑战，能够获得大家对孩子的理解或者让孩子得到一定的特殊照顾。如果孩子有些异常的举动或者看起来很冷漠，披露诊断也能消除大家对孩子的误解。有时，有的孤独症孩子因为担心会受到排挤而刻意隐藏自己的症状。这种情况下，如果孩子意识到自己是能够被接纳的，也会极大地缓解他的焦虑。

马库斯不安地在父母家里的门厅来回走动。他在一家计算机公司找到了新工作，昨天第一天去上班。这是他不再担任职业教练后第一次独立工作。马库斯今年22岁，他患有高功能孤独症。

他担心在参观办公室时，自己的举动会让一些同事感到奇怪。他的妈妈觉察到他的焦虑，问他在担心什么。听完马库斯的解释后，妈妈提出要召开一个会议，她会向他的同事解释他的诊断结果。马库斯一开始有点抵触。因为，这么多年以来，他一直在努力克服自己的症状。后来，妈妈提出了其他的办法，马库斯接受了。他们制订了一个简短的脚本，供马库斯在遇到新同事或对互动有点顾虑时使用。脚本是这样写的："我患有孤独症。有时候在互动或者谈话时，我不知道该说什么或做什么。如果我的行为看起来不礼貌，我向你表示歉意。如果你想了解有关孤独症的更多信息，我很乐意和你一起讨论。"马库斯的记忆力很好，很容易就把脚本记住了。接下来，马库斯用这种方法向几位同事透露他的诊断。马库斯很高兴地发现，同事们都很宽容，不但愉快地接受了这个事实，还渴望向他了解更多信息，并决定以后会尽可能地为他提供帮助。

尽管马库斯的体验是正面的，但在披露诊断时，还是会面临一些风险。因为披露诊断可能会引发一些人的偏见，他们会错误地认为孤独症人士没有能力和他人建立联系，也不能做出什么贡献。在过去的三十几年中，随着公众对高功能孤独症的认识和理解的增加，这种偏见越来越少了。如果你孩子的症状非常轻微，别人甚至可能会认为，他在为自己的不当行为找借口。但是，从广义上讲，向别人披露孩子的诊断信息有助于使孤独症现象正常化，并帮助别人认识到孤独症有多么普遍，以及孤独症孩子是有能力做到很多事情的。我们建议，如果你的孩子看上去明显和别人不同，在这种情况下，披露诊断是利大于弊的，也有助于帮助孩子消除其他人对他的消极印象。如果你孩子的症状非常轻微，以至于看上去仅仅是"怪癖"或者独特的个人特质，对日常生活也没造成任何损害，则无须披露诊断信息。前面我们曾提到，莉安·韦莉是一位患有阿斯伯格综合征的成年人，她把自己的经历写成书，叫《假装很正常》。书里曾多次提到了如何披露诊断，包括披露诊断时要考虑的几个重要因素，你可能有兴趣了解这些因素。斯蒂芬·肖尔也是一位患有高功能孤独症的成年人，他同时也是关注孤独症的积极倡导者。他公开发表了一系列文章，和大家分享自己披露诊断的经历，其中一篇文章的标题是《问与答：孤独症人士的自我披露及倡导》（*Ask and Tell: Self-Advocacy and Disclosure for People on the Autism Spectrum*）。

一旦决定要向别人分享孩子的诊断信息，你需要和孩子一起决定具体该如何分享。毫无疑问，根据具体对象的不同，告知的方式也不同。对像马库斯这样的人来说，以一段事先精心准备的独白用于首次向别人披露是非常恰当的。对其他孤独症孩子来说，帮他准备一些类似"名片"一样的卡片，用以解释什么是孤独症，这样做也很有用。这些卡片可以放在皮夹、口袋或钱包里随身携带，以便当孩子遇到尴尬情形时可以随时递给对方。比如，卡片可以这么写："我患有孤独症。这是一种障碍，会影响我对社交情形的判断。有时在社交场合中我不知道该做些什么或者说些什么。谢谢您的理解。"

可能会有很多人特别是那些选择继续与你的孩子保持密切联系的人，他们会有兴趣对孤独症做进一步了解。你可以给他们推荐一些孤独症人士自己写的书，或者一些网络资源，例如《故作正常》（*Pretending to Be Normal*）或《请看着我的眼睛》（*Look Me in the Eye*）（请参阅本书末尾的推荐资源部分）。还有一种办法，如果你的朋友愿意花一些时间深入了解，你可以带他参加孤独症会议或研讨会。如果你希望公开披露诊断信息，并愿意随时解答别人对孤独症的疑问，你可以把孤独症的相关材料例如关于孤独症的书籍放在你家中显眼的位置。这相当于为讨论打开了大门，但是否要对此展开讨论，则由访问者自行决定。

还有一种个性化的方法是用你自己的语言向别人介绍孤独症，并分享你的家庭经历。你或你的孩子可以通过自己觉得合适的媒介来传达这些信息，例如故事、诗歌或谈话。对于大多数有孤独症孩子的家庭来说，决定是否分享更多的信息是非常敏感的话题。他们希望帮助别人了解孤独症，但是又担心那会给对方带来压力。对此，我们建议，要让对方明确知道，如果他们愿意，那么以后有机会的话你可以继续向他们提供这方面的信息，这样可以避免对方感到有压力，认为自己有义务要全面了解孤独症。

性方面的发展

即使是发育正常的孩子的父母，和孩子谈论性方面的话题也常常感到难以开口，但这个话题非常重要，也是无法回避的。有调查发现，大多数13～18岁的青少年表示，他们会经常想到性，其中50%的人说他们想在18岁之前开始性生活。对于孤独症青少年而言，他们可能在情感或社会发展方面落后于同龄人，但是他们的生理发展却是和同龄人同步的。由于孤独症人士往往对自己的事情守口如瓶，因此，和发育正常的孩子父母相比，你的积极介入就变得更为重要。有时候，父母会错误地认为，孤独症孩子在社交和情感方面发育相对落后，所以可以晚一点再和孩子谈论性和青春期的话题。然而，我们建议，和发育正常的孩子比，你应该在同样的年龄阶段，甚至应该提前一些告诉孤独症孩子这方面的信息。事实上，关于和孩子讨论性，这不是应不应该谈的问题，而是在什么时候谈的问题。我们的答案非常明确，就是宜早不宜迟。不要一味拖延，直到出现问题为止。要讨论的话题包括：性行为、避孕、梦遗、乳房和睾丸的自我检查，以及自慰和月经。

在和孩子讨论性的话题时，要尽量具体而明确，以孩子容易理解和直观的方式为孩子提供准确的信息，比如带孩子看有插图的书。例如，在向女儿介绍月经时，你可以采取一系列措施，包括绘制月经周期时间表、向女儿展示卫生用品并教会她如何使用。你或许还可以给她提供图片或照片，按顺序展示每个步骤是如何操作的。你还要明确告诉她，多久需要换一次卫生巾或卫生棉条；还可以帮助她在手机上设置计时器或闹钟，提醒她何时需要去洗手间。如果你女儿的月经周期是规律的，可以在她的日历上做标记或设置每日提醒，提醒她什么时候需要随身携带卫生用品。此外，还可以为女儿准备一个脚本，这样，如果她在上课时需要去洗手间，可以按照脚本向老师提要求。

自慰是和青少年讨论的另一个重要话题。自慰是人随着发育对性进行自我探索的自然方式。对此，我们要教会孩子明确的规则，让他知道在什么时候、什么地方，他可以进行自慰，又或者，如何用适当的方式来讨论自慰。我们认识的一个青少年，当他知道自慰时，他非常兴奋，他开始告诉所有朋友他在这方面的精彩发现。对此，他的父母有点懊悔，因为他们应该在孩子与朋友谈论这个话题之前，先和他讨论这些。要警惕网上的图片和视频，现在大多数互联网浏览器都配备了家长监控功能，以防止孩子访问色情网站。即使有了这些保障措施，我们还是建议你能定期就网上的各种信息和孩子展开讨论，来确定这些信息是否恰当。当然，具体的尺度要根据家里的情况而定。一位母亲为她十几岁的儿子收藏了人体艺术裸体画的网站，以便于儿子能随时访问这些图画，而不是任他到处浏览更多的类似图片。虽然对这个家庭来说，这是正确的决定，但对其他人而言，这似乎显得有点荒唐。正如我们之前讨论过的其他主题一样，要坚持你自己的价值观和尺度，但要具体而明确。

对于很多人特别是处于青春期的男孩，性冲动往往是不可预测却又显而易见的。对此，你可以和孩子制订一个行动计划，来帮助他应对这些情形。例如，你可以告诉儿子，当他勃起时应该坐下来或者去洗手间。还有一种预防措施就是，确保孩子不穿某些类型的裤子去学校，以防止无意识的勃起。比如，运动裤就容易让勃起变得很明显。

有一点很重要，和孩子谈性的问题时不能仅仅只谈一次，而要定期和孩子讨论，以确保孩子彻底了解有关性行为的社会规则。最好的方法是，确保你的孩子知道他可以与你讨论这些问题。如果孩子几个月都不曾和你提及这方面的话题，你可以主动询问孩子，以便了解他在这方面最新的情况。最坏的情况是，孤独症孩子由于对性产生的误解，可能不经意间会成为性侵害者，或容易受到别人的性侵害。如果你觉得谈论这些话题自己会感到很不舒服，你可以向专业人士求助，包括儿科医生、心理学家或其他医学方面的专家。

亲密关系

许多父母很难想象一个对社交兴趣有限的孤独症孩子，还会渴望体验亲密关系。其实，不同的孤独症人士，对亲密关系的兴趣差异很大。对于某些孤独症人士而言，随着身体的发育，他们对亲密关系和性关系的兴趣也更浓，这和其他年轻人没什么两样。对于其他的孤独症人士，亲密关系包含的情感太过复杂，这可能会延迟他们对这方面的兴趣，直到青春期后期或成年期。在我们接触的一些孤独症人士里，也有对发展亲密关系非常感兴趣的，有的后来开始谈恋爱甚至结婚。这种关系只有在互惠互利的情况下才会成功——有孤独症的一方得到了支持，而发育正常的一方得到了一位特别诚实、忠诚且具有奉献精神的伴侣。如果他们最终没能走到一起，通常的原因是患孤独症一方对亲密关系不太适应。还有，由于孤独症人士对某些兴趣爱好过于痴迷，同时也很难懂得对方对自己的期望，又不愿意妥协，这些都会给亲密关系造成消极影响。

有的孤独症人士对亲密关系从不感兴趣，例如天宝·葛兰汀。他们这类人认为在没有伴侣的情况下，自己的生活相对简单却更加富有成效，也更具吸引力。有的孤独症人士可能会和其他孤独症人士结婚，还有的选择的伴侣是发育正常的或者是有其他障碍的。作为孤独症孩子的父母，你可以指导孩子，帮助孩子了解相关问题并做出明智的选择。

当你的孩子开始对性有感觉时，他可能会表现出对他人的性兴趣，并渴望发展为亲密关系。回想一下自己年少时的恋爱体验，由于恋爱带来的不确定性、迷惘和困惑，你会经常感到焦虑。而对一个连基本的社交互动都难以理解的孩子来说，亲密关系的复杂性可能超出了他的承受能力范围。对此，你可以为孩子提供具体的交往规则，让孩子开始了解这个陌生的领域，让他更自然地和心仪的人交往。给孩子举一些具体的例子，让他知道什么行为是恰当的、什么行为是不恰当的，以及这些行为将会给这段关系带来什么样的影响。你的孩子可能会对这样的事例很感兴趣，因为没有人希望自己给喜欢的人留下不好的印象。对于可能会引发问题的地方，建立明确的准则至关重要，包括身体接触、凝视、打电话、拜访，以及谈论话题涉及的类型和主题。在青春期阶段，很少有青少年能够清楚地分辨出别人对自己感兴趣或不感兴趣的所有信号，而对孤独症孩子来说，要分辨这些模糊的社交线索则更加困难。你可以为孩子提供一些基本的指导，让孩子知道什么样的行为表明他和对方对彼此都感兴趣或都不感兴趣。这很重要，因为它能确保在发展亲密关系时，你的孩子的举动不会给别人带来不适。

现代科技的发展带来了各种机遇和挑战，手机可以用来拍照和录视频，这能给你的孩子带来很多好处，但也会带来一定风险，比如孩子做错事或者被别人利用。因此，关于手机发送的短信内容以及拍照和录视频，你都要跟孩子建立明确的规则。由于孤独症人士在社交上的弱点，会导致这些青少年很容易上当受骗。需要让孩子清楚一点，无论他们多么信任或爱一个人，他们都不能允许别人拍摄自己与性相关的照片和视频。

安吉洛14岁时第一次有了暗恋对象。他喜欢的女孩子名叫艾拉，长得非常甜美。艾拉知道安吉洛患有孤独症，也喜欢和他做朋友，但她很快开始对他的追求感到不适。在艾拉和别人聊天时，安吉洛会经常打断她。安吉洛经常长时间地盯着艾拉，这也让她感到不舒服。艾拉把这件事情告诉了学校，安吉洛感到很难为情，想弄清楚自己究竟哪里做错了。父母和安吉洛一起制订了一些指导准则，以帮助他确定他的行为是否恰当。父母明确指出，触碰艾拉这样做是不合适的，他们还描述了一些具体的情形，并且指出在这些情形下安吉洛不应该去接近艾拉，比如当她和别人谈话时或在自习室读书时。他们还把规则进行了细化，比如关于凝视和随意的目光接触的区别。至于别人对自己是否感兴趣，他们也进行了探讨，比如什么迹象表明对方对自己感兴趣或者不感兴趣。经过这样的讨论，安吉洛发现艾拉对自己并不感兴趣，他感到很失望，但他仍然对未来的恋爱充满期待。

建立自我意识、自尊和身份认同

到了青春期，孤独症孩子可能第一次对自我产生好奇，会思考"我是谁""我属于哪里"和"我未来会变成什么样"这类问题。青春期带来的这些变化，会给孤独症青年带来巨大挑战。

其中一个挑战就是对自我概念的定义。研究表明，男孩和女孩会使用不同的方法来确定自己的自我概念。对女孩来说，自我概念通常与外表吸引力的感知有关。基于这个标准，她们可能会遇到问题，因为社交能力和受欢迎度之间紧密相关。在男孩中，身体的强弱是构成自我概念的重要方面。孤独症人士往往在运动协调上存在问题（请参见第二、三章）。

与自我概念密切相关的是自尊。许多孤独症人士在青少年时期都经历过自卑。对此，父母其实也早有预料。孤独症人士缺乏自尊的原因通常是希望被别人喜欢以及拥有朋友，但不知道该如何做才能做到。

道德感，是青少年身份认同发展的另一个方面，这通常会给孤独症孩子带来挑战。虽然孤独症孩子非常遵守道德准则，这可以成为他们显著的优势，但也可能在社交上给他们带来一些麻烦。孤独症孩子通常对道德准则的理解比较简单直接，到了青春期，由于互动变得更加微妙和复杂，这可能会导致孤独症孩子做出错误的判断。像许多青少年一样，孤独症孩子可能会对一些他认为正确的理念非常狂热。比如，在看完一本关于肉类加工的书后，一位患高功能孤独症的女孩坚持认为吃肉是不健康的。除了改变自己的饮食习惯外，她还试图影响其他人。她还向同学以及学校的食堂工作人员指出，非素食菜单上的食品可能给人们健康带来危害。

随着自我认同和自尊的发展，孤独症孩子会遇到一些挑战，这会给他们自己及家庭带来困难，但还是有一些策略可以帮助父母来处理这些问题。正如我们在第五章和第八章结尾提到的，强调孩子的优势和特长有助于孩子建立自尊。例如，如果你的孩子的记忆力很好，他可以成为"记忆大师"。当孩子展示了某种特殊才能时，可以用这个昵称来称呼他，让孩子感到他做了一件非常特殊的事情，也容易让他以积极的角度去看待自己。

对于成长期间体会到的尴尬和不适应，许多患有孤独症的青少年和成年人都没有意识到，这种现象其实很普遍，几乎每个人都会在某个时期经历过。很少有人在成长过程中没有经历过嘲笑和被拒绝。帮助你的孩子了解，这些体验是成长经历的一部分。你也可以和孩子分享一些自己在青少年时期的个人经历，并借此告诉孩子每个人在青春期都会经历自我怀疑的阶段，这可能会给你的孩子留下深刻的印象，也缓解了孩子的焦虑情绪。此外，如果你孩子能与其他孤独症人士建立友谊，他就有可能从中有所收获。现在有许多关于孤独症的互助小组以及网络社团，例如，全球和区域阿斯伯格综合征伙伴关系（www.grasp.org）就是一个活跃的自我倡导者社团。对许多人来说，能和与自己面临相同挑战的人建立联系，是非常鼓舞且振奋人心的。还有一些公开发表的资料也有助于孤独症孩子探索自我认同，例如，皮特·魏莫伦写的《我很特别》（*I Am Special*），凯瑟琳·法赫蒂写的《阿斯伯格综合征——这对我来说意味着什么？》（*Asperger's……What Does It Mean to Me*）（更多相关信息请参考推荐资源部分）。

抑郁和焦虑

很多孤独症孩子在小时候对社交完全没概念，或者很享受没有社交的生活，但到了青春期（有时甚至更早），很多孩子开始对此感到苦恼。因为在儿童时期，友谊通常就等同于"玩伴"，以及一起参与活动，比如运动或玩电子游戏等。然而到了青春期，友谊的本质发生了变化，这给孤独症青年带来了挑战。随着人们越来越重视相互信任、个人信息的相互分享以及相同的个性和令人钦佩的人格特征，友谊也开始变得越来越复杂。友谊本质上的这些变化使得孤独症青少年在社交上遇到了更多困难。同时，处于青春期的孤独症孩子的自我意识开始迅速觉醒，他们会拿自己和别人比较，这使得问题变得更为复杂。由于感到被排斥，认识到自己和别人的不同，而且是自己无法改变的，这经常会导致孤独症青少年抑郁。无论是和同龄人的实际差异还是孤独症青少年自己感受到的不同，都会使他们的自我价值感降低，严重的话还会导致抑郁。此外，在孤独症青少年和成年人中，出现焦虑症很常见。

导致这些情绪问题的原因，究竟是孤独症干预引起的心理反应还是源于和孤独症相关的生理因素，科学上还没有定论。原因可能是多方面的，包括长期尝试融入的压力、被别人排斥的痛苦，以及生理原因导致的情绪问题。有些研究表明，孤独症人士的情绪问题和遗传相关。一方面，通常早在孤独症孩子出生前，家庭成员已经出现了抑郁症和焦虑症，所以这些情绪问题就不能简单地归结于特殊需要孩子教育过程中带来的压力。另一方面，孤独症人士和抑郁症人士体内的神经递质——血清素（一种大脑化学物质，可以帮助脑细胞相互交流）的水平似乎发生了变化。基于以上多方面原因，孤独症和抑郁症可能经常合并发生。因此，你需要密切留意孩子的情绪，如果发现问题，可以参考我们建议的其他干预措施，看看是否能够补救。如果不能，那你需要咨询专业临床心理学家或经验丰富的儿童心理医生。我们在第八章也曾经提到，最近的研究表明，形式具体、指导性强的心理治疗比如认知行为疗法，可以有效缓解孤独症人士的焦虑症状。此外，一些药物也非常有效，可以帮助你的孩子度过困难时期。

癫　痫

癫痫是孤独症人士在青春期可能会遇到的另一个问题。大约25%的孤独症人士有癫痫发作的经历，在青春期尤为明显。在某些情况下，孤独症孩子癫痫发作的症状很显著，例如失去知觉并全身剧烈抽搐，但是有时癫痫发作的迹象并不明显。比如，孩子可能只是在很短的时间（可能只有几秒钟）内没有回应（对别人叫他的名字或他周围发生的其他事情没有反应）。与此同时，孩子眼神可能开始放空、反复眨眼，或出现一些异常的肢体动作（例如用鞋尖处反复摩擦地面）。如果你怀疑孩子有癫痫发作，你需要带他到神经科医生那里接受脑电图检查。值得一提的是，药物治疗对大多数癫痫都非常有效。

增加独立性的规划

关于孩子以后的独立，你和孩子需要提前进行准备，这点至关重要。过渡计划通常侧重于成年人独立、自理所需要的特定技能，例如日常居家生活的技能（比如能够照顾自己、履行必要的家庭义务）以及就业或职业相关的技能。如果孤独症人士在学校参与了个别化教育计划（具体请参看第七章），那么从14岁开始就应该制订个别化过渡计划。正如我们第七章中提到的，这是美国《残疾人教育法》和《残疾人法案》里的强制规定。过渡计划首先从评估开始，评估可以是正式的，例如用标准化测试来评估孩子的能力和兴趣，也可以是非正式的，例如家庭成员或看护人对学生能力的意见。过渡计划应强调发展独立、自理能力的具体目标，例如使用交通工具或洗衣服。关于就业，重点除了要考虑工作是否和孩子兴趣及能力相匹配外，还考虑是否要和就业市场相应的工作机会相结合。在为提升就业技能制订目标时，应该围绕着学生未来可选择的工作展开，目的在于让孩子学会工作所需的核心技能，以及懂得工作场所里的行为规范。可以跟孩子模拟一些工作场景，培养他的工作经验。通过工作模拟的练习，可以帮助孩子把他在学校学习到的新技能运用到实际工作环境中去；同时也可以让孩子对不同的工作有比较清楚的概念，知道自己喜欢什么工作、不喜欢什么工作，以及学习如何让自己适应未来的工作和工作环境。

张苗苗老师说

　　我国广东、江苏、北京、上海等地已经开始孤独症人士支持性就业的尝试，并从制度、职业辅导员培训、企业支持等方面开展了实质性工作。2014年11月14日，广州市残联通过《广州市智力残疾人支持性就业工作试行方案》，在2015年内建立职业评估体系，培养20名就业辅导员，支持20名智力残疾人就业，拟定智力残疾人支持性就业工作方案。2017年，《北京市残疾人支持性就业服务办法》正式颁布，截止到目前，经过北京残联报备的23家机构、144名持证的就业辅导员正在把这项工作落地。

大　学

　　大学期间，许多年轻人都会享受到前所未有的自由。这时候，你也很少直接干预孩子的学业了，这也意味着，孩子的困难可能会被忽视。接下来我们会给出一些策略，帮助你加以弥补。其中一些策略源自莉安·韦莉这位阿斯伯格综合征女孩的建议，她已经成功完成了大学学业，并且把自己的经历写成了书，书名是前文提到的《故作正常》。同时，建议你回顾一下第七章中列出的教学安排及调整部分。许多在小学和高中时使用的策略到了大学仍然适用，你的孩子会继续从中受益。

张苗苗老师说

国内目前对于上大学的孤独症孩子没有太多系统的支持。孤独症谱系障碍孩子如果成功进入大学，除了一般青年需要面对的问题之外，还有一些因为谱系带给他们的影响。

一般情况，国外一些家庭在孩子进入高中后，就会开始为孩子进入大学做准备。在国外因为高等教育比较普遍，同时有配套的教学支持和体系，因此相对有更多孤独症人士能够进入大学就读。反观国内的情况，进入大学就读的孤独症人士大都为能力较好且行为问题不突出、不严重的孩子。有些甚至在成长过程中没有经过诊断，周围人对孩子的认知也仅仅是这个孩子的脾性有些和其他人不太一样而已。

目前国内就大学就读的孤独症人士的官方统计仍然是一个空白，只能从专业人士和家长群里不时得到相关的一些信息，这方面确实需要更多人力、物力和时间的投入。

对于进入大学的孩子来说，相关的孤独症国际组织、研究机构以及专业群体会建议从以下几方面给予关注和支持：

（1）自我倡导/自我倡权（Self-advocacy）：这个能力其实可以从小培养，从简单的一个选择例如今天穿什么衣服，到今天先做什么事情开始。随着面对的环境越来越复杂，孩子需要具备的相关能力还包括谈判的能力以及正确面对自己患有孤独症的情况的能力。

（2）个人为中心的规划（Personal-centered Planning）：以之后的生活及工作为目标，反推大学期间需要做的准备和努力的方向。

（3）独立的生活技能：从孩子小时候的自理能力培养，到青春期的自我护理，以及成年后的独立生活能力。独立生活技能是需要家长的逐步退出、孩子的逐步进步来获得的。要能够做到独立生活，孩子需要有自我规划能力；对于外表的注重和保持整洁的能力；知道如何进行自我放松，缓解焦虑；能够合理分配和运用金钱的能力；能够分辨危险及做出正确反应；有健康的休闲爱好；并且积极参与与工作目标相似的实习活动。

披露诊断

正如之前我们探讨过的，在披露诊断前，你和你的孩子需要仔细权衡利弊。但是要知道，如果学生能把诊断结果告诉自己的教授、辅导员和导师的话，那么大学里会有很多潜在的资源为他们提供帮助。这些专业人士可能接触过孤独症人士，因此，在这种陌生且通常充满挑战的新环境中，他们可以为孤独症学生提供很好的指导和支持。如果你的孩子对披露诊断感到不自在，也可以建议他把诊断结果分享给一个特别值得信赖的人，比如学校里专门负责帮助残疾学生的老师。这样可以确保孩子在校园里至少有一个人能给他提供辅助。如果你的孩子不愿意把诊断信息透露给和自己学业直接相关的人，那他也可以选择精神健康方面的专业人员或社区里的其他人。如果你觉察到孩子对披露诊断感到不适，你也可以给孩子列举一些事例，说明这是正常现象。你要让孩子知道，学校里残疾的学生还有很多，他们存在的问题各异，包括阅读和注意力方面的问题。实际上，这些学生大多会把诊断结果告诉他们的教授，并有权享受学校提供的服务。例如，任何一个公认的残疾人士通常都可以在安静且压力较小的残疾人士中心进行考试。此外，有的学生还能得到一些额外的时间，使得他们能完成考试。在美国，有许多大学已经建立支持孤独症学生的资源，而通常获得这些资源的前提是要披露自己的诊断。有的大学还设立了专门的项目来帮助孤独症青年适应独立和严格的大学生活。在这种情况下，和学校分享个人诊断信息能给孩子带来很多机会，来帮助孩子取得成功。

选择课程

大学刚开始，当你的孩子还没完全适应新环境时，你应该就如何选择合适的课程为他提供建议和指导，以便他能充分利用自己的优势，并且避开那些困难领域。例如，拉尔夫是一名孤独症青年，刚上大学时，他选择的第一门课是哲学。拉尔夫的思维方式比较具体，而哲学课对抽象思维要求很高。有时，他自己根本不知道问题出在哪里。在与母亲讨论了这个问题后，拉尔夫决定改变自己的学习计划，把重点放在那些侧重于具体信息和记忆力的课程上。后来，拉尔夫改学化学专业，且最终在学业上取得了成功。

你甚至可以考虑放弃一些孤独症人士学起来非常吃力的课程。例如，很多高功能孤独症学生在学习外语时就遇到了很多困难。

正如我们在第七章中建议的那样，你的孩子可能还想报名参加小班教学，这样可能会得到教授更多的关注。

选择老师

可以去浏览学生对老师的评价，并询问其他学生，看看哪些老师比较受欢迎或者个性比较宽容和善解人意，因为有同理心的老师更有可能在孩子遇到困难时给予帮助。许多大学都出版了课程指南，里面包含教师的评分，或者咨询办公室里也有按专业划分的选课指南来帮助学生做决定。

申请教学调整

如果有一些特定的措施可以使你孩子的大学经历变得更舒适，而不那么令人生畏，相信很多大学都会很乐意为你孩子提供这样的便利。可能有助于孤独症学生的教学安排包括让孤独症学生免于参加团体项目，为视觉听觉敏感的学生提供合适的座位，并且在日程有改变时提前通知。视觉思考者可以要求教授提供额外的视觉辅助来帮助他们处理讲座和课程资料。肢体协调困难的学生可以要求延长笔试和口试的时间，或选择使用笔记本电脑或录音设备来做笔记。认知和行为方面有困难的学生很难记笔记，所以美国有许多大学都会为他们提供记笔记的服务。

安排课程计划

在制订课程表时，一开始最好不要安排太多课程。很多孤独症学生在大学初期的过渡阶段会遇到很多挑战，如果再把课程排满，那可能会让他们不堪重负。可以逐渐增加课程，到最后修满课程，这样能让孩子有足够的时间来适应大学生活带来的许多变化。这也将为你的孩子提供更多的时间来完成学习，并有时间认识新朋友和参与社交活动。当你帮助孩子制订日程表时，不要忽略孩子的睡眠习惯。如果每天都有一个小时，孩子不是在睡觉，就是看起来昏昏沉沉的，那就不要在这个时间段为孩子安排课程。在孩子的房间里贴上一张可视化日程表，以便于在视觉上提醒他每节课的时间和地点。与高中不同，大学里每天可能有很多空闲的时间可供学生自由支配。对那些习惯于结构化和固定日程的孤独症学生来说，最好是在日历上把这些时间段都标出来并指定用途，例如学习时间、休闲时间或体育锻炼时间。对于许多孤独症学生而言，这样的安排更结构化、可预测性也更强，能减轻日程变化和转换给他们带来的焦虑，使他们在大学里生活得更自如。

监督截止日期

最好是让孩子随身携带一个有足够书写空间的课程日历，来注明作业截止日期以及课程的截止日期等。要鼓励孩子养成每天早上检查日历的好习惯，以便于孩子能清楚了解当天的安排，以及任何即将到来的截止日期的作业课程。你也可以把一些重要的截止日期告诉学校里为孩子提供帮助的人，以便他们到时候可以提醒他；也可以利用电子日历或移动设备的自动提醒，来帮助孩子跟踪日程表和截止日期。

提高学习技巧

　　良好的学习习惯至关重要。同样，在做学习计划时，要设定特定的学习时间段并把它标在日程表上，方便孩子记住。这些学习课程应该安排在孩子一天中思维最活跃、效率最高的时间段。同时，他应该为自己找一个安静的环境来学习，比如图书馆、学生中心或计算机实验室。可以先尝试不同的学习环境，以找到最适合自己风格的学习环境。例如，有些学生喜欢光线昏暗的环境，并把学习材料零散地放在自己周围，而其他人则更喜欢明亮、整洁的学习场所。在学习时间里，你的孩子可能更喜欢将全部时间都化在一门课程上，也有可能更喜欢同时学习几门不同的课程。如果你的孩子更喜欢后者，可以把他喜欢的课程放在最后。这样有助于激励孩子在学习其他课程时坚持不懈，同时也能确保在孩子精力较为充沛、注意力高度集中的时间段学习一些对他更具挑战性的课程。校园学生中心或一些有关学习技巧的书，能提供一些适用于所有学生的学习技巧，包括孤独症学生。大多数大学的残疾学生中心都可以为学生提供某种帮助，来帮助他们提高组织技能。

拓展社交机会

　　大学能为你的孩子提供许多机会，让他能进一步提升自己的社交技能。大学里有许多场合能让学生从学业角度来掌握社交技能。例如，语言沟通和戏剧课程强调如何沟通最有效、如何传达情感，以及如何读懂别人对你的回应。社会学与心理学课程可以深入了解其他人的行为模式以及背后潜在的"规则"。此外，大学里还有很多的特殊兴趣团体，从摇滚乐社团到天文爱好者社团，能够让你的孩子在自己感兴趣的领域找到适合自己的社交机会。

居住安排

有的家庭希望成年的孤独症孩子继续和他们一起生活，有的家庭则不然。在这种情况下，有几种不同的选择。有的高功能孤独症成年人对独立生活会感到非常紧张和不安，有的则非常想拥有这个机会。许多年轻人认为通过这种方式可以向别人说明自己的生活"正常化"了。因为对他们的兄弟姐妹和同伴来说，独立生活是具有里程碑意义的事件，而现在，他们也终于做到了。然而，有大量实际问题例如家务劳动、房屋设施的日常维护、做饭、购物、出行以及支付账单，会使孤独症人士的独立生活变得困难。当你为孩子选择最适合他的居住安排时，要考虑孩子在最小限度的监督的情况下，能够独立完成多少上述活动。如果你担心孩子目前无法独立生活，可以先有一个过渡期，让孩子慢慢学会独立，这样可以减轻他独立生活时的压力。此外还要记住，所有这些决定并非不可改变。

在美国，大多数家庭以外的居住安排都是通过州政府委托的机构来进行的（除了我们下文提到的独立生活外）。要找到这些居住安排，首先家长要知道孩子是否具备资格享受这些机构提供的服务。提供居住服务的机构名称每个州都不尽相同，但通常这些机构会提供喘息服务、职业技能培训或康复服务，以及和残疾人相关的其他服务，比较常见的名称包括"发育障碍部门"或"发育服务部门"。现在美国的许多州都成立了专门的部门，专门为孤独症人士提供服务。咨询为孩子做诊断的医生、所在州的孤独症协会，甚至是当地的神经科医生或心理学家，他们都可能帮助家长获得有用的联系方式。当孤独症孩子开始接受评估以确定他是否有资格享受服务时，家长务必要向机构强调孩子在日常生活所需的技能上的局限之处。有时候，有的孤独症人士可能被拒绝享受政府资助的残疾人服务，因为与那些更严重的孤独症人士或智力落后人士相比，这些孩子的残障程度被认为是非常轻微的。但如果家长强调孩子缺乏日常生活必需的技能，比如给自己做饭（因为这需要购物、处理金钱及其他技能）或者没有人协助的情况下无法独立完成日常的个人卫生清洁，那么他将更有可能获得支持性居住服务，这部分内容我们将会在下面详细介绍。

张苗苗老师说

　　针对孤独症人士的居住服务确实要考虑到文化差异。目前国内的情况是，成年后或者婚后与父母同住的情况还是普遍的。这对于能力好的孤独症孩子压力就相对小一些，因为他们不用靠独立居住来证明自己和其他同龄人差不多。成年后的孤独症人士可以逐渐在生活中担起更多的责任，逐步学会独立生活，毕竟父母终会老去，所以尽管他们不用面对走出校门后就立刻需要独立生活的压力，但是也需要为自己以后的生活做准备。

独立生活

　　独立生活是指你的成年子女可以独立居住，而不需要依赖专业辅助或家庭支持。不过，如果孩子有室友可以提供帮助，那也算独立居住。即便是对独立生活的孤独症成年人来说，别人的支持还是非常重要的。这时，需要有一个"可以随时提供帮助的人"居住在孩子附近，随时可以给孩子提供各种帮助。此外，虽然孤独症人士已经能够独立生活，但在涉及关键决策的领域可能仍然需要专业协助，例如选择房东（租客）或购买保险等财务方面。作为一名独立居住的成年孤独症人士，莉安·韦莉建议，需要使用一些策略来帮助孤独症人士独立生活。她还建议，需要有一名支持人员来帮助你的成年子女启动并实施这些策略。

•关于支付各种账单。每个星期指定一天的某个时间段，对账单进行检查，并对到期账单进行支付。这种做法比较有规律，而且结构化，有助于确保账单不会被忽略或者错过截止日期。你可以和孩子一起为账单设置自动付款，这样就不需要每个月都要采取行动。你也可以通过访问他的账户来帮他支付账单，只是这样做会降低孩子的独立性。

•建立一个文件系统（可以使用不同颜色的纸或电脑里的文件），对重要信息进行记录和保存，包括信用卡、汽车的维护记录和保险、支票簿、相关法律文件、财务记录，房屋或人寿保险、家用电器使用说明和保修信息及运行状况记录，以及健康记录。也可以使用类似印象笔记这样的软件程序，这样你只需把重要文件用手机拍下来，系统就能把里面的文字识别出来，并将其放置在一个易于搜索的数据库中。这些程序搜索简便，可以减少对文件系统的持续分类管理，为执行功能较弱的个人提供了极大的便利。

•使用电子日历记录所有家务，或者每周、每月计划的活动。通过网络的"云"服务，信息可以在多个设备上实现共享。这样，你和孩子都可以对信息进行浏览和修改。此外，最好把每月或每周的计划打印出来，并把它们放在家里显眼的位置。便携式日历非常方便，因为它可以随身携带，但在可视性上它比不上大型的日历，除非你孩子养成了定期查看电子日历的习惯，否则用处不大。

•可以将重要事项写在便条上，并贴在卫生间的镜子上，这样能确保孩子当天的某个时候比如早上洗漱时能看到，而不至于忘记。同样，也可以在移动设备上设置闹铃作为提醒。

•移动设备上的提醒功能对孩子很有帮助。例如，他可以在手机上设置一个提醒，提醒他早上离开家时要带上笔记本电脑包。

增加独立性的策略

•寻找不同环境中"可以随时提供帮助的人"，例如学校、工作场所、运动场所、俱乐部或其他社交场所。

•如果想跟别人分享孩子的诊断，要提前跟孩子充分沟通及商议策略。

•关于亲密关系和性行为要明确规则。

•在移动设备上设置可视日历，以及重要事情的提醒。

•通过书籍、互助小组和在线社区对孤独症进行探索，促进自我认同和自我接纳。

•用药物治疗或认知行为疗法缓解情绪和焦虑问题。

•大学的教学调整。

•书面文件的组织系统，或使用软件数据库来对图像进行扫描、对文本进行识别。

•在线订购日用品和选择配送服务。

•制订针对大学或工作场所的个别化过渡计划。

•挖掘在线求职平台和就业机会。

•寻求职业教练的帮助。

对于许多孤独症人士而言，购物场所里拥挤的人群以及各种感官刺激会让他们不堪重负，从而使购物变得异常困难。随着网络购物的兴起，你的孩子可能不需要离开家就可以买到许多商品包括日用品。当你的孩子确实需要外出办事或购物时，可以找平时帮助孩子的人陪他一起去。

有督导的集体居住

在美国，除了独立居住这个选项以外，还有一种居住安排叫有督导的集体居住，能给孩子提供更多支持。有督导的集体居住分为两种类型，一种是集体宿舍，就是几个残疾人共同居住在同一住宅内。集体宿舍通常位于居民区，由训练有素的专业人员陪同，在个人护理、烹饪和家政等方面为孩子提供协助。通常集体宿舍的服务对象包括所有残疾人，因此，如果能找到专门针对孤独症人士的，对孩子可能是更有利的。

第二种是有督导的公寓。在这种公寓中，和孩子共同居住的人会少一些，通常专业人员每周也只会拜访几次。这种安排可以使孩子变得更加独立，责任感也更强，因此这种模式往往也是为孩子独立生活做准备的首选。

技能发展型居住安排

在这类居住安排里，孩子与寄宿家庭同住，寄宿家庭从政府机构获得资金，作为协助机构照顾孩子的酬劳。在这种安排下，寄宿家庭的成员已经接受过培训，知道如何和孤独症人士一起生活，能够教孩子如何照顾自己及如何做家务，并在必要时对孩子进行协助。

就　业

找到合适的工作对孤独症孩子来说意义重大，而且也是提升孩子自尊的一个重要手段，同时，还能为孩子提供很多社交机会。在孩子真正进入就业市场之前，甚至可能当他进入青春期时，你就需要开始为他的就业做好规划。这使孩子有充足的时间来应对工作场所的挑战，并帮助他发展工作所需的关键技能。

这里列举了几种就业类型，根据对独立性和自足性的要求从高到低排列。

竞争性就业

竞争性就业是指大多数人从事的主流工作，需要申请并和别人进行竞争。在工作环境中，这类工作通常不会给你的孩子提供支持，因此是我们列出的几种选项里独立性要求最高的。一些孤独症人士在竞争性就业中取得成功，尤其是当他们选择的工作能够发挥自己的优势或者可以把人际交往最小化。还有一种方式是自主创业，或者自己做生意。尽管这对孩子的组织技能提出了更高要求，但这也给你的成年子女提供了便利，让他可以根据自己的偏好或需求制订规则及安排一些事情。它还可以提供一个机会，让孩子可以根据自己的兴趣爱好选择最适合自己的工作。例如，一些孤独症人士选择了通过网络来经营业务，因为这可能会减少直接的人际交往和社交需求。我们认识的一个年轻人，他运营一个网站，来代理和销售二手书。

支持性就业

支持性就业是指在系统的帮扶下，允许残疾人在社区里获得有偿就业机会。支持性就业包括个人安置、集中模式或分散模式、流动小组模式和公司模式。在"个人安置"的模式里，职业教练会专门为特定的个人设立工作，还会和他一起工作，以帮助他发展必要的技能来把工作做好。"集中"和"分散"模式和个人安置模式相似，只不过在工作场所里，职业教练是带领一个小组一起工作。在"流动小组"模式里，也是由一名教练带领一个小组，但他们在不同的工作地点为不同的雇主工作（例如，为社区的住宅或办公室提供清洁服务）。在"公司"模式中，会专门成立一个小型企业，用来雇用残疾人员。比如，美国北卡罗来纳大学的孤独症研究中心（在第四章中有提及）的结构化教学（简称TEACCH）项目，就为孤独症人士成立了好几家公司，其中一家公司的业务是为专业人士评估孤独症时使用的测试工具提供所需的材料。

保障就业

保障就业就是指在特定的就业安置场所中，每个人都能确保得到一份工作，通常是在结构化的环境中做一些简单的基础工作。保障就业还可以对个人的工作技能和行为进行培训，为他们以后进入独立性和竞争性更高的工作环境做准备。

张苗苗老师说

随着时代的进步和发展，工作的种类越来越多，与人交往的能力并不是所有从业者需要具备的。正如书中所提到的，要找一份孩子有兴趣的工作，或者围绕孩子的兴趣去设计一份适合他的工作。家人可以配合孩子完成工作中他所不擅长的部分，或者帮助他就自己在工作中的优势、劣势进行分析，然后做出选择。比如说孩子喜欢烘焙，但是不擅长和陌生人打交道，那么可以让孩子负责烘焙，售卖的过程可以由家人帮忙，或者是逐步教会孩子使用微信作为沟通工具。这样既可以有效缓解孩子在与陌生人面对面沟通时会产生的焦虑，也可以逐步锻炼孩子与陌生人沟通的能力。

国内对于孤独症人士群体的关注逐渐在升温，目前所触及的还以小龄和程度比较弱的大龄孤独症人士为主，相信随着特殊需要人群支持体系的逐步完善，在将来会有更多针对高功能孤独症人士的专业支持。

选择工作

一份合适的工作应该能充分发挥孩子的长处，并且与他的喜好和能力相匹配。之前我们已经讨论过，许多孤独症人士对自己感兴趣的领域非常有热情，因此在这方面储备了丰富的知识。如果能把这份热情和能力投入到工作中，无疑是孤独症人士成功就业的最佳方式。例如，一个痴迷公交路线和时刻表的人，将是在交通部门工作的不二人选。正如我们在第五章中曾经提到的，对历史感兴趣的人可能会喜欢在档案部门工作。当然，仅仅对工作内容感兴趣并不能确保能成功就业。然而，如果一个人对工作充满热情，那么他会更有动力去应对工作中面临的挑战。

可以考虑那些程序化和秩序化程度高的工作。通常而言，崇尚规则的人更有可能在有明确规则、流程或日程的工作中取得成功，例如进行数据输入。那些不需要与他人直接互动，或者可以通过远程办公，又或者大部分任务可以通过电脑完成的工作，适合对人际交往感到不适的个人。

　　鲁伯特是一位高功能孤独症成年人，他曾在一个小型办公楼里工作，负责把信送到楼里工作的每个人手里。他喜欢按部就班，并且他知道，在事情能够按照自己预期发展的情况下，他能够把事情做得更好，自己也感觉更自在。他和主管一起制订了每天的时间表和邮寄路线，他每天都严格遵守。如果情况发生变化，会有一位"顾问"为鲁伯特提供帮助，协助他在工作中取得成功。

可以考虑那些能利用孩子超强视觉能力和记忆力的工作。在这方面，天宝·葛兰汀就是一个很好的例子，她的工作简直就是为她量身定制的。在工作中，天宝充分利用自己在视觉思维方面的出色能力，成功地构造和测试了全新的奶牛处理设备。有一些就业机会侧重于有形的任务，例如烹饪、理货或计算机编程，似乎很适合以视觉方式进行思考的人。有的工作需要记忆很多具体的细节或事实，例如在仓库及图书馆工作，适合机械记忆能力很强的孤独症成年人。

也可以先从很小的地方做起，比如，把你孩子的喜好列一个清单，然后进行创造性思考。例如，如果孩子喜欢做手工，则可以考虑专门制作一个网站，用来销售装饰物品。如果孩子对棒球感兴趣，可以考虑转化为交易和出售棒球纪念品。除此以外，还必须考虑很多其他因素，包括孩子人际交往的水平、工作对身体条件的要求、工作场所的感官刺激水平以及工作日程的灵活性等。你主要应考虑孩子是否喜欢，或者能否容忍工作环境等因素。合适的工作可能包括工程师、计算机程序员、花匠、医疗记录员、艺术家、音乐家、工人、建筑师、电子维修员、图书管理员、古董或收藏品商人，以及档案管理员。当然，适合的工作远不止这些。提供这份清单的目的是为大家提供一系列的选择，这些工作有的对学位要求很高，有的则仅仅要求高中毕业。但这些工作的共性是，它们都需要运用良好的视觉技能，流程和程序也都高度固定，在动手上也更偏向于具体操作而非抽象活动。

选择一份成功率高的工作是很重要的，对于第一份工作尤其如此。这将帮助你的成年子女适应工作环境，减少其对失败的担心。同时，它也将使你的孩子有机会亲身体验工作场所的成功，并且获得薪水。

面　试

面试对所有求职者来说都是一件至关重要的事情，因此，父母需要帮助孩子专门练习这项技能。你可以列一个清单，明确在面试时哪些行为是恰当的、哪些不是。如果你知道孩子有一些不良习惯比如大声清嗓子或喜欢用手揭瘢痕等，那也要把它们放到清单里。你还可以写一个脚本，包括面试官可能会提出的问题，以及如何做出适当回应。可以通过角色扮演的方式和孩子一起对脚本进行练习，来帮助你的孩子记住答案，并且让孩子适应这种情形。此外，还需要注意在面试时面试官和你孩子的非语言交流，其中重要的方面包括问候和告别、眼神交流、说话的音量和语速、情绪或焦虑的控制、穿着得体，以及姿势得当。要向你的孩子强调，在面试的整个过程都要保持专心，要认真听面试官说的每一句话，这点非常重要。如果你想对面试有更详细的了解，比如哪些行为可以提升孩子的形象，你可以参考有关工作申请和面试技巧的书。

一旦你的孩子对这些技能进行过练习，并且在和支持人员进行角色扮演时也感到很适应，可以安排孩子去尝试一个"注定要失败"的面试，也许会对孩子有帮助。具体做法是，去申请一份需要面试但不是很受欢迎的工作，或孩子并不是特别喜欢的领域的工作。在安排面试时，不要一切都按部就班，以便于孩子有机会在真实环境中练习面试技巧。这样，等以后孩子去面试他心仪的岗位时，就不会那么焦虑，也不会对全新的面试环境感到那么陌生。

工作场所的辅助措施

在你要求工作场所提供辅助之前，你的孩子必须决定是否要披露自己的诊断信息。辅助的形式可以是多样的。例如，如果你的孩子在感觉统合和肢体协作上存在问题，可以要求对工作区域进行适当调整，让其感觉更舒适。也可以使用视觉方法来教授工作技能，在工作场所建立视觉方面的辅助，比如把工作指令写下来或者把最终产品的图片贴出来，这对视觉思考者会很有帮助。还有一点很重要，如果工作需要进行团队合作，可以让公司特别考虑孩子在社交方面的困难，安排适当的任务。这些辅助措施可以让工作变得更有规律，也有助于预测别人对自己的要求。最后，与雇主制订一个应急计划来管理和解决工作中随时可能出现的任何困难，这可能是很重要的。

写在最后的话

　　本书的目标是帮助你最大可能地给孩子创造机会，让孩子过上充实而幸福的生活。随着你对孤独症人士相关优势了解的加深，你应对挑战的能力也在提升，当你克服了孩子的障碍所带来的困难时，你就会更能欣赏自己孩子独特的天赋，也更能享受孩子给你生活带来的喜悦。当然，挑战可能永远不会完全消失，但只要你能对孤独症尽早了解，并采取合适的方式进行干预，你的孩子和家人在今后几年里就都会取得很多进步。我们对高功能孤独症了解得越多，孩子也就越有可能过上充实而幸福的生活。

推荐资源

关于孤独症谱系障碍推荐书目

关于孤独症谱系障碍的一般信息

Attwood, Tony. (2007). *The complete guide to Asperger's syndrome*. London:Kingsley.

Baron-Cohen, Simon. (2008). *Autism and Asperger syndrome: The facts*. Oxford, UK: Oxford University Press.

Romanowski Bashe, Patricia & Kirby, Barbara. (2010). *The OASIS guide to Asperger syndrome: Completely revised and updated: Advice, support, insight, and inspiration*. New York: Random House.

Bernier, Raphael, & Gerdts, Jennifer. (2010). *Autism spectrum disorders: A reference handbook*. Santa Barbara, CA: ABC-CLIO.

Chawarska, Katarzyna, Klin, Ami, & Volkmar, Fred R. (Eds.). (2010).*Autism spectrum disorders in infants and toddlers*. New York: Guilford Press.

McPartland, James C., Klin, Ami, & Volkmar, Fred R. (Eds.). (2014). *Asperger syndrome: Assessing and treating high-functioning autism spectrum disorders* (2nd ed.). New York: Guilford Press.

Mesibov, Gary B., Shea, Victoria, & Schopler, Eric. (2004). The

TEACCH *approach to autism spectrum disorders*. New York: Springer.
Sicile-Kira, Chantal. (2014). *Autism spectrum disorders*: *The complete guide to understanding autism* (rev. ed.). New York: Penguin.

Siegel, Bryna. (2007). *Helping children with autism learn*: *Treatment approaches for parents and professionals*. Oxford, UK: Oxford University Press.

养育、家庭问题和父母的观点

Brooks, Robert, & Goldstein, Sam. (2012). *Raising resilient children with autism spectrum disorders*: *Strategies for helping them maximize their strengths, cope with adversity, and develop a social mindset*. New York: McGraw-Hill.

Cook O'Toole, Jennifer. (2013). *Asperkids: An insider's guide to loving, understanding, and teaching children with Asperger's syndrome*. London: Kingsley.

Doyle, Barbara T., & Iland, Emily Doyle. (2004). *Autism spectrum disorders from A to Z*. Arlington, TX: Future Horizons.

Fling, Echo. (2000). *Eating an artichoke: A mother's perspective on Asperger syndrome*. London: Kingsley.

Harris, Sandra L., & Glasberg, Beth A. (2012). *Siblings of children with autism: A guide for families*. Bethesda, MD: Woodbine House.

Hughes-Lynch, Claire. (2010). *Children with high-functioning autism: A parent's guide*. Austin, TX: Prufrock Press.

LeComer, Laurie F. (2006). *A parent's guide to developmental delays: Recognizing and coping with missed milestones in speech, movement, learning and other areas*. Bellevue, WA: Perigee.

Naseef, Robert A. (2013). *Autism in the family: Caring and coping together.* Baltimore: Brookes.

Park, Clara. (2002). Exiting nirvana: *A daughter's life with autism*. Boston: Back Bay Books.

Rapee, Ronald M., Wignall, Ann, Spence, Susan H., Cobham, Vanessa, & Lyneham, Heidi. (2010). *Helping your anxious child: A step-bystep guide for parents. Oakland*, CA: New Harbinger.

Rosenblatt, Alan, & Carbone, Paul S. (Eds.). (2012). *Autism spectrum disorders: What every parent needs to know*. Washington, DC: American Academy of Pediatrics.

Schilling, Shonda. (2010). *The best kind of different: Our family's journey with Asperger's syndrome*. New York: HarperCollins.

Volkmar, Fred R., & Wiesner, Lisa A. (2009). *A practical guide to autism: What every parent, family member, and teacher needs to know.* New York: Wiley.

Willey, Liane. (2001). *Asperger syndrome in the family: Redefining normal.* London: Kingsley.

教育问题

Chalfant, Anne M. (2011). *Managing anxiety in people with autism: A treatment guide for parents, teachers, and mental health professionals.* Bethesda, MD: Woodbine House.

Cumine, Val, Dunlop, Julia, & Stevenson, Gill. (2009). *Asperger syndrome: A practical guide for teachers*. London: Fulton.

Eason, Anne I., & Whitebread, Kathleen. (2006). *IEP and inclusion tips for parents and teachers (handout version)*. Verona, WI: Attainment Company.

Freedman, Sarita. (2010). *Developing college skills in students with autism and Asperger's syndrome*. London: Kingsley.

Gibb, Gordon, & Dyches, Tina Taylor. (2007). *Guide to writing quality individualized education programs (IEPs): What's best for students?* Boston: Allyn & Bacon.

Hodgdon, Linda A. (2011). *Visual strategies for improving communication: Practical supports for school and home.* Troy, MI: QuickRoberts.

Lentz, Kirby. (2005). *Hopes and dreams: An IEP guide for parents of children with autism spectrum disorders.* Lenexa, KS: Autism Asperger Publishing Company.

Moyes, Rebecca, & Moreno, Susan. (2001). *Incorporating social goals in the classroom: A guide for teachers and parents of children with high-functioning autism and Asperger syndrome.* London: Kingsley.

Myles, Brenda Smith, Adreon, Diane, & Gitlitz, Dena. (2006). *Simple strategies that work: Helpful hints for all educators of students with Asperger syndrome, high-functioning autism, and related disabilities.* Lenexa, KS: Autism Asperger Publishing Company.

Reaven, Judy, Blakely-Smith, Audrey, & Nichols, Shana. (2011). *Facing your fears.* Baltimore: Brookes.

Siegel, Lawrence. (2011). *The complete IEP guide: How to advocate for your special ed child* (7th ed.). Berkeley, CA: Nolo Press.

Silverman, Stephan M., & Weinfeld, Rich. (2007). *School success for kids with Asperger's syndrome: A practical guide for parents and teachers.* Austin, TX: Prufrock Press.

Tanguay, Pamela, & Rourke, Byron. (2001). *Nonverbal learning disabilities at home: A parent's guide.* London: Kingsley.

Wright, Peter W. D., & Darr Wright, Pamela. (2007). *Wrightslaw: Special education law* (2nd ed.). Hartfield, VA: Harbor House Law Press.

Wright, Peter W. D., Darr Wright, Pamela, & Webb O'Connor, Sandra. (2010). *Wrightslaw: All about IEPs.* Hartfield, VA: Harbor House Law Press.

社交技能训练及其他与社交有关的干预措施

Bellini, Scott. (2006). *Building social relationships: A systematic approach to teaching social interaction skills to children and adolescents with autism spectrum disorders and other social difficulties.* Lenexa, KS: Autism Asperger Publishing Company.

Bondy, Andy, & Weiss, Mary Jane. (2013). *Teaching social skills to people with autism: Best practices in individualizing interventions.* Bethesda, MD: Woodbine House.

Elman, Natalie Madorsky, & Kennedy-Moore, Eileen. (2003). *The unwritten rules of friendship: Simple strategies to help your child make friends.* New York: Little, Brown and Company.

Garcia-Winner, Michelle. (2002). *Inside out: What makes a person with social cognitive deficits tick?* San Jose, CA: Winner Publications *(www. socialthinking.com).*

Gray, Carol. (2010). *The new social story book, revised and expanded 10th anniversary edition.* Arlington, TX: Future Horizons.

Ingersoll, Brooke, & Dvortcsak, Anna. (2010). *Teaching social communication to children with autism: A manual for parents.* New York: Guilford Press.

Koenig, Kathleen. (2012). *Practical social skills for autism spectrum disorders: Designing child-specific interventions.* New York: Norton.

Laugeson, Elizabeth A., & Frankel, Fred. (2010). *Social skills for teenagers with developmental and autism spectrum disorders: The PEERS treatment manual.* New York: Routledge.

McClannahan, Lynn E., & Krantz, Patricia. (2010). *Activity schedules for children with autism: Teaching independent behavior.* Bethesda, MD: Woodbine House.

Tubbs, Janet. (2007). *Creative therapy for children with autism, ADD, and Asperger's: Using artistic creativity to reach, teach, and touch our children.*

Garden City Park, NY: Square One Publishers.

面对被取笑和霸凌

Dubin, Nick. (2007). *Asperger Syndrome and bullying: Strategies and solutions.* London: Kingsley.

Garrity, Carla, Baris, Mitchell, & Porter, William. (2000). *Bully-proofing your child: A parent's guide.* Longmont, CO: Sopris West.

Garrity, Carla, Jens, Kathryn, Porter, William, Sager, Nancy, & Short-Camilli, Cam. (2000). *Bully-proofing your school: A comprehensive approach for elementary schools.* Longmont, CO: Sopris West.

Garrity, Carla, Porter, William, & Baris, Mitchell. (2000). *Bully-proofing your child: First aid for hurt feelings.* Longmont, CO: Sopris West.

Heinrichs, Rebekah. (2003). *Perfect targets: Asperger syndrome and bullying—Practical solutions for surviving the social world.* Lenexa, KS: Autism Asperger Publishing Company.

发展自我认同

Faherty, Catherine. (2000). Asperger's . . . *What does it mean to me?: A workbook explaining self-awareness and life lessons to the child or youth with high-functioning autism or Asperger's.* Arlington, TX: Future Horizons.

Shore, Stephen M. (2004). *Ask and tell: Self-advocacy and disclosure for people on the autism spectrum.* Lenexa, KS: Autism Asperger Publishing Company.

Vermeulen, Peter. (2008). *I am special: Introducing children and young people to their autism spectrum disorder.* London: Kingsley.

行为和感觉问题

Baker, Bruce L., & Brightman, Alan J. (2003). *Steps to independence: A skills training guide for parents and teachers of children with special needs.* Baltimore: Brookes.

Biel, Lindsey, & Peake, Nancy. (2009). *Raising a sensory smart child: The definitive handbook for helping your child with sensory processing issues.* New York: Penguin.

Durand, V. Mark. (2013). *Sleep better!: A guide to improving sleep for children with special needs.* Baltimore: Brookes.

Kranowitz, Carol Stock. (2006). *The out of sync child: Recognizing and coping with sensory integration dysfunction.* Bellevue, WA: Perigee.

Myles, Brenda Smith, Cook, Katherine, & Miller, Louann. (2002). *Asperger syndrome and sensory issues: Practical solutions for making sense of the world.* Lenexa, KS: Autism Asperger Publishing Company.

Myles, Brenda Smith, & Southwick, Jack. (2005). *Asperger syndrome and difficult moments: Practical solutions for tantrums, rage, and meltdowns.* Lenexa, KS: Autism Asperger Publishing Company.

O'Neill, Robert, Albin, Richard, Storey, Keith, Horner, Robert, & Sprague, Jeffrey. (2014). *Functional assessment and program development for problem behavior: A practical handbook.* Pacific Grove, CA: Brookes/Cole.

早期干预方法

Ball, James. (2008). *Early intervention and autism: Real-life questions, real-life answers.* Arlington, TX: Future Horizons.

Bricker, Diane. (2004). *An activity-based approach to early intervention.*

Baltimore: Brookes.

Greenspan, Stanley, & Wieder, Serena. (2009). *Engaging autism: Using the Floortime approach to help children relate, communicate, and think.* Cambridge, MA: Perseus Press.

Harris, Sandra L., & Weiss, Mary Jane. (2007). *Right from the start: Behavioral intervention for young children with autism: A guide for parents and professionals.* Bethesda, MD: Woodbine House.

Rogers, Sally J., Dawson, Geraldine, & Vismara, Laurie A. (2012). *An early start for your child with autism: Using everyday activities to help kids connect, communicate, and learn.* New York: Guilford Press.

Rogers, Sally J., & Dawson, Geraldine. (2009). *Early Start Denver Model for young children with autism: Promoting language, learning, and engagement.* New York: Guilford Press.

Sher, Barbara. (2009). *Early intervention games: Fun, joyful ways to develop social and motor skills in children with autism spectrum or sensory processing disorders.* New York: Wiley.

成年和就业

Bissonnette, Barbara. (2013). *The complete guide to getting a job for people with Asperger's syndrome: Find the right career and get hired.* London: Kingsley.

Endow, Judy, & Myles, Brenda Smith. (2013). *The hidden curriculum of getting and keeping a job: Navigating the social landscape of employment: A guide for individuals with autism spectrum and other social-cognitive challenges.* Lenexa, KS: Autism Asperger Publishing Company.

Howlin, Patricia. (2004). *Autism and Asperger syndrome: Preparing for adulthood.* London: Routledge.

Krouk-Gordon, Dafna, & Jackins, Barbara D. (2013). *Moving out: A family guide to residential planning for adults with disabilities.* Bethesda, MD: Woodbine House.

Meyer, Roger N., & Attwood, Tony. (2001). *Asperger syndrome employment workbook: An employment workbook for adults with Asperger syndrome.* London: Kingsley.

Sicile-Kira, Chantal, & Sicile-Kira, Jeremy. (2012). *A full life with autism: From learning to forming relationships to achieving independence.* New York: Palgrave Macmillan.

Volkmar, Fred, Reichow, Brian, & McPartland, James C. (2014). *Adolescents and adults with autism spectrum disorder.* New York: Springer.

Wehman, Paul, Smith, Marcia, & Schall, Carol. (2008). *Autism and the transition to adulthood: Success beyond the classroom.* Baltimore, MD: Brookes.

个人生活规划

Cook O'Toole, Jennifer. (2012). *Asperkids secret book of social rules: The handbook of not-so-obvious social guidelines for tweens and teens with Asperger syndrome.* London: Kingsley.

Grandin, Temple. (2006). *Thinking in pictures, expanded edition: My life with autism.* New York: Vintage Books.

Grandin, Temple, & Panek, Richard. (2013). *The autistic brain: Thinking across the spectrum.* Boston: Houghton Mifflin Harcourt.

Jackson, Luke. (2002). *Freaks, geeks, and Asperger syndrome: A user guide to adolescence.* London: Kingsley.

Olinkiewicz, Alex, & O'Connell, Richard. (2012). *In my mind: A journey through my life with Asperger's/autism.* Charleston, SC: CreateSpace

Independent Publishing Platform.

O'Neal, Jaylon V. (2013). *Autism: In my own words.* Bloomington, IN: AuthorHouse.

Pulver, Marc William. (2012). *Living life with autism: The world through my eyes.* Indianapolis, IN: Dog Ear.

Robison, John Elder. (2008). *Look me in the eye: My life with Asperger's.* New York: Three Rivers Press.

参考资料

American Psychiatric Association. (1994). *Diagnostic and statistical manual of mental disorders* (4th ed.). Washington, DC: Author.

American Psychiatric Association. (2013). *Diagnostic and statistical manual of mental disorders* (5th ed.). Arlington, VA: Author.

Anagnostou, E., & Taylor, M. J. (2011). Review of neuroimaging in autism spectrum disorders: What we have learned and where we go from here. *Molecular Autism, 2*(1), 4.

Asperger, H. (1944/1991). "Autistic psychopathy" in childhood. In U. Frith (Ed.), *Autism and Asperger syndrome* (pp. 37–92). New York: Cambridge University Press.

Bailey, A., Palferman, S., Heavey, L., & LeCouteur, A. (1998). Autism: The phenotype in relatives. *Journal of Autism and Developmental Disorders, 28*, 369–392.

Ballan, M. S. (2012). Parental perspectives of communication about sexuality in families of children with autism spectrum disorders. *Journal of Autism and Developmental Disorders, 42*, 676–684.

Baribeau, D. A., & Anagnostou, E. (2014). An update on medication management of behavioral disorders in autism. *Current Psychiatry Reports, 16*(3), 437.

Baron-Cohen, S. (2000). Is Asperger syndrome/high-functioning autism necessarily a disability? *Development and Psychopathology, 12*, 489–500.

Baron-Cohen, S., Bolton, P., Wheelwright, S., Short, L., Mead, G., Smith,

A., et al. (1998). Autism occurs more often in families of physicists, engineers, and mathematicians. *Autism: The International Journal of Research and Practice, 2*, 296–301.

Baron-Cohen, S., Ring, H. A., Wheelwright, S., Bullmore, E., Brammer, M., Simmons, A., et al. (1999). Social intelligence in the normal and autistic brain: An fMRI study. *European Journal of Neuroscience, 11*, 1891–1898.

Bryan, L. C., & Gast, D. L. (2000). Teaching on-task and on-schedule behaviors to high-functioning children with autism via picture activity schedules. *Journal of Autism and Developmental Disorders, 30*, 553–567.

Centers for Disease Control and Prevention. (2014). Prevalence of autism spectrum disorders. *MMWR Surveillance Summaries, 63*, 1–24.

Chaste, P., & Leboyer, M. (2012). Autism risk factors: Genes, environment, and gene–environment interactions. *Dialogues in Clinical Neuroscience, 14*(3), 281–292.

Courchesne, E., Pierce, K., Schumann, C. M., Redcay, E., Buckwalter, M. A., Kennedy, D. P., et al. (2007). Mapping early brain development in autism. *Neuron, 56*(2), 399–413.

Courchesne, E., Redcay, E., & Kennedy, D. P. (2004). The autistic brain: Birth through adulthood. *Current Opinions in Neuroscience, 17*(4), 489–496.

Crosland, K., & Dunlap, G. (2012). Effective strategies for the inclusion of children with autism in general education classrooms. *Behavior Modification, 36*, 251–269.

Damasio, A. R., & Maurer, R. G. (1978). A neurological model for childhood autism. *Archives of Neurology, 35*, 777–786.

Dawson, G., & Bernier, R. (2013). A quarter century of progress on the early detection and treatment of autism spectrum disorder. *Developmental*

Psychopathology, 25, 1455–1472.

Dawson, G., Carver, L., Meltzoff, A. N., Panagiotides, H., & McPartland, J. (2002). Neural correlates of face recognition in young children with autism spectrum disorder, developmental delay, and typical development. *Child Development,* 73, 700–717.

Dawson, G., Jones, E. J., Merkle, K., Venema, K., Lowy, R., Faja, S., et al. (2012). Early behavioral intervention is associated with normalized brain activity in young children with autism. *Journal of the American Academy of Child and Adolescent Psychiatry,* 51(11), 1150–1159.

Dawson, G., Rogers, S., Munson, J., Smith, M., Winter, J., Greenson, J., et al. (2010). Randomized controlled trial of an intervention for toddlers with autism: The Early Start Denver Model. *Pediatrics,* 123, 1383–1391.

Dawson, G., Webb, S. J., & McPartland, J. (2005). Understanding the nature of face processing impairment in autism: Insights from behavioral and electrophysiological studies. *Developmental Neuropsychology,* 27(3), 403–424.

Diamond, A., & Lee, A. (2011). Interventions shown to aid executive function development in children 4 to 12 years old. *Science,* 333, 959–964.

DiCicco-Bloom, E., Lord, C., Zwaigenbaum, L., Courchesne, E., Dager, S. R., Schmitz, C., et al. (2006). The developmental neurobiology of autism spectrum disorder. *Journal of Neuroscience,* 26(26), 6897–6906.

Farmer, C., Thurm, A., & Grant, P. (2013). Pharmacotherapy for the core symptoms in autistic disorder: Current status of the research. *Drugs,* 73, 303–314.

Folstein, S., & Rutter, M. (1977). Infantile autism: A genetic study of 21 twin pairs. *Journal of Child Psychology and Psychiatry,* 18(4), 297–321.

Frankel, F., & Whitham, C. (2011). Parent-assisted group treatment for friendship problems of children with autism spectrum disorders. *Brain*

Research, 1380, 240–245.

Frith, U. (2004). Confusions and controversies about Asperger syndrome. *Journal of Child Psychology and Psychiatry,* 45, 672–686.

Gantman, A., Kapp, S. K., Orenski, K., & Laugeson, E. A. (2012). Social skills training for young adults with high-functioning autism spectrum disorders: A randomized controlled pilot study. *Journal of Autism and Developmental Disorders,* 42(6), 1094–1103.

Gardener, H., Spiegelman, D., & Buka, S. L. (2011). Perinatal and neonatal risk factors for autism: A comprehensive meta-analysis. *Pediatrics,* 128(2), 344–355.

Grandin, T. (2009). How does visual thinking work in the mind of a person with autism?: A personal account. *Philosophical Transactions of the Royal Society B,* 364, 1437–1442.

Helt, M., Kelley, E., Kinsbourne, M., Pandey, J., Boorstein, H., Herbert, M., et al. (2008). Can children with autism recover?: If so, how? *Neuropsychology Review,* 18, 339–366.

Howlin, P., Moss, P., Savage, S., & Rutter, M. (2013). Social outcomes in mid- to later adulthood among individuals diagnosed with autism and average nonverbal IQ as children. *Journal of the American Academy of Child and Adolescent Psychiatry,* 52(6), 572–581.

Howlin, P., Savage, S., Moss, P., Tempier, A., & Rutter, M. (2014). Cognitive and language skills in adults with autism: A 40-year follow-up. *Journal of Child Psychology and Psychiatry,* 55(1), 49–58.

Kanne, S. M., Randolph, J. K., & Farmer, J. E. (2008). Diagnostic and assessment findings: A bridge to academic planning for children with autism spectrum disorders. *Neuropsychology Review,* 18, 367–384.

Kanner, L. (1943). Autistic disturbances of affective content. *Nervous Child,* 2, 217–250.

Karkhaneh, M., Clark, B., Osina, M. B., Seida, J. C., Smith, V., & Hartling,

L. (2010). Social stories to improve social skills in children with autism spectrum disorder: A systematic review. *Autism,* 14, 641–662.

Kasari, C., Locke, J., Gulsrud, A., & Rotheram-Fuller, E. (2011). Social networks and friendships at school: Comparing children with and without ASD. *Journal of Autism and Developmental Disorders,* 41, 533–544.

Kenworthy, L., Anthony, L. G., Naiman, D. Q., Cannon, L., Wills, M. C., Luong-Tran, C., et al. (2014). Randomized controlled effectiveness trial of executive function intervention for children on the autism spectrum. *Journal of Child Psychology and Psychiatry,* 55(4), 374–383.

Lord, C., & Jones, R. M. (2012). Re-thinking the classification of autism spectrum disorders. *Journal of Child Psychology and Psychiatry,* 53, 490–509.

Lord, C., Petkova, E., Hus, V., Gan, W., Lu, F., Martin, D. M., et al. (2012). A multisite study of the clinical diagnosis of different autism spectrum disorders. *Archives of General Psychiatry,* 69, 306–313.

Lovaas, O. I. (1987). Behavioral treatment and normal educational and intellectual functioning in young autistic children. *Journal of Consulting and Clinical Psychology,* 55, 3–9.

Marí-Bauset, S., Zazpe, I., Mari-Sanchis, A., Llopis-González, A., & Morales-Suárez- Varela, M. (2013). Food selectivity in autism spectrum disorders: A systematic review. *Journal of Child Neurology.* Published online before print: http://jcn.sagepub.com/content/early/2013/10/03/0883073813498821.long

Maximo, J. O., Cadena, E. J., & Kana, R. K. (2014). The implications of brain connectivity in the neuropsychology of autism. *Neuropsychology Review,* 24(1), 1–16.

Mazefsky, C. A., McPartland, J. C., Gastgeb, H. Z., & Minshew, N. J. (2013). Comparability of DSM-IV and DSM-5 ASD research samples. *Journal of Autism and Developmental Disorders,* 43, 1236–1242.

Miller, J. N., & Ozonoff, S. (1997). Did Asperger's cases have Asperger disorder? *Journal of Child Psychology and Psychiatry,* 38, 247–251.

Narzisi, A., Muratori, F., Calderoni, S., Fabbro, F., & Urgesi, C. (2013). Neuropsychological profile in high functioning autism spectrum disorders. *Journal of Autism and Developmental Disorders,* 43, 1859–1909.

Onore, C., Careaga, M., & Ashwood, P. (2012). The role of immune dysfunction in the pathophysiology of autism. Brain, *Behavior, and Immunity,* 26, 383–392.

Ozonoff, S., Young, G. S., Carter, A., Messinger, D., Yirmiya, N., Zwaigenbaum, L., et al. (2011). Recurrence risk for autism spectrum disorders: A baby siblings research consortium study. *Pediatrics,* 128(3), e488–e495.

Politte, L. C., Henry, C. A., & McDougle, C. J. (2014). Psychopharmacological interventions in autism spectrum disorder. *Harvard Review of Psychiatry,* 22(2), 76–92.

Regier, D. A., Narrow, W. E., Clarke, D. E., Kraemer, H. C., Kuramoto, S. J., Kuhl, E. A., et al. (2013). DSM-5 field trials in the United States and Canada: Part II. Test–retest reliability of selected categorical diagnoses. *American Journal of Psychiatry,* 170, 59–70.

Reichow, B., Steiner, A. M., & Volkmar, F. (2012). Social skills groups for people aged 6 to 21 with autism spectrum disorders. *Evidence-Based Child Health,* 7, 266–315.

Reichow, B., & Volkmar, F. R. (2010). Social skills interventions for individuals with autism: Evaluation for evidence-based practices within a best evidence synthesis framework. *Journal of Autism and Developmental Disorders,* 40(2), 149–166.

Rimland, B. (1964). *Infantile autism: The syndrome and its implications for a neural theory of behavior.* New York: Appleton-Century-Crofts.

Rogers, S. J., & Dawson, G. (2010). *The Early Start Denver Model for young children with autism: Promoting language, learning, and engagement.* New York: Guilford Press.

Rogers, S. J., Dawson G., & Vismara, L. (2012). *An early start for your child with autism.* New York: Guilford Press.

Ronemus, M., Iossifov, I., Levy, D., & Wigler, M. (2014). The role of de novo mutations in the genetics of autism spectrum disorders. *Nature Reviews Genetics,* 15(2), 133–141.

Rosti, R. O., Sadek, A. A., Vaux, K. K., & Gleeson, J. G. (2014). The genetic landscape of autism spectrum disorders. *Developmental Medicine and Child Neurology,* 56(1), 12–18.

Scahill, L., McDougle, C. J., Aman, M. G., Johnson, C., Handen, B., Bearss, K., et al. (2012). Effects of risperidone and parent training on adaptive functioning in children with pervasive developmental disorders and serious behavioral problems. *Journal of the American Academy of Child and Adolescent Psychiatry,* 51(2), 136–146.

Schipul, S. E., Keller, T. A., & Just, M. A. (2011). Inter-regional brain communication and its disturbance in autism. *Frontiers in Systems Neuroscience,* 5(10), 1–11.

Schmidt, R. J., Ozonoff, S., Hansen, R. L., Hartiala, J., Allayee, H., Schmidt, L. C., et al. (2012). Maternal periconceptional folic acid intake and risk for ASD in the CHARGE case-control study. *American Journal of Clinical Nutrition,* 96, 80–89.

Schultz, R. T., Gauthier, I., Klin, A., Fulbright, R. K., Anderson, A. W., Volkmar, F., et al. (2000). Abnormal ventral temporal cortical activity during face discrimination among individuals with autism and Asperger syndrome. *Archives of General Psychiatry,* 57, 331–340.

Shattuck, P. T., Narendorf, S. C., Cooper, B., Sterzing, P. R., Wagner, M., & Taylor, J. L. (2012). Postsecondary education and employment among youth with an autism spectrum disorder. *Pediatrics,* 129, 1042–1049.

Shelton, J. F., Tancredi, D. J., & Hertz-Picciotto, I. (2010). Independent and dependent contributions of advanced maternal and paternal ages to autism risk. *Autism Research,* 3(1), 30–39.

Siegel, M., & Beaulieu, A. A. (2012). Psychotropic medications in children with autism spectrum disorders: A systematic review and synthesis for evidence-based practice. *Journal of Autism and Developmental Disorders,* 42, 1592–1605.

Simonoff, E., Pickles, A., Charman, T., Chandler, S., Loucas, T., & Baird, G. (2008). Psychiatric disorders in children with autism spectrum disorders: Prevalence, comorbidity, and associated factors in a population-derived sample. *Journal of the American Academy of Child and Adolescent Psychiatry,* 47, 921–929.

Sparks, B. F., Friedman, S. D., Shaw, D. W., Aylward, E. H., Echelard, D., Artru, A. A., et al. (2002). Brain structural abnormalities in young children with autism spectrum disorder. *Neurology,* 59(2), 184–192.

Sterzing, P. R., Shattuck, P. T., Narendorf, S. C., Wagner, M., & Cooper, B. P. (2012). Bullying involvement and autism spectrum disorders. *Archives of Pediatric and Adolescent Medicine,* 166, 1058–1064.

Sukhodolsky, D. G., Bloch, M. H., Panza, K. E., & Reichow, B. (2013). Cognitive-behavioral therapy for anxiety in children with high-functioning autism: A meta-analysis. *Pediatrics,* 132(5), e1341–e1350.

Virues-Ortega, J., Julio, F. M., & Pastor-Barriuso, R. (2013). The TEACCH program for children and adults with autism: A meta-analysis of intervention studies. *Clinical Psychology Review,* 33, 940–953.

Volkmar, F., Reichow, B., & McPartland, J. C. (2014). *Adolescents and adults with autism spectrum disorder.* New York: Springer.

Warren, Z., McPheeters, M. L., Sathe, N., Foss-Feig, J. H., Glasser, A., et al. (2011). A systematic review of early intensive intervention for autism spectrum disorders. *Pediatrics,* 127, e1303–e1311.

Willey, L. H. (1999). *Pretending to be normal: Living with Asperger's syndrome.* London: Kingsley.

Wing, L. (1981). Asperger's syndrome: A clinical account. *Psychological Medicine,* 11, 115–129.

Wolff, J. J., Gu, H., Gerig, G., Elison, T. T., Styner, M., Gouttard, S., et al. (2012). Differences in white matter fiber tract development present from 6 to 24 months in infants with autism. *American Journal of Psychiatry,* 169, 589–600.